資本論⑫
capital

山本哲士 Tetsuji Yamamoto

政治資本論 political capital

自分技術 / 権力関係 / 場所統治

self-technology/power relations/place gouvernment

文化科学高等研究院出版局

知の新書
C12

はじめに 4

0 政治資本の原型 14

ブルデューの政治資本論 16
—政治学から政治界へ　政治界から政治資本へ—
界 champ について：政治界について 16　政治的委任の本質 19
力の界と権力関係 22　政治界から政治資本へ 24　ブルデューの理論的要素の限界 26
政治的代表：権力界と社会空間 27　選挙の政治的な現れ方 30
政治家たちの政治資本：組織における権限の委託 33
政治資本欠落の政治情況：〈現在〉と政治思想 36　マルクス主義的概念の恣意性からの脱出 40

I 政治資本と政治的なものの界 43

大学言説による〈政治〉を超えるため 43

政治資本と「権力論／生政治」と自分技術 46
・制度化権力の日常の政治 53
・賃労働の政治資本：社会的生存の政治 労働と資本の分節化 59

1節 政治資本と権力関係　ブルデュー対フーコー 64
(1)ブルデューの権力論 64
ブルデューの象徴権力論 64
(2)フーコー権力関係論と生権力論 76
(3)フーコー権力論とブルデュー権力論との差異における穴 82

2節 政治資本と制度化された日常生活　イリイチ対フーコー 91
日常生活と政治資本 91
(1)イリイチからみた政治資本：政治転換とコンビビアリティ 92
制度の政治資本作用 95　日常の政治 102　他律依存の産業的政治資本 104
逆生産性と逆生産 105　道具 tool の政治資本とコンビビアル 106
(2)現在社会の政治作用：絡めとられた政治資本 111
液状化とマクドナルド化 111　環境とリスク社会 113
産業社会と消費者社会の結合した政治 115
(3)自律ホスピタリティの政治資本 117
サービス原理とホスピタリティ原理 119
「ノー」と言わない関係技術とコンビビアルな政治資本 120
まとめ：想幻化権力の作用へ 122

3節 政治資本としての言説　ラカン対フーコー 125
欲望の政治資本と倫理の政治資本 125
現実界と「主体／個人」なる仮象 130　コギトの主体 133
対象の不可能性と〈物〉：欲望と倫理 140
欲望の政治資本：倫理のパラドックス 141
〈もの das Ding〉の倫理：倫理の政治資本 143　歴史性化の配置 148
構造と実際行為：規範 normes への関係：規範性と規範化との違い 150
欲望と知：セクシュアリテの配置 152　欲望グラフの再考 155
セクシュアリテと性化の政治 163　ラカンとファロゴセントリスム 164

1部の小括 〈ラカン―ブルデュー―フーコー〉：述語制の政治資本へ 166
構造論はマルクス主義ではない 166　政治資本の場所的位置 168
贈与の二重性の経済と象徴資本出現の政治資本 170
不可能と可能の非分離　想幻化の場所 181
政治的なものと政治的現実性に対する「小さな政治」186

4節 政治資本と国家資本 189
想幻化権力の作用と場所 189
クロスキャップ国家の構成 194　想幻化権力の構造化 202
国家資本を組み替える政治資本 206
場所の国つ神：古事記統治と日本書紀統治の二つの政治資本 20
民族の政治資本とエスニシティの政治資本 212

II 政治表象の現在 215

1 「市民性」の次元 215
市民性批判の政治資本 218　個人的民主主義 220　事実を隠蔽する政治 221

2 ネット社会の政治的意見 225

3 感情知性の政治資本：右傾化とポピュリズム 231
(1) 右傾的反動とファシズムへの見解 アドルノ 232
なぜ極右が勢力を拡大するのか 237　ナショナリズムのパッション 239
(2) ポピュリズムのエモーショナルな言動政治 241

4 感情資本主義と感情専制主義の言説政治資本 247
感情諸構造 248　言説の想幻化権力 249

結語 政治資本なき社会政治情況 253
○社会イズムなる表象 255　○上品な「社会」の擬制 255
○「社会」ではなく、バナキュラーな場所とエスニック 267

III 文化政治と政治資本 261

絵画の政治学 263
クールベのリアリズムの政治 264　絵画の現実主義・写実主義 269
マネの象徴革命 271　ゴッホと労働者 273
労働者の描き方 274　ドガの人物画 276
印象派の非政治的政治とプチブル階級 276　スーラの反ユートピア？ 278
メキシコの壁画運動の政治パワー 282
美術愛好の政治性と「純粋美学批判」批判 285
【コラム】文学の政治 断片メモ 286

IV「反権力」から「非権力」への政治資本 291

闘争の政治資本 制度化された日常への闘い 291
◉反権力闘争の限界：社会政治を脱することへ 325
規則化・規範化と政治資本 327
反権力ではなく「非権力」行為の隙間 332

V 場所統治の政治資本 335

国家の強力さと脆弱さ 335
国家の「社会統治」と「場所の統治」との対比 338
社会的なものの統治 341
場所の象徴資本と政治——場所の共想幻たる政治資本 343
場所のパブリックな政治資本 347　場所の環境資本 349
場所の文化資本と文化技術 351
場所経済と場所企業に対する政治資本 352

結章 自律の政治資本 スコラ的大学言説を超えて 355

述語的自律性の政治資本による政治転換 355
大学言説／社会言説のスコラ的思考を脱する 355
述語的政治資本 364
政治倫理の政治資本 369
想幻化権力の相反作用 380

はじめに

政治は、もっとも自分から遠いものであり、かつ自分自身の自分技術としてもっとも自分に近いものでもある。

つまり、「すべては政治である」という二十世紀的な歴史状態を受け継いでいるのだが、大転換が世界に起きているにも関わらず、国民国家／民族国家はそのままであるから亀裂される。国家政治は、もはや信用し難いものとして多くのそれぞれの国民に感じられている。二十一世紀の現在、あちこちで戦争を起こしまた起こすかのような愚行がいまだになされて、悲惨な殺戮が国家の正当性の名において遂行されている。プーチンやネタニヤフのおぞましき殺戮、金正恩の戦争ごっこ的ミサイル発射の幼稚さ、習近平の戦争を起こすかのような威嚇だけではない、バイデンや西欧諸国の首相・大統領、イランの政治指導者たち、シリアのアサド*、ミャンマーの軍事独裁などなど、政治資本が貧相な政治権力者たちが、国家を盾にして横暴な政治を領導している。国家経営の知的資本が貧弱なのだ。そこに非政治的な政治資本で政治的勝利をなしたトランプが、国際世界へ再び介入してくる事態になっている（二〇二四年一一月）。

それらを止められない、私たちひとりひとりの政治資本とはいったいなんであるのかは、もっと根源的な問題である。

* この書を書いている間に、独裁政権が崩壊、アサドは国外亡命した。何十年続こうが、独裁・専制は必ず崩壊する。

一方日本では、二〇二四年、国会での、政治資金の裏金をめぐるやりとりに、多くの人々は呆れ果てている。明らかに政治家たちの脱税である、犯罪である。なのに国税も動かない、検察も三〇〇〇万円以下に対しては動かない。一部を処罰しておけば、あとは取り締まる自分たちの正当性が守られるという事態だ。政治倫理審議会なるものも、何ら事実を明らかにできない。民主主義にはカネがかかると、もっともらしい曖昧な論理が平然と政治ボスから語られる。なぜ、このようなことが平然となされうるのか？　なぜ、多数の国民は呆れるものの、かかる政治状態が変わることがなされないのか？　そして、選挙でまたかかる政治家が当選していく。国民が支持さえしている。政治不信と同時に「そんなもんだ」と言う諦めが浸透している。

政治家たちの政治のなさは、倫理という裁定次元を超えて政治されている。「政治のない政治」が横行する。さまざまな政治家たちの不祥事だけに止まらない、そういう政治家たちを選んでいる／選んできた国民でもある。過半数割れしても自民党支配が存続する。だらしない野党。

政治的なものが、機能していない情況になっている。なぜか？

政治的なるものは、政治家だけの問題ではない。

政治資本が枯渇している。政党政治の不能化。

戦争が絶えない。国連は不能化している。戦争の政治の横暴さが横行。

プーチンがのさばり、トランプが半分を超えて支持をえている。専制主義とポピュリズム。

世界の政治指導者たちの政治力能が、あまりに低次元だ。そこには感情資本主義の政治、大学知性レベルの政治が横行して、感情専制主義が裏に張りついている。戦争を起こす方もひどいが、戦争を止めることもできない政治指導の不能化はもっとひどい。

民族国家政治の世界的な頽落となっている。国家統治の限界である。

だが、日本は平穏な国だと感じられる。政治意識が低い、政治感覚が麻痺していても安泰な国である。だが、無関係な人を欺き騙し、傷つけ殺しさえする病的な犯罪が多発する。

政治とは、〈彼ら〉のこととしてでなく、私にとって何であるのか？

また、〈政治的なるもの〉は、個人人格／主体の問題ではない。だが個々人へ内在化されている。政治を動かしている政治資本の働きがある。政治無関心に働いている政治資本の動きがある。

政治資本とは何よりも第一に、政治家個々人が有している政治能力である。政治能力がないのに政治力が機能している。政治家の政治資本だが、人格を外して資本は考えられねばならない。「政治界の政治資本」とはいかなるものか？

第二に、市民ないし国民に領有されている政治資本がある。政治的な思考や行動に直接現れるが、政治的な立場だけでなく、政治的な意見や政治感覚、さらにもっとも重要なものは個々人の政治的自律性の力である。「市民の政治資本」、「普通人／個々人の政治資本」としておこう。

第三に、政党が有している政治資本がある。「党的政治資本」だ。

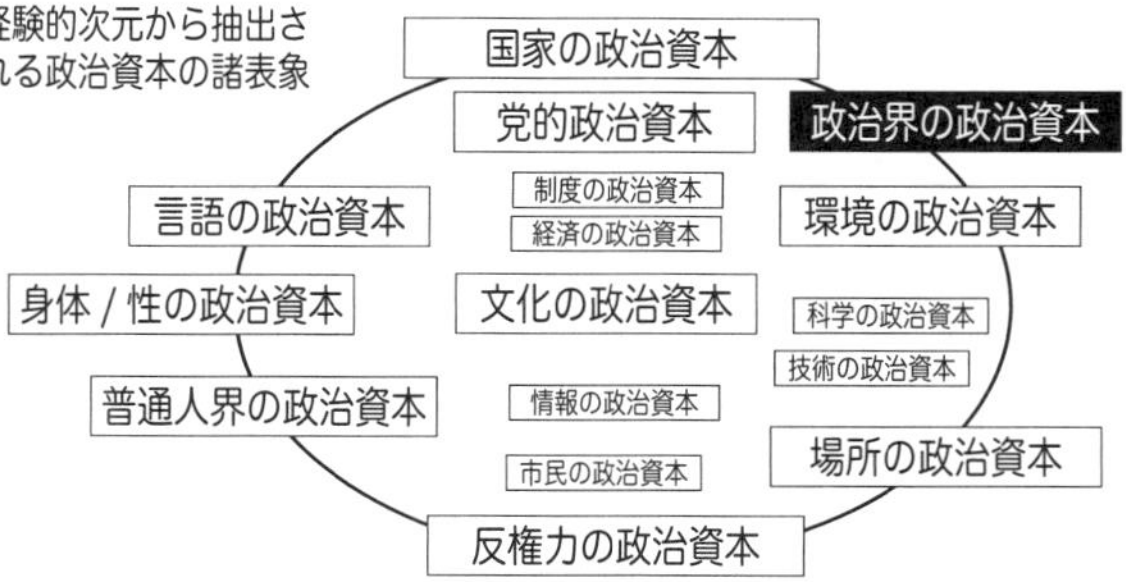

経験的次元から抽出される政治資本の諸表象

以上の三つが、選挙／政治家への代行委託政治としての「政治界」に関わる政治現象である。

さらに、第四に、国家体制に現れる政治資本がある。自由主義国家や専制主義国家の政治資本の違いである。「国家の政治資本」とくくる。

さらに第五に政治特有の現象として、体制批判や政権批判、抵抗の反体制運動、反乱などの「反振る舞い」の政治資本がある。これは、市民運動や告発の政治行動から、革命運動、ゲリラ、さらにはテロまで含まれる。市民運動はテロではないと言われようが、どれも「反権力」行動であり、他方では国家権力テロが隠れて横行している。「反権力の政治資本」。

第六に、教育や医療、交通などの「制度権力の政治資本」。

第七に、科学や技術や情報のあり方・使い方に作用している政治資本。

第八に、絵画や文学など文化に作用している政治がある。「文化の政治資本」。第九に、環境、自然さらに災害に対する政治作用がある。かつて「治山治水」とされたものの変容だ。「環境の政治資本」。

第十に、身体に関わる政治である。ジェンダーや性・セクシュアリティにも関わる。「身体／性の政治資本」。第十一に、言語に関わる政治。標準語・国家語の編制と方言・バナキュラーな言葉。「言語の政治資本」。ここには構文から規制される本質的な政治がある。第十二に、企業組織や商品市場統制など、経済規範・規則に関わる「経済の政治資本」。第十三に、新たな場所統治の可能性を開く「場所の政治資本」。

これらは、いわゆる大学言説の政治学では考えられていない。経済学が経済を考えていないのと同様に政治学が政治を考えていない。全ては政治だと二十世紀では言われたそのままの延長に今日もあると言えるし、政治構造や政治行動のあり方は根本から変じているとも言える。少なくとも、右翼・左翼の意味やその配置は大きく変じた。

つまり、政治的態度 political attitude と政治制度 plitical institution とは別ごとである。それ自体のみならず、その関係の仕方も、特に情報技術の発達によって大きく変じている。

政治資本とは、政治的態度のことだけではない。政治構造 plitical structure、日常の権力作用といかに関わるか、既存の政治理論では考えられていない閾を明らかにせねばならない。政治をめぐる概念転移が要される。私が掲げた「資本」の体系のそれぞれすべてに政治資本は作用している。戦争を起こす政治資本もあれば、戦争の反人間的な出来事に怒ったり悲しんだりする情動的な政治感覚もある。知的な政治資本もあれば情動的な政治資本もある。政治の情念も。既存の右対左の対立に還元できないポピュリズムの不気味なエモーションがうごめいている。

実に多様な政治だが、一般に、政治は「選挙」として考えられている。政治家にとっても、選挙する国民にとっても、それが政治だと主要に考えられている。政治家と国民とが直接的に関係し、国の運命を決定するからだと。だが、これは一定度安定した国家秩序のもとでの「多数」を占めるための党的政治資本のことでしかない。政策決定や行政は、それによって決定されるからだが、しかし、野党が与党になっても、根源的な政治転換はなされない。国家をひっくり返すような政治資本でもなければ、実際生活に関与していながらも、あえて生活を政治だと感じられることもない。なのに、生活や命を政治にあずけていると、言葉では言う。

現在、政治不信が蔓延しても、自民党支配の政治体制が代わるとは感じていない。せいぜい過半数を少々割るぐらいでおさまっていく。そういう自民党を選んでいる国民の多数が変わらない。政治転換を諦めている、政治を考えない、政治行為がなされない、政治不能化が全般的に起きている。この不信感と不能化のギャップ、隔たりに政治資本が大きく作用している。つまり、表面に現れた政治現象や政治行動だけが政治資本の現れではない。「政治」と「政治的なもの」との隔たりも広がっている。政治界だけではない政治の多様性に対して、非政治的なものにも政治が侵入している。

政治とは何か？ という問題がそこには絡んでいる。

全てが政治であることと全てが経済であることが、二十世紀の情況であったが、その両者の間の見えない穴が多様に顕在しないままに、自覚・認知もされないままに、何らの変容を根源的にもたらすことなく今日にある。安定しながら、不安や恐れや不満が広がっている。

だがこうした不能事態に対して、政治が社会的・経済的諸条件と切り離しては考えられないのであるから、知識人の政治行動が社会的・政治的条件を継続的に反省して、基本的な政治的自由と文化的自由とを確立し、「普遍への利益」の原理を社会的世界へ拡張すべきだ、というブルデュー的政治観が主張されたりするが、そんな知識人主義では、先進諸国における権力行使の変化の諸形態や諸様式へ対応しえない。

「政治的とは何か?」という定義や理解が、世間で最も共有されていない事柄である現在において、どこから考えていけばいいのか? 政治資本から考えることで、何がクリアになっていくのか? 真っ当な、真正の政治なるものはいかにありうるのか?

これは、立法、行政、司法の三権分立の構造を超えた次元で、政治を考える、政治行為をなす、という問題として現れる。つまり、政治ではない次元に政治的なものがある。

私は一人の個人として、政治的自律性を行為している。それは政治的な言動・考えを目的としないで政治を考え政治行為することだ。自分の自分へ関係する政治資本だ。

ウクライナへの戦争侵略、ガザでの民間人殺戮の戦争に、怒りや悲しみを感じているが、それを止めることの何一つできないでいる自分。政治的無力感が自分へ浸透している。トランプ再選が可能となっている事態に、よそごとではない不安と諦めを覚える。北朝鮮の軍事的表明の危険。中国の台湾や沿海での動き。もはや仮想敵ではすまない事態を感じるが、どこかでミサイルがぶち込まれることは多分起きないであろう、とたかを括ってもいる自分がいる。たとえミサイルがとんできても何もできない自分である。アラブでのテロ的活動が、なぜ激化していくのか？　事態がよく理解できない。遠い国での理解不能の政治状況だ。不十分な情報でしかない情報技術世界が、思考停止のAIを拡張する。

そして、戦争を止めることもできない国連の、あまりの無能化に代わるものはなぜ作れないのかと苛立っている。などなど、二十世紀的な冷戦状態へと世界が後退している中で、政治的不能化をただただ痛感させられている政治的な感情・情感の状態にある。それを解析する批判社会学的考察に気分を害し苛立つも、皆社会学的な批判見解をもっている。グローバル化の中で、ただのよそごとではない関係に置かれていると感じているのに、悲惨な事態はよそごとのまま、消費生活に安穏としていることができる。日本の政治家たちがそこへ何もできない、と知っている。だが米国の若者は、バイデンやハリス民主党政治がイスラエル支援しているから、ガザの虐殺を止めるにはやむなくトランプに投票すると、短絡関与的に政治している。

こうしたことが、政治の後退、腐敗の現れだと世界中が感じているが、それだけが政治であるとは言えない。もっと根源で、政治理性の枯渇が進んでいることの方が深刻ではないのか。政治界／権力界だけの政治におさまっていない政治が日常へ浸透しているが、それは権力諸関係が行き渡っているためだ。「社会の政治」が社会生活者たちに自覚されないで働いている。政治が大学人言説によってでしか営まれていないため、政治が見えなくなっている。実は、これが最大の知的停滞の根拠である。大学人言説とは、意味されたことのみが真理だとしている、意味するものを考えない見落とす思考・行動を一般化している。(「知的資本論」「序説」参照)

統治技術が実に粗末になっている。他方「反」は口先だけの似非ラディカリズムになっている。テレビで、俺はマルクス主義者だ、左翼だ、と気取っている政治バカの大学教授。YouTUBERたちの安っぽい政治意見がネット上でながされ、安直な政治解説がメディアでなされる。

政治を考えるということは、自分と世界の関係を「自律的」に考えることだ。それは「世界の中の自分」ではなく、「世界とともにある」自分のことである、という言葉が浮いていくことへの自覚でもある。不可能を知ることも、政治的自律性の大きな意味である。

政治的自律性とは、自分の「学ぶ」「癒す」「歩く」自律行為の、世界に内包されている自分の自分への自分技術である。ここが他律依存になっていることで、政治的自律性が麻痺していることへの自覚＝覚醒 awareness が自分自身の取り戻しになることに政治資本の初発の根本がある。ここから現実界の不可能を知り、世界とともにある自分の世界への関与アクションとなる。

政治とは、よそごとではない、自分のことだ。自分の生活の身の回りのことへの自分統治であるのだが、可能と不可能とに分断され、不可能を見ない、考えないですませている。このしないで「すます」ことがいろんな領野で成り立っている。

自律政治とは権力闘争ではなく、権力諸関係の意味する《シニフィアン》作用への関与である。いや、正確に言い直すと、力関係を意味関連へと転移させる象徴暴力と闘うことの自分技術の自由行為である。

政治的なものは、既存の秩序に何らかの批判や怒りや疑いをもち、それに対する否定的態度や関係を構成することで、不条理な物事へ対抗することであり、別のものごとを示すことで権威への何らかの批判・攻撃をなすことであり、不可能な現実界に対してできうる限りの考察と実際行為を非権力的になす、それは多様なパワー関係に作用することを意味する。言葉での対抗、行動での対抗、感覚での対抗など、多様なリアクションがなされうる。

すると、対抗とか対立とかは、いかなるものを言うのか？　いかなる意味をもつのか。

そこに対して、既存の政治権力は支配・コントロールをなして、既存秩序が破壊されない正当性をもって自分たちの権限を守ろうと、人々を押さえ込もうとする。かかる国家に自己が合致されている。だが、統治しない統治がもっとも優れた統治である。

真正の政治自律者による真正の政治とはどういうものなのか……。

一人の個人として、政治的な振る舞いとは、選挙以外に、政治界以外に、つまり政治の外部において、いかなる真正の言・動をなすことなのか？　その政治資本とは、いかなる関係作用であるのか？

＊本書でも、引用においてそのままにせずに、理論生産に要するずらしを不可避に入れ込んでいるゆえ、引用箇所を逐次明記していない。意味することの発見から先へいくのが大切なことで、意味された正確さを優先するアカデミズムの仕方を私は取らない。該当書に自らであたられたい。

0 政治資本の原型

〈政治資本〉なる概念を最初に論じたのはピエール・ブルデューである。

権力概念を根源から転じたのは、ミシェル・フーコーである。

マルクス主義的政治概念に囚われていたことは、この二人の論述によって根底から転んじられた。フーコー、ブルデューを読んでいる、学んでいる、日本の政治家などいるのであろうか? レーニン、グラムシの政治概念は、アルチュセールによって補完的に練り直された。プーランザスの国家論・独裁論が、そこへ補充される関係にある。が、それらはマルクス主義でしかない。ラクラウもムフもネグリ/ハートも、ジジェクもジェソップもカリニコスもまたハーヴェイも、マルクス主義の質を転じた新たなマルクス主義ではあるが国家権力の支配/被支配政治でしかない。そこで理論転移は幾分はなされたが、民族国家の実際世界は何ら転じられていない。

他方、アーレントの政治理論や、コミュニタリアン、市民性の政治論など多様にある。

私は、フーコー、ブルデュー、吉本隆明、アルチュセール、ラカンから国家論を根底から論じなおし、レーニン、グラムシらのマルクス主義次元に捕捉されていた自分を自分へ向けて脱した。国家論五部作だ。それ以前に、実証的に、キューバ革命から社会主義そのものを見直し(修士論文)、メキシコ革命から革命そのものを見直し(博士論文)、社会主義も革命も、この産業的社会の政治状況を変えることはあり得ないと、自分へはっきりさせている。私なりの、理論ラディカリズムである。

その上で、政治資本論を資本の一様態としてここでは論じる。

これまでの私の仕方は、現代思想を社会科学への理論転移として、その共通の地盤をできる限り確定していくことであった。だが、政治資本を論じるにあたって、その地盤の上で、フーコー、ブルデュー、ラカンの違いを明確にし、その間に横たわっている〈穴〉*を見出し、浮上させる理論作業をなすのも、考えられえていないことを「対抗的なもの」として明らかにすることで、政治的なものをめぐる政治資本の作用を、政治理論的に開示していけるからである。

つまり、フーコー、ブルデュー、ラカンの「限界」に直面していくことである。これは、注意を怠ると、マルクス主義へと回収されてしまう。フーコー、ブルデューの理解・翻訳はそうなって大学言説へと後退させられている。ラカンは、近代言説の思考へと押し返されてしまっている。そうした「確証済みの対象に閉じこもろうとする学問的しきたりの慎重さ」(ブルデュー)に対立し、また「預言主義的尊大な無頓着さ」に対立していく、学問的な鍛え上げが、「政治」に対しても要される。「知の政治資本」は、言説間の穴を見出していくことだ。

*「穴」trouとは、ボロメオのリングの重なりにおいて、シニフィエを有していないシニフィアンにまだ名付けがない、そこに口を開いているもので、穴としてさえ見出されていないもの。「欠如」なるシニフィエされたものがその場所にない、という象徴的掟の働きではない。

⓿ ブルデューの政治資本論　政治学から政治界へ 政治界から政治資本へ

この論述は、ある国会議員に、議員会館でセミナー的に報告した内容である。われわれの関係者であり、クリーンな政治家であるゆえ、しっかりした政治をなしていくべく、政治の基本をあらためて確認することであった。その議員は「難しい」と言って理解できなかった。加えて、「これを理解できる他の議員はどこにもいない」とも彼は言い放った。政治の知的資本の領有へ努力しない日本政治家たちの怠慢に呆れ果てるばかりである。

その内容は主に、ブルデューの政治資本について、フーコー権力関係論を背景にして、それを実際活用すべく骨子を報告したものだった。ブルデューの論述そのままではない、はみ出しながら活用している。また、さらに今日の政治的状況を加味している。その報告に加筆した。

界 champ について　政治界について

界が再認する諸力、界がその名付け《ノモス》を確定する諸力があり、その自律界に働いている資本がある。数学界には、数学に関する業績や数式、定理などが数学資本となって、数学者の間で強い力を持つが、文学界や株式市場で、数学資本は効力を持たない。ある資本はそれが通用する界の限界づけと同じ価値性・効力性の限界を持っており、それは他の界では通用しない。ある資本を自らの限界の外の他の界に押し付けるのは圧政だとパスカルは言った。政治家が文学

❶ブルデューの政治理論。ここでは、以下の論稿を主に論じる。
Pierre Bourdieu, *Prppos sur le champ politique*, Presses Uiversitaires de Lyon, 2000 (PC)
ブルデュー「政治的代表＝表象」(『情況』1999年12月号、鈴木規子訳)
Bourdieu, “La représentation politique: éléments pour une théorie du champ politique”, *Actes de la recherches en sciences sociales*, No.36/37. 1981 (rp)

界に働きかけようとすることなどを含む。(PC, p.64)

界は、「領域」とか「領野」とか、「分野」、「場」などとも訳されたりするが、<champ/field>であって、ある種別的な固有なものの世界である。例えば、競技場があり、そこで陸上競技をやっていれば陸上界であり、野球をしていれば野球界、同じ競技場＝場所でもサッカーをしたりラグビーをしたりすれば、同じスポーツ界であってもサッカー界とラグビー界とで違う。場所から離床している「界」である。自律的な界にはそれ固有の基本的な法＝掟があり、規則・規範があり、その機能がある。固有の評価基準を持つ、それは一般の社会世界とは異なる。社会世界には多様な界がある。だが、「界」には「場所」が無いのではない、ここがブルデューの穴である。

界では位相の違いが分類的になされることで、その界の働きの現実を厳密に構成できるだけでなく、階層的にも分類化・種別化され、そこに識別によっての現実の違いにたいする比較の可能性が開ける。分割 division は <vision>＝観方の分割 di-vision、でもあるのだ。さらに「偽の問題を排除できる」とブルデューは言う。

広くは社会世界であり、その中に、相対的に小社会が属性・関係・作用・過程をもって、経済界、政治界、教育界、法律界などが構成され、文化界の下には文学界、美術界、音楽界などがある。ジャンルではないゆえ、その意味作用の関係を、理論的に掴まないと抽出されない。シニフィエされたものの下に隠れている共有の界である。ジャンル分類は、シニフィエ分類でしかない。

❷ブルデューの政治理論は、全ての書において論じられているものであるのだが、さらに以下を参照。
Bourdieu et Wacquant, *Réponses* (Seui, 1992) (R)
Bourdieu, *Méditations pascaliennes* (Seuil, 1997) (MP)
Bourdieu, *Sur l'État: cours au collège de france 1989-1992* (Seuil, 2012) (SR)
（拙書『ブルデュー国家資本論』EHESC出版局、2017、において詳述）

界は、規制的世界であるとともに、そこにシニフィアンの作用を見出していくことになる。それには、ブルデューのように、ただ「客観化を客観化」し、「客観者を客観化」するだけでは足りない、界の場所を探究せねばならないことを、自覚に乗せておいてほしい。

政治界の機能様式において社会的諸条件を想起しておかねばならない。

政治にアクセスするための社会的諸条件が、不平等状態を、配置換え／適正／能力において実際にもたらしている。女性、教育水準の低い人、貧しい人は、政治的関心が低いという統計結果がでている。つまり、普通選挙であるのに、実際は制限選挙制のメカニズムのままである。投票率が50％以下という実際に現れるものは、政治界へのアクセス能力の不平等であり、自由時間なる政治資本の蓄積をなせるのは、経済的剰余を備えた人たち、教育水準の高い人たちになっている。生産活動の束縛をとかれ、代弁者の立場に立てるからだ。この社会的状態において、自由時間と文化資本がもたらされていない状況は、そこに対する政治資本の独占状態が邪魔されずに確実になされるのを意味する。政治理念と実際政治状態との隔たりが埋まっていないのは、ただの政治家たちの怠惰の問題ではない。社会構造における階層的隔差がある。つまり、政治界とは、アクセス条件を満たした一部の者たちがあり、他の人々は排除されるという特殊な働きをもって、排除と剥奪の上に政治世界が最初から成り立っているのを意味する。ブルデューは、このように政治界を限界づける。単純な支配／被支配の関係ではない。

❸ Pierre Bourdieu, *Raisons pratiques* , Point, Seuil, 1994 (RP)
ここには、私のインタビューが収録されているが、ある東大教授の横槍によって以後の版では削除された。ブルデューの出鱈目翻訳をなし続けている凡庸大学人の嫉妬の薄汚い政治だ。

さらに、「政治に口を出すな」という政治プロが、政治アマたちへ非正統性の警告を排他的に発する。政治家だけが政治を語る権能を有しており、政治は彼らに所属しているという主張だ。日本ではそういう言動がされなくなったのは、政治が開かれたというより政治プロがいなくなった、ただの給与議員サラリーマンと浅薄な政治ジャーナリストになっているからでしかない。つまり政治に書き込まれている暗黙の命題が無くなって、政治資本が劣化している現れである。政治資金の裏金問題は、政治への口出しによって浮上したが、解明はプロ的になされない。

政治界は諸力の界であると同時に、諸力の関係を変容させようとする諸闘争の界である（PC, p.61）。ゆえ、政治界は一つの帝国の中の一つの帝国ではない。ただ社会世界の内部に分離された ミクロな自律界である（同）。ブルデューによるかかる政治界の設定、実定化に対して、もう一歩先をきりひらかねばならないのだが、もうしばしブルデューの論述を確認していこう。

政治的委任の本質

政治家への不信は、彼らの特権性の自己保存的な主張に対する、意見の不一致であるが、それは「不一致の基盤について一致している」ものがあるからだ。ノン・プロは、政治的委任に対してある疑惑を抱くのも、政治的働きに参画する者たちが意見の不一致以前に根本的なところで馴れ合っていると感じているためだ（p.56）。政治界を永続させることに諸利益があり、政治家は「自分たちの利益を市民の利益の表現と見せかけ」、市民が自分の利益を政治家に政治委任している、と市民へ思わせている。その言語は、「私は、あなたがそうあれと私に言う、そういう存在である」とうそぶく。「私はあなたのために働く」「私はあなたの代弁者だ」「私に固有な表現には利益はない」「私には、あなたが私の立場にあって、自らの考えを言うであろうこと以外に言うことは何もない」と語る。(p.57)「国民を守る」などと政治家の立場から言っているのは、遥かに稚拙な言語でしかないから、首相になった途端にコロコロと変わっていく。

また、政治家が何か意見を言うのは、国民の期待に応えるとか、彼に投票した、彼を指名した人々に応えるためではなく、政治界の他のメンバーが言うこと言わないこと、することしないことを参照しながら、自分を差異化するため、または、自分が獲得する代表性の外観を脅かしかねない位置を占有するためである。特に野党による与党批判がただの嫌味にしかなっていないのは、これを述べているだけだからであり、国民を代表した意見の不一致の表明などではない。ゆえかかる野党は象徴資本を領有できないため信頼されない。

政治界にいる者たちは、投票した者たちとの直接関係でなく、他のメンバーたちのとの関係によって決定されることを語っている、そこが政治界の主張になっている(同)。

固有の論理が政治界にはあり、この論理が政治界に参画している者たちの立場選択を決め、委任者の利害に自動的に還元することができない界に特有の政治利害があることを意味し、それが政治界の自律性となって、閉鎖効果を発揮させている。政治空間は自律化するにつれ、固有の論理を増長し、界に内在的な利害によってのみ機能し、ノン・プロとの断絶を深める。(p.58)

政治委任についてのブルデューの考察は鋭い。だが私なりに自分へ即して言い直してみる。

私たちは市民ないし国民として、政治界から切断され、政治を排除ないし剥奪されて、政治界の自律性に対して異和を感じ、多分に不一致の一致を共有して、委任したのに不信感を常に彼らの言動に対して抱かされる。それは、彼らが政治界での差異化と自己保存をなしているだけのその界内での利害関係を他の議員たちとの差異関係で共有しあっているだけで、我々との直接関係にはないことをしているからだが、彼らは国民のために私たちを代行していると嘯き続け、政治界の自律性を閉じて確保している。国会の質疑応答は、実際に私たちと関係がない。他の党との違いを表明しているだけだ。政策は政策として、国民に関わりなく官僚処置へと委託され、国民にはほとんど届かない処置としてなされながら、消費税のように直接響いても、そこに何もなし得ないこととして配置される。災害援助資金のほんの一部が末端の国民へ届くだけで、多くはどこかへ消えている。なのに、政治家との利権関係があると、政治寄金したり選挙支援投票したりし続ける。政治家に委託し、政治は彼らがする、自分ではないと思わせられている。

議員による議員規正の法律は、ある種の行為を禁じる誓いなのに、ザル法に必ずなって、政治界の自律閉鎖をなすだけである。犯罪者が犯罪法を作っているようなものだ。法定と規範・

規則との間の隙間にあるレギュレーションは、未決定のままの調整をいかようにもなせる穴である。政治資金規制法はその典型である。なのに、なぜ、国会や審議会や法案化に、国民は委託・委任し続けるのか？　制定された政治的諸利益の生産や押し付けの独占をなしている（ブルデュー）からだけではない、政治界を外れた政治資本の作用がそれを容認しているからだ。

委任する者は、政治的生産の諸道具との距離が委任された者とは異なるという関係を維持する、また委任される者は自分の配置換えのために組織とともにあることを維持する。この両者の間で、政治界は、政治参加を表明している代行者たち間の競争において、政治的諸生産物——諸問題、諸プログラム、諸分析、諸コメント、諸概念、諸出来事——を差し出し、一般市民は消費者の状態へ還元されて、これら政治的生産物に従属するだけで、効果なき政治意見を吐く。

力の界と権力関係

界とは力の界であり、力関係を変えるための闘争の界でもある。それは、境界づけと分類の仕方において闘われる。ブルデューよりもバジル・バーンスティンが明示したことだ*。界の境界は、界の枠組化でもあるが、界への所属と非所属の、誰がそうで誰がそうでないか、またそれを言う権利・権力を誰が持っているか。つまり統制に関わる。この分類化・枠組み化の自律が進めば進むほど、界の究極的な存立根拠は隠蔽され忘れ去られ対立は隠される。

* バジル・バーンスティン『〈教育〉の社会学理論』（法政大学出版局）
Basil Bernstein, “Codes, modalities and the process of cultural reproduction: a model”, in Michael W. Apple (ed), *Cultural and Economic Reproduction in Education*, RKP, 1982

また見方＝分け方 di-vision の原理は、可視的世界を表象する仕方の正統性を決める原理になる。所属していなかった者が所属するようになる事態が起きるため、所属していた者が所属しなくなる権力作用が働く。分割をめぐる基本原理は、象徴的政治闘争となり、見方 vision ／分け方 division の「良き bons 諸原理」の言明と押し付けの働きが争点になる。それは集団の、社会的諸力の構成因となって、理念―力 idée-forces の動員力として機能する力を与える「観念をめぐる闘争」となる(p.63)。政治界は、社会世界の見方＝分け方の原理を正統なものと再認させるのを争点とする働きである。そこに政治闘争の政治資本における知的資本の争点が出現する。分類原理が階級を作り、正統と異端との間の闘争をもたらす。異端者とは、選ばれない者を選ぶ者であり、「このままではいかん」と主張する。

政治界の争点は常に二元的であり、観念のための闘争であり、その観念が政治的になる権力のための闘争となる。だが、その観念さえ機能しないで、情動が力関係へ機能することが起きる。バーンステインはブルデューが自分の概念を粗雑に使っていると批判していたが(ロンドンで直接にインタビューしたとき)、彼がなした階級の知覚・認識の構造的構成を無視しているからだ。つまり、私が政治資本と概念化したい領域は、政治界の領域に潜んでいる力の作用と感覚・知覚をも含んだ知的なシニフィアン作用とを、資本関係と権力関係として問題とすることである*。

ブルデューの政治資本は、専門プロ化した政治家の政治資本に関わることへの考察でしかな

* 思考カテゴリー、理解カテゴリー、認識図式、価値基準体系などだけでなく、情動や情感、情念などが、個人へ社会構造とともに内在化して自分の態度・言動・選択・好みにおける分類体系として実際行為している。その実際的利用の統制と分類化の遂行に資本関係と権力関係作用が、知的資本として働いている。

い。つまり、政治家へ委任をなす者たちには政治資本は剥奪されているとみなしている。この概念規制を転じねばならない。誰でも、政治資本を領有しているからである。

政治界から政治資本へ

政治界とは、ただその政治家たちの世界ではなく、その象徴闘争が、敵対する者たちの有する武器、資本、象徴権力が不平等であることでなされている界である。政治的パワーは文学的パワーと似ていて、知名度、知られ認められている「名士」なる事実に結びついた「評判資本capital réputationnel」、つまり広くかつどう見られているかという象徴資本と結びついている。ボルタンスキーの言う「名声のシテ」である。市民的シテよりも、名声の方が大きな力を発する。

政治界は、政治的役割や任務、政治的分業の制度化、政党の発達によって歴史的に変貌してきている。とりわけ党機能の発達である。自分が属する党の政治的重み、党内における政治家の重みに左右される。与党に属するか野党に属するか、そして党内の派閥や会派のいかなる権力の重みに属するか、に政治資本がある、となっている。これは、党による信認investiture／公認が重要概念としてある。*

党は、「政治資本の銀行」であり、党首は銀行の頭取である。党に割り当てられた国からの政治資金、パーティ券など党活動によって集められた政治資金、個人や企業からの寄金などを、

* 2024年10月の衆院選は、自民党において誰を公認／非公認にするかの政治判断作用が注目された。それはマネーだけでなく、道義的なことへの評価・判断であり、国民には知覚・評価の判断であった。無名の議員たちは公認されても裏金問題で多くが落選したが、非公認であっても「有名」である者たちは当選した。つまり、公認は重要概念であるが、政治資本はそこことは別に作用していることの現れである。

官僚的な党官僚集団によって官僚的に保証された政治資本へのアクセスを党首＝頭取が掌握し、官僚制化された仕方で党員へ配当する。派閥は、その官僚的な部署で、政治理念よりも大きな資金のあるところへ党議員が集まる。全てを与えてくれるところに全てを依存する。

政治界に特殊な政治的利益と政党への所属の結びつきが強化され、その利害と政党の再生産、政党が保証する再生産の結びつきも強化される。党機関を再生産し、利益と所属の再生産を保証する党機関の再生産は、政治家の再生産としての行動の大きな部分を占める。二世議員が輩出される根拠である。つまり、党支持者や党員をつなぎとめるには、彼らにポストのような存在理由を与える機関を存続させねばならない。党がなくなったら自分の仕事＝利益と存在理由がなくなってしまう、党機関や党に関係する者たちのメンバーの政治的存在を保証する党機関を再生産する目的をはっきりと持つこと。これは政策指針よりも重要な政治行動になる。

政治資金が、いかに大きな機能を持つかが、裏金事件で表にでてきたが、彼らの言い訳や言い分は、政治的存在の保証を党機関に依存せねば議員生命を絶たれるということの現れである。

だがブルデューのこの論述だけでは不十分すぎるのも、政治資本を特定の政治界でのマネーや利害関係や評判でしか捉えていないからだが、私たちはもっと先へ行く。非政治の政治界における政治的なものである。政治界なる客観世界の考察に対して、政治資本をシニフィエではなく、日々の実際行為における構造化するシニフィアンの作用として考察していくことである。

ブルデューの理論的要素の限界

政治界はノン・プロからの目に晒されている、ノン・プロが政治界のプロ・メンバー間の闘争における勝敗を決定する、とブルデューは言う。そのとき、ノン・プロの政治資本が作用しているのを示唆している。メディアや解説者たちが大きな作用をなす。

また、政治闘争は政治責任者間の闘争であり、政治財の正統な独占的操作をめぐって、国家に対する権力を争点としている、とブルデューは言う。そのとき、敵対する者たちの政治資本の差異が作用している。さらに、国家はある程度まで政治闘争を収束させる、国家の真理は建前では超政治的真理であるからだ、と言う。そのとき「政治闘争の政治資本」と「国家資本で作用している政治資本」とは次元が異なり、いかに関係し合うかがブルデューでは何も論じられていない *。

ジャーナリストやテレビ・メディアのコメントなどの政治的介入も政治界のエージェントだとブルデューは強調するが、その政治資本たるやシニフィエの客観化において政治家たちよりときに広いが、大学言説の閾を出ていない知的に低いものでしかない。「誰の頭の中にもすでにある考え方」の繰り返しであり、「実際には何も語られていない」、「受け入れられやすいだけの考え方の伝授」、伝達、普及である。知的資本や大学言説が、政治資本に関与しているのだ。

さらに、権力を持つ者たちが科学や真理は自分たちのもとにあると、真理の物真似を演じて、政治界の通念や見方=分け方の原理に真理のラベルを貼り、保証の外見を纏わせることに対し

* 政治界が政治プロだけの、争点の形成、公的空間の形成に非連続的に限られていて、構造的一貫性を保持する多種多様な政治空間の政治路線とされている。そこに包含されていない非政治界の「政治的なもの」は、「あらゆる政治的な対立概念は性的なものだ」と言いながら、政治界から除外されている。これは、「政治資本」の働きを極めて制限してしまう。

て、界の専門家の枠を超えた知識人の働きをブルデューは重視する。科学は我々とともにある、ノーベル賞学者や専門家たちが我々を支持している、能力ある人に任せておけ、もっと知ってる人々、能力と真理の名において政治的善と利を決める権利の独占を主張する人たちに任せておけと、善良なる民に求めるが、そうした科学の名において発動される強権に対して、科学の名において反対する権利が知識人にある、とブルデューは言ってしまう。

これは、知的資本論で私が示した、科学者の言説と専制主義の言説とが織りなす言説の構成であって、知識人なる主体行為では対応しえない言説の仕方が、すでに主体以前に構造化して前配置換えされて存在しているのだ。政治資本がいかなる言説に依拠して行使されるか、そこが大事なことである。知識人の役割の問題ではない。政治資本は評判資本や、どう見られているかの象徴資本ではなく、ボルタンスキーが言うように、権力関係や利害関係だけではない情動や感情までもが絡むものであり、諸個人は政治資本に領有されかつ政治資本を行使する。民衆の怒りや哄笑の政治力は無視しえない。ブルデュー自身が提起した諸資本の概念が不徹底であり、権力諸関係との関係が曖昧なのだ。だがブルデューが開示している論点はまだある。

政治的代表　権力界と社会空間

権力界でいかなる政治的集団の体制が優位に立つかによって、政治決定の方向が規制されていく。反体制派が優位に立つか、共産党改革強権派が優位に立つか、体制側が優位に立つか、それとも三者協議の配置になるか。正当な代表という象徴資本をどこがとるかの違いで、政治の動きが変わる。政権交代として、どこが、社会を、国民を代表し得ているかをめぐっての権力闘争の駆け引きと闘争がなされる。正当化されるべく、選挙戦略をめぐる思惑と言説戦略をめぐって派生するイデオロギー的嗜好の対立が絡み合い、結合か分離かの党間及び党内の政策選択の諸対立が起きていく。(過半数われした時の総理指名が、そこに顕著に現れた。) 経済構造の転換や過去と現在の分断線において、象徴資本の支配配置変えや分裂が派生していく。規律や政策の受諾・拒否をめぐって様々な政治的分断が浄化による象徴資本の純化に向かう。

自民党が政治資金問題で選挙敗北し、諸野党の非体制派が政権をとったとしよう。すると、新たな政権は、政治資金を悪として否定することで正当性を象徴資本に高めるとき、文化資本を持つ知識人・テクノクラート・専門職の質を有した者たちと、これまでの政治資本マネーを多大に持っている党幹部との対立において、支配層の中の権力界内の対立として、社会空間からの反映を規制される。そして、自民党の過去の意味をめぐる闘争から、改革自民党との妥協がはかられ、自民党も改革派と保守派とに対立し、それといかに妥協協力するかで、諸野党も改革と保守とに分裂的に対立する。かつて小沢がなしたことだ。これは、過去と現在との分断線であり、かつ保守かリベラルかの言説間の対立ないし同盟となる。政治資本を多くもつ過去の存在とまだ政治資本を多く持たない新進との対極と、過去の否定か肯定かの文化資本のプラスとマイナスとの対極が、社会空間からの反映と権力界の対立の絡み合いで、状況変化や政策選択などで結合と分裂とを生み出していく。かつての新進党は自民党改革派から構成されたが、その後、政権維持がなしえず解体・分裂して立憲民主党に停留していった。根源からの改革はなされない。実際の結果は、過半数割れが強い分裂を生み出さなかったため、これらの微調整の対立隠しの前段階でとまった。

資本によって構造化された力の関係は、象徴資本をどこが担いうるかの正当性をめぐって、社会空間における社会的利害間の差異と類似の反映作用として、政治界内部の資本関係の対比の構造を規定していく。この反映は単純なものではなく、社会空間の中の正当な区分を押しつける象徴権力が、集団あるいは階級・階層を目に見えて信じられるものとして作り出し、政治的代表がそのただの代理委任ではなく、リアルなものとなるようにする。この政治資本（政治的代表が領有する諸手段の支配）を象徴権力（ある社会集団の有力な代理人であるという威信）に変換する能力をめぐる闘争が政治闘争となる。政治界の権力界に対する分析として、ジル・エイヤールがチェコスロバキアのポスト共産主義体制を分析したように、ブルデュー概念は使える。＊

だが、政党間の争いとは別に、また政治界とは別に、政治資本を〈私〉は自分技術として日常において領有し使用している。〈私〉の資本としてそれは了解していかねばならない。民族国家が社会言説・社会統治を政治行使している限り、〈私〉はそこから逃れられないからだ。特に、政治のパブリックな形成を「社会なるもの」へ転じる政治資本に〈私〉は日々直接関与している。

＊ヴァカン編『国家の神秘』藤原書店、に所収。
Loic Wacquant (ed.), *Pierre Bourdieu and Democratic Politics*, Polity, 2005

選挙の政治的な現れ方

選挙は、「諸個人の孤独な、無言で秘密裡になされる行動」であるが、「公的であると同時に私的な行為」である。投票記入のボックスは、各人の選択が見られないように、他人に監視されないように仕分けによって保護されている。投票箱と同様に、「個人的とされる自分の意見を不可視に、統御されずに、検証不可能なように表明するための分室的条件を形成」している。「個人的意見を秘密のままにしておく」ことができるが、今や、投票後の出口調査によって開票前に趨勢がわかってしまうにしても、「決まった投票日」に、少しの間、「夫・妻」「親・子」、雇用主・従業者」、「教師・生徒」などの依存関係や契約・約束の関係という「社会的紐帯を停止」させて、「集団をバラバラになった個人の集積に還元」することがなされる。

だが、この「個人の意見」は、「個人的に表明された個人的意見の統計的な集計以上の何ものでもありえない」状態へと処理される。「個人戦略と行動の集積」は、客体として集合的な、統計的集計へ還元され、「意見の関連づけは人々の外部で、人々の自覚や意志とは無関係」に行われるものとなる。票には何も手が加えられず、消極的に加算されていく。そこには「妥当性」の条件があり、互いにコミュニケーションをとったり協力し合ったりしていない、個人集合が統一性と総合の原理を有していない、ゆえに集合は自分へ対して何らの力も持っていない無力な状態であること、転覆や異議は純粋に個人的な戦略に還元されていること、においてである。

であるゆえ、組織票なるものが配備されたりするが、投票行動の内容はあくまで個々人である。支持政党が常識をあまりに逸脱した政治方針をなすと、支持者たちの多くは「御仕置き」をすると支持政党ではない候補者へ一時的な投票変えをするが、それは支持政党の象徴資本を守るための行動である。つまり支配される側にある者たちは、文化資本を全員が同じ程度に所有しているわけではないゆえ、普遍的なものを手に入れる条件が普遍化されるわけではないということ、また社会秩序の構造が支配する者たちに有利に動いているゆえ個人的に原子化された個々人の寄せ集めの再生産が守られるという状態になっている。ゆえ、民主主義の手本とされている投票の論理は、支配される側には、実際に根本的に不利になるものでしかない。解散は、そこを見込んでなされるが、たとえ与野党が入れ替わっても、支配される側の不利が転じられるわけではない。逆に、選挙合意で選択された正当性があると専制的に利用されたりもする。無力さと重なり合う棄権という異議も、全員が棄権ボイコットするという政治事態にならない限り意味をなさないゆえあり得ない。不可能の現実はそのまま取り残される。

◆公約も政策も政治資本ではない

選挙で掲げられる公約は、立候補者がそうしたいと思うものでしかなく、政治資本へ練り上げられてはいない。公約を生み出す元に政治資本の作用があるのは事実である。場所に立脚する政治統治をなすか、社会の商業主義的経済を動かす政治設計になるかの違いに、政治資本の対立があり、例えば、それが「市民が誇れる」街の公約か、それとも「世界が憧れる」都市になる公約かの対立として表明されたりする(二〇二四年の小田原市長選の対立であった)。だが公約は政治界でのあり方だ。政策も、政治資本としては保守か革新かのそれぞれの内容によって、表現され構成される。政策自体は政治資本ではないのも、未実行の差異化表明でしかないからだ。公約破りが平然となされていく。明証な公約は、他政党からの差別化戦略であって、建前でしかない。(文化プロジェクトで企業から支援金を得ようとする時、相手に利益があると建前を作るのも同じで、文化資本が捨象され社会関係資本へ転じられている。)

公約が守られなかったとか政策がいつの間にか蹴られていたとかが批判されるが、元々の政治資本に変更はないゆえ、平然と当選後に反故にされうる。つまり、選挙民が見抜かねばならないのは、公約や政策ではなく(それらのシニフィエではなく)、それをなしうる政治資本を立候補者が領有しえているのかどうかである。政治資金問題で、自民党支持者たちが対立候補の方へ投票し、「今回はお仕置きをせねば」というのは、自民党の政治資本へ疑念をもちながら信仰は捨てていない。公約判断ではない。政治資金が政治資本を脆弱にさせていることに、自民党議員たちはほとんど気づいていないゆえ、未だ政治資金の透明性を曖昧にしておけば、政治資金が経済的な政治資本として機能し得ていくと誤認している現れである。どんな公約を掲げようと、地方では自民党候補者・支持者たちが次々に敗北していく。政治資金も政治的な政治資本ではないことの現れだ。いかに政治に健全に資金が使われるか、その仕方が政治資本である。政策は統治技術として重要であるが、選挙実質に関わることはほとんどない。

公約も政策も政治資本でないことは、二〇二四年の東京都知事選、五十六人もの候補者たちの「政見放送」においてはっきりと出現した。呆れ果てる茶番次元を超えて、ただ自己宣伝のためにNHKの政権放送を利用している。政党的公約を掲げた者も、その同質の類であるということが暴露されたと言える。現知事に最も対抗的とされた立候補者も、都知事には「権力がある」、それを使えばなんでもできると、錯誤した言動を平然となす始末で、対抗勢力にもなりえなかった。また、NHK をぶっ壊すと NHK 放送で、同じ組織から何人も立候補し自己宣伝時間をとっていることなどが、まだマシな方というような、個人主張をなす人たちのオンパレード、例示するのも馬鹿馬鹿しいが、本人たちはいたって本気であるようだ。これは、自由でも民主主義でもない、ましてや真正の政治資本などどこにもない。ネットを巧妙に使って、次選に食い込んだ候補者も、どこにも政治資本がないゆえ、一時的にマスコミ報道される評判次元で消えていった。都知事再選した候補者に党的政治資本が残滓的に作用しただけの結果に終わっている。公約も政策も、選挙民のどこにも見えていない。むしろ、学歴詐称のスキャンダルだけが曖昧なまま騒がれているが、有耶無耶に消えていくのも、学歴など制度資本の正当性の事態であって、政治資本になんら関わりないからだ。政治資本がない政治資本が選挙では露出する。

政治家たちの政治資本　組織における権限の委託

プロの政治家たちは、所属する政党との関係を維持することが最優先であって、選挙民との関係もそのための必要条件でしかない、そういう政治資本の利害関係に置かれている。

政党は「当の幹部や戦闘員たちの行為を通して、再認・諸忠誠 fidélités の象徴資本を歴史を通して蓄積」している。政治的闘争のために／によって、永続組織と専従職員を備えて、戦闘員、獲得者、シンパを動かし、票の獲得のために、また永続的ポストを維持することによって、専従職員を長期的に維持し、必要な宣伝活動の仕事を組織してきた。そこにおける政治的権威の委託された資本は、制度だけによって保持され統御された資本の、限定された一時的な、移転される産物である。この動員装置は、客観的構造として、組織自体や公的行政機関のポスト、その採用・形成・選抜に関するものであり、配置換えに対して、党への忠誠に関わること、指導者・専従職員、戦闘員たちが日常的実際行為において政治的に固有に行為している社会的世界の分割＝見方に関わるものである。

この委託資本の獲得は、「信任 investiture」である。政党が公式に公認候補者を選挙に割り当てる制度的アクトとしての信任である。党的政治資本の伝達であり、時間・労働・献身、制度への信心よって示される長い投資 investissement の代償である。組織は組織に投資した人々を信任する。それは組織に全てを与えた人に与える、組織に対する権力や全てであり、それは組織の外や組織なしでは何ものでもないことであり、組織を否定することができないことを意味する。貴重な貢献、組織の命令への従属、要求への一致から構成されている。「機能の資本」を投資された者は、信任アクトによって制度が彼に授けた「質資格」以外のものを何も所有できない。裏金問題で、自民党の公認を外された者たちは、そうした信任を剥奪されたのだが、他の多数は地方選挙民の判断へと放り出され、組織体として比例代表としての委託は外された。

政治のプロ化と政党の官僚主義化が増すにつれ、政治権力のための闘争は、職業専門家たちの間での、装置の権力争いを結果し、他方、社会世界の見方＝分割の諸原理の精錬化と普及の独占のための闘争において、職業専門家たちや大組織に占有され、小生産者たちを排除するようになる。

かくして政治資本の委託は、ポストや動員手段を政治的マシンに具体化し、既存のメカニズムや戦略を継続的に再生産する。政治資本が占有すべきポストに組織化されるにつれ装置に入ることに利益が上がるため、装置への執着が増す。装置の再生産に関する要請や供給されるポストの重要性は、あらゆる物質的・象徴的な利益によってその領有者の心を引くため、装置が謳う目的の実現が認められるべき人々に対して増大していく。党の綱領や政策が蔑ろにされ、ポストの獲得が目的化され、政治資本の制度化が政党を膠着させていく。堅牢ではない降着だある意味、組織の政治的作用を捉えた論述であるが、共産党に顕著に見られるが、自民党、野党、そして党派にさえ忍び込んでいるプロ的政治資本の特徴といえよう。無党派として闘争アクションを最大行為とする時、かかる組織的な政治資本は最大の敵となるゆえ、私は非党派・非組織を貫いたが、政治的行動資本として、谷川雁の工作者アクションは参考になった。

政治家たちの政治的労働に賃金が支払われ、活動費まで支払われるが、政治的労働のあり方の道徳が挙げ沙汰され、監視対象となっていくも、政治家のサラリーマン化が進行していくだけだ。民主的政治は賃労働政治家として風化していく。象徴政治/象徴権力の力が薄れて、党的政治資本の蓄積が弱体化していく。野党がその先駆けとなっている。社会党の数名だけに落下した結果がその顕著な例だが、野党が象徴権力を形成できない日本である。政治資本が脆弱であるからだ。

政治資本欠落の政治情況：〈現在〉と政治思想

政治ほど〈現在〉を抱え込まねばならないものはない。それは経済以上に現在的である。従って、政治理論や政治論述は目まぐるしく変貌していくものであるのに、固定してしまっているのは知的な政治資本が機能していないからだ。ただ、貧相な古参政治家たちが入れ替わり、給与取りでしかない若い政治家たちの骨抜きの輩出となっている。

政治家たちの政治界に対して、政治をあえて名乗らずに、また政治を感知することなくなされている「政治的なもの」の界がある。そこに明確な境界画定はないが、明らかに政治作用がなされている。政治界に直接有効でない、ここが隠れて不能化している状況にある現在だ。

見えない政治界は主に、社会学的考察が切り開いてきたものだが、他の専門領域が対象としてきたものを政治面で浮上させた。絵画の政治とか文学の政治とか「性の政治」とか身体の政治とか……種々あるが、その前に、日本では「転向」の問題、プロレタリア文学の政治的なことなどの政治思想において論じられ、フランスでは「ハイデガー」問題としてそのナチス加担が論争になり、それが日本へ返ってきて、西田幾多郎の戦争加担など指摘されたが論争にもならなかった。作品と作者の政治的・道徳的態度とは別物だ、という思想的裁可が浸透していた要因もあろうが、政治的なものへの政治的知性が麻痺しているからではないか。作品を作品としてしっかり読むためのその姿勢はしかし、作品自体を軽薄にしか読めない結果を招いていく。小林秀雄の非政治的な政治的態度は、吉本隆明の政治的な非政治的態度へ一八〇度転換し、そして柄谷行人の政治的敗北主義の表層批評へと再び一八〇度回転し小林へと回帰しながら、現代思想を近代へと後退還元する大学言説の軽薄さと結託している。現代思想や政治思想の研究は、すべからく大学言説世界へと商業出版世界で回収されている。また文部省の文教政策の愚民化策謀は、知的に頽落している東大ヒエラルキー官僚たちの自己利権を守る官僚政治として、高等教育の大衆化なる制度化を既存階層のまま進めるだけで、対象それ自体、自分それ自体、つまりは他者それ自体を「観る」ことができない知的作用を蔓延させる効果となって、大学市場と出版市場との共謀に合体している。消費の安楽世界とマッチして、知的資本は政治資本を凄まじく劣化させている。政治思想の思想的了解の仕方が、政治資本の作用を鈍らせてきた。

それが、吉本隆明の消費迎合とそれへの埴谷雄高*による批判の論争に現れたものを消費現在の思想的頂点にして、その新しさと古さの不毛な論争に出現したのを皮切りに、〈現在〉を解き明かす消費社会論が日本で何ら深まることなく、ボードリヤールによる生産主義的経済批判の意味を了解できないまま、世界の膨大な消費社会論の産出の中でボードリヤールのみの表層的輸入が、「商品の記号的差異化」を強調する安直な経営マネジメントへ絡めとられ、「安楽の政治」を日々の政治界へと還元して、狭義の政治界ではアベノミクスの政治経済を経ての政治資金の裏金実態へと結果している。そこに生まれた穴に、ピケティやガブリエル・マルク

* 埴谷は自分の政治論考で、レーニンは難しいと敬遠して、スターリンの心情を見事に感知しているのだが、スターリニズム政治に無意識に制度世界ではいりこんでしまう本質を明示している思考と言えよう。

スらの三流政治経済論がまた大学人によって表層導入され、陥没地帯に「人新世」の資本論のスターリニストをベストセラー化させる効果を文化的市場へ招きこんだ。他方、同様に資本主義を理解もしていない新資本主義政策が岸田政権によって営まれる政治界を結果させた。裏で小賢しく暗躍させているボス的政治はただ政治資本喪失を進行させている。

私たちが切り開かねばならないのは、この政治と経済のスパイラル現象から離脱する政治資本の働きであるのだが、〈現在〉理解の軽薄さと政治思想了解の鋭意さから押し出されてしまっている政治資本の実際行為への探究である。それは、大学言説に暗黙に染み込んでいるマルクス主義的政治世界からの「知的言説の離床」である。

だが、そこには、ニコス・プーランザスの資本主義国家論とその「政治的なもの」の考察および独裁論、ボブ・ジェソップの資本主義国家論、カーノイの国家理論、さらにラクラウ／ムフやカリニコスのマルクス主義政治論、そしてネグリ／ハートらの「帝国論」という、これら最後の「マルクス主義的」政治理論の水準を脱していかねばならない壁が横たわる。さらに、ハーヴェイ、そしてジジェクという三流マルクス主義がいる。日本の大学マルクス主義者たちはこれらをよく翻訳して市場支配しているが、何ら実践化しえていない。国内で論争も起きないのも、マルクス主義的政治行動者自体がこれらマルクス主義理論にほとんど無知であるからだ。これらの底には、アルチュセール派特にバリバールの階級闘争政治論の教条化が潜んでいるのだが、ランシエールがそこから脱しようとした水準が媒介になって、糸口が少し垣間見える。構造主義と新左翼的政治論との間に、バデュウやジジェクやハーヴェイらの知識主義が横行する。他方、米国ではロールズ「正義論」そしてコミュニタリアンの民主主義政治論がプラグマティックに提出されているのだが、教養にこそなれど理論的には不毛でしかないのも、トランプを国民半数が支持するような結果を招いている米国のポピュリズムの問題としてむしろ批判考察すべき課題がある。新自由主義とポピュリズムの不毛な政治経済世界が世界を覆っている。その中で、新左翼政治行動の衰退・瓦解が進行した。旧左翼・共産党系は統一を擬制するが、新左翼は分派・分裂を正直に進めてしまう。だが、新左翼諸派について安直な見解を語るべきではない。ただ、私は党派には馴染めず無党派を貫いたが、ブンドの分裂の穴から学んではいた。

これらに対して、フーコーの権力関係論、生政治論、統治性論、ブルデューの象徴権力論、政治資本論、国家資本論、そしてボルタンスキーやアーリらの考察を活用して政治論が開かれねばならないが、ただそれらをアカデミックな手法によって踏襲従属することではない。そこへのずらしをもって「政治的なもの」の界から政治資本の作用・活用を引き出すことだ。さらにラカン言説の活用が決定的なものになる。知的な政治資本領有の地盤・軸となる言説である。

政治資本とは言説プラチックによる「対立」への権力作用である。行為者は、なんらかの政治資本に知的に領有されて、無関心を含め政治的とは自覚されていない政治プラチックを行使している。

【付】マルクス主義的概念の恣意性からの脱出

階級闘争、国家権力、ヘゲモニー、階級同盟、社会階級、イデオロギー闘争、精神労働と肉体労働、国家装置、党独裁、支配、搾取、抑圧、帝国主義、植民地主義、傀儡政権、権力奪取、プロレタリアート独裁、前衛党、組合闘争などなど、現状分析と闘争戦略などを想定して理論構成がなされるが、反権力・左翼の立場からの唯物史観活用に、マルクス主義枠内での種差性をめぐって世界では論争的対立がなされてきた。国家は道具だ、いや国家の相対的自律性がある、下部構造からの一元決定ではない重層的決定だ、合意体系がある、ただの一元支配ではない、国民からの同意があるなど、と同じ概念空間の配置の中での理論生産である。マルクス経済学批判の中での、上部構造・下部構造、その社会構成体の解読と、生産諸関係／生産諸条件の拡張的内容が、ただ資本家／労働者の関係だけに止まらない、疎外と異なる物象化次元がある、などなど。理論生産と理論効果とが相互に補完し合いながら、客観性を擬制した主知的議論が展開される。国家権力は階級権力だ、いやそれだけではない、社会実践には構造的側面と情勢的側面がある、その内容はこうだいやちがうなど、と規定と作用をめぐって論争しあう。政治的有効性を確定するために客観考察の差異が使われるのだが、大学人である彼ら自身が実際闘争しているわけではない。活動家においては、イデオロギー闘争と政治闘争と経済闘争が、そこで個々異なる戦略・戦術として対立的に論争される。

国家、階級、権力、経済構造が書記記号的なシニフィエ概念として前提にされた中での、それらの吟味なき解釈差異の「客観的」言述群だ。概念内容の理論吟味はなされるが概念空間の転移にはいたらない。物質的なものを仮象した抽象概念がいじくり回される。本源的な穴は認識されない。プーランザスーミリバンドーラクラウからジェッソプ、そしてジジェクのおしゃべり言説が派生物だが、実に不毛である。はっきり言って、アルチュセールの国家のイデオロギー装置と生産諸関係の再生産視点とイデオロギーはプラチックである、という曖昧にして簡明な理論配置を一つの軸に持っておけばいいぐらいである。階級概念は無意味ゆえ、階級は作ることだという階級形成の方針が出てくる。などなど。

こうした不毛と言えるマルクス主義論議に対して理論的には「再生産」理論の欠落が指摘され、生産諸関係の再生産、社会的再生産、文化的再生産の理論が捕捉されたが、その日本での理解の次元は再生産理論が実践概念に対してプラチック＝実際行為概念世界を開削したことがまったく理解されていない。現実世界では国家政治指導者たちによる大学言説水準での政治が、国際官僚とともに、悪しき事態を世界へ撒き散らし、その国家的秩序を再生産している。私の実際の大学闘争は、かかるマルクス主義的に前配置された pre-disposition 諸概念の無効化であり、実践投企への拒否による実際行為の実際的な闘争であった。その闘争への理論的な対応が、のちに、フーコー、ブルデュー、イリイチ、そしてラカンによって明示されていたことの発見であった。同世代のボルタンスキーやアーリらがより精緻化を深めている。

平たく言ってしまえば、国家は「自身が語っている言語」と「想い描いている想幻」に構造化されており、権力は制度諸関係の種別的局面に利害を含んだ意味論的関係作用として張り巡らされ、階級などはどこにも存在せず、ただ個々人へ個人化された従体化の転倒意識と日常の言動に政治的なものが暗黙に構成されている。従って、具体的な実際の闘争はまったく異なるアクションとなり、獲得物を持たない求めないで、規制された利害関係を無効化する関係世界を浮立たせる。それ以外に、実際闘争のリアリティは存在しない。この自分の実際世界の自律性さえなしえないものが、国家権力奪取だ帝国主義打倒だ、などを政治的になしうるわけがない。闘争実践が大学言説思考のままなのだ。

私は、ただ社会主義革命の実証的歴史研究と革命自体の実証的歴史研究で、物事の歴史的出来事を理論課題を背後に持ったまま表に出さずに、アカデミック対決しながら、無意味な資格取りの矛盾へ自分を対峙させながら実証考証したが、既存制度マターの押しつけさえ克服できずに知的前進などとりえないからなしただけだ。修士号や博士号など自分にも知的資本形成においてもどうでもいいものでしかないゆえ、やむなく諸関係から取得したにすぎない政治経済行動である。政治とは、なんであるのかの学習には最も役立ったのも、実証的辛抱が要されることは、制度規制でもない限り、退屈無意味でなせたものではない。だが、それさえなさずに理論生産はなせない。

実証的考証は、物事のある基本ではあるが、いかにそれが緻密化されようとも、概念空間の理論生産には関わらない。つまり、それは何事も変更しない。知的思考において目的化されるべきことではない。知的資本の政治的な行使は、概念転移による理論言説の生産にこそある。政治資本は言説を領有し言説に領有される。そのもとでの言説行為の自分技術の対立的行使である。

政治を論じることとは、自分自身を論じることに不可避につながっていく。制度的諸関係において、それは自分の危うさへと規制される。しかも、知的な態度は思想的態度へと疎外されがちになる。近年、私は「独立哲学者」と称されるような奇妙な配置に置かれているが、大学専門性の分類権力や枠組み統制を侵犯的に横断しているからで、理論生産としての政治資本闘争をなしているからだ。老化の結果ではない。その最大の批判否定対象は、「社会なるもの」の天球的な配置と、知的資本のあまりに低い大学言説の横行に対してである。大学知性が、世界の悲惨と停滞を招いている最大の根拠だと、今や確信している。そこから脱すべく、資本経済と場所統治のホスピタリティ・マネジメント（経済領域だけにとどまらない）が自由プラチックとして開かれていく回路と通道作りとして、新たな研究生産と具現化をもって、現実界の不可能さを明らかにすべく自分へ課している。

I 政治資本と政治的なものの界

大学言説による〈政治〉を超えるため

マルクス主義において奇妙なことは、階級闘争を主張しながら、権力論と国家論とがあまりに粗末ないし不在でさえあることだ。資本主義を悪だとする理論効果から、搾取する資本主義経済批判をなし、社会の不正を告発し、国家権力支配への否定という政治批判論述でしかない。レーニンの国家権力論のまま、グラムシすらしっかりふまえられておらず、ましてプーランザス、アルチュセールに対しての無知ぶりさえもが左翼マルクス主義に浸透している。ブルデューやフーコーに対する不勉強さには呆れる他ない。メキシコ帰国後、あるマルクス主義雑誌の勉強会に呼ばれて、フーコー権力論を報告させられたことがあるのだが、そのとき一人の顰めっ面の参加者が、「そんな寝ぼけた話などどうでもいい、世界の抑圧・支配、帝国主義への戦いを組まねばならぬ」と怒りだした。日常の政治に寝ぼけている政治喪失の自分を知らないのだ。

闘争ずらして正義ぶる人には、おいおいおまえさん、闘争したことあんのかね、街頭デモしてるぐらいだろう、が私の情感的反応であるが、どこで何が衝突していくのかいやというほど闘争経験している自分は、対応への誠意を放棄し黙し無視した。明らかにその人は自分自身の政治闘争に手応えを感じられるものを持っていない苛立ちを自分へ抱え、それを他者攻撃の正当性に転化している。投企できる場がないのだ。私はそういう党派的政治闘争感覚とは異なる実際的闘争をなしてきたゆえ、どこで彼らが行き詰まっているか感知して、自分がそうならぬように注意し続けてきた。主催者であったいいだもも氏は、そういう彼をたしなめてはいたが、マルクス主義に汚染されたまま、その限界に実際にぶつかる闘争をなしたこともなく、外在敵をはるか遠方においたままのその反権力世界から脱出できないゆえ、日常の権力関係作用を問うフーコー権力論を了解できない／しようとしない次元にとどまっている。日本左翼はそんな次元にまだいた。政治闘争は日本では明らかに滞留している。大学知性のままであるからだ。一望監視体制の空間配置、眼差し、規範化、パストラール権力などは、彼らにとってはどうでもいいことなのだ。一方、マルクスのしっかりした理解もなく、デモをして、その後、日常へ戻ります、という現在の若者の仕方にもう「政治なるもの」は浸透し切って、この若者に政治的自律性は機能していない。つまり批判している側にとって彼のような仕方は何らの恐れもない。抗議／抵抗の力は機能していない。

私は、初発から権力論と国家論を自分なりに領有した上で、物事を考察してきているが、自分が身を投げ出してもいいと思える政治闘争に大学闘争以後出会ったことはないし、自分から闘争を構成することにおいても、むしろ「ほっといてくれ」の立場性の方を強調している。政府の学術会議への介入に反対署名し記念写真をとっている大学人たちの寝ぼけた擬似政治行動などに何の意味も見出していない。政治的自律性を麻痺させていないゆえ、とくにフーコー理解の大学言説の仕方とははっきり一線を引いている。というのも「政治的なもの」がどこでどう作用しているかを、私は自分なりに了解しているからだ。正しいか間違っているかではない、実際に闘争を自分なりにやり切った人とは、共鳴しあえるし、すぐ互いに感知できる。政治的限界領閾が、どこにどう浮上してくるかへの感知が鈍っていないからだ。国家、権力、そしてそこへの政治理論とはいかなるものかを世界線で領有してきている。社会主義や革命なるものの限界への認識がどれほど政治的に決定的であるかを了解できていないあり方へは、とても同調はできない。その、まずは基本を、権力界、日常生活、制度世界、そして言説、国家においておさえておこう。

政治なるものの理解は、ブルデューよりもやはりフーコーが基本地盤となり、その限界閾を自分としてどう乗り切るかの挑戦にかかっている。そして、イリイチによる産業社会生活の日常に浸透している政治的自律性の麻痺は、政治への無関心というより、政治なるものへの不能化が波及している政治的現実性が、政治をなそうとする人たちにも了解され得ていないことを示している。だがフーコーの自分技術とイリイチの自律性との関係には、可視化できていない穴がボコっと空いている。

そして、最も根元的に政治的なるものを把捉しているのがラカン言説である。その現実界の不可能を知ってこそ、政治的なるものが示されていく。

ブルデューを規準に、フーコー↓イリイチ↓ラカン↓フーコー↓ブルデューの円環における「穴」にこそ、「政治的なもの」の政治資本のあり方が明示されよう。社会は政治に覆われている。人は生き生活している。この「生」において権力関係は作用し、政治が機能している。そして、政治を語れば語るほど、その大卒知性は「政治なるもの」を見失っている。大学知性／大学言説は、主知主義的に政治なるものを排除している理性でしかない。

政治資本と「権力論／生政治」と自分技術

　フーコーについては、もう十分に論じてきた。だが、日本でのフーコー論においては大学言説へとそれは退行させられている。何がそこで起きているのか、そこに政治資本の問題闘がすでに横たわっている。フーコーを「主体」論、「実践」論とみなす仕方は、もうフーコーではない。フーコーを非政治的な世界へ押し戻し、政治を既存の枠に閉じこめている。「言説」論の理解も文化主義理解へと再び退行している。訳書のほとんどはひっくり返って、訳者たちの大学言説＝低知性へとフーコーは後退させられたままだ。
　国家理性／ポリスの歴史的考察をもって、国家が強制抑圧的に振る舞っているなどの力など有していないことを考証したフーコーは、「社会を防衛する」安全確保の統治技術を詳細に考察し、統治性 gouvernementalité なる技術／アートと心性とが織りなす界を明証に示した*。（拙書『ミシェル・フーコーの統治性と国家論』において詳述）
　日本での文化主義的なフーコー理解に対して、まず私は対抗した。フーコーの真理・言説・言表をめぐる論理を権力・歴史の理論世界へと転回させた**。それは、「知への意志」（書名からしての誤訳）ではなく、「知の意志」つまり知・真理自体が意志を「言説プラチック」

* フーコーの政治的な統治性理論は、Michelle Foucault の講義録 (Gallimard/Seuil)
<Il faut défendre la société>『社会は防衛しなければならない』
Sécurité, Territoire, Population 『安全・領土・人口』
Naissance de la biopolitique 『生政治の誕生』
Du gouvernement des vivants 『生者たちの統治』

として働かせていることの了解であり、日本の転倒した理解への批判転換としてである。主体が知／権力を実践行使するのではない、知／権力へ主体化＝従体化させる実際行為が知の言説によって政治編制されている。その真理／権力のあり方の明示である。真理の追求が反権力ないし非政治的な中立性であるかのような擬制に対する根源的な見直し批判は、それまでになかった権力理論である。「させない」のではない、物事を可能にするパワー関係が日々の実際世界に作用している、その自分の自分に対する関係と配慮への気づきである。権力の抑圧・支配によって、物事がなされない、行動できないのではない、抑圧・支配をも可能にする〈pouvoir/power〉であるが、それは真理生産の作用をともなっている。認識・行動させないことをも可能にする力作用も含まれる。これは、すべの物事に権力作用があることを意味する。させられて不能になっているのではない、させないことを可能にしている、不能や不可能であることを可能にさせている。可能とは、何か良きことが実現させられる事だけではない。これはイロニーではない、権力関係作用の本性である。そして真理は在るのではなく、真理は生産されるものだということ。

したがって、一部の者たちが権力を所有していて、多数が権力を所有していないということではない。すべての人たちは権力関係の網の目の中にいる。権力を奪われている

** 福井徳彦・山本哲士他編『ミシェル・フーコー 1926-1984: 権力 / 知 / 歴史』(新評論、1984 年)。フーコーの死を受け、緊急出版した書である。
私のフーコー了解は政治的すぎると言われるが、政治的でないフーコーなどいったいどこにいるというのか。狭い政治概念のままフーコー理解されている。

のではない。権力を所有なる経済概念から切り離し、どこにも作用している「権力諸関係」として考えること。反権力を唱える者が権力に関わっていないという想幻の妄念を暴き出す。ここに、権力奪取なる政治闘争は真正の意味を有さないことが示された。日々の権力諸関係での抵抗が政治的闘いであることが示された。全てが政治であることは、自分を捨てて政治構造へ身を投じることではない。自分が自分であろうとする闘いが政治的な権力諸関係での権力作用の行為である。

自分を主体化させているものは、個々人を既存の社会世界へ従属化させていることであり、その従属化=従体化によって自分へ利する効果がなされる。自発的従属をなしている、それは「従体化」である、〈sujet〉の訳語は「主」体ではない、「従」化である。自分を規範や真理に従属させているのを可能にしている政治資本作用である。批判は、その自覚であり、そのパワー関係の転移を見出し、関係行為することである。

かつて王は民を殺す権力を有していたが、近代国家においては政治は民を生かす、安全に保つという〈生政治 bio-politics〉を人口に対して果たし、かつ身体訓練をともなった良き躾をもって従順な個人を政治解剖学的に構成する。

実際に、私の学生時代、政治行動は反権力を標榜して街頭デモをなす形態を主としていた。そ

個人的つぶやき

れをネグレクトはしなかったが、何の意味もそこに私は見出せなかった。帝国主義粉砕と叫びながら機動隊とこづきあいして、革命が起きる、政治変革がなされる、などありえないことは、少し考えればすぐわかる。大学封鎖のストライキが解除され（ストライキ決議した学生たちが解除を決めたのであり、大学当局＝教授会がそれを要望したが強圧したのではない。機動隊の強制導入によっての封鎖解除がなされたのは一部の大学である。それ以前にスト解除されていた。都立大学の大学院生になったとき、機動隊が学内に平然と導入されていたことに驚愕したが、旧左翼系教官たちと大学当局と学生たちとの共謀である）、正常化がうたわれた。多数の決定に抗して私がとり組んだのは正常化への対抗であり、講義批判、試験粉砕によって実際に評価権を大学教師から剥奪する行動である。そもそもストライキ、大学封鎖で実際にその行動をなしていたのは少数であり多数は決議はすれど行動しなかったノン・ポリである。団交で気勢を挙げていたが、正常化になった途端、みな従順に講義・試験を受けていく。反権力を唱えても権力関係は何も変えられていない。十人も満たない私たちは、試験時間へ介入し、解答を黒板に書き出し、全員をパスさせ成績を優にさせてしまう仕方をとった。受講者たちも解答書き出しに協力した（だが、他の大学から共闘を頼まれ粉砕に入ると、受験者たちから邪魔するな、自分たちの利益を奪うな、という抵抗に逆に会う経験もした）。つまり、利益が既存規範秩序に従うことでのみ保障されるという考えから多くの学生たちは脱せていない。しかもそれまでの試験粉砕は自分たちが放棄して、害を被ってしまう仕方であった。それを反転させ、逆に全員をパスさせる。試験を実際に無化する。我々が試験粉砕に入ると拍手喝采で迎えられる状況になった。しかし、我々だけが行動しただけで、他の全てを解体はできない。ここに権力関係のしぶとさを感じたが、私自身は講義にも出ていないし試験も受けていないが、単位を教官たちに出させている。講義粉砕をなし、私の問いかけに答えられない、そんな無能教官から評価されるいわれはないと、評価権力を関係から剥奪した。大学制度の権威主義的状態を変えただけでなく、教育関係の権威主義的構造関係と不平等を正当化していた権力を、私たちの当事者性において無力化させた。だが闘いはどんどん個人化へと追い詰められ、最後には一人闘う状況へと追いやられる。（私は三月三一日づけで卒業している。最終、学部長室占拠を一人ですべく待機していたが、教授会でただ一人残っていた私の卒業が決定された。私の卒業は大学の七不思議の一つといわれたが、自分を守る仕方は一切とらず、すべて瓦解してしまうギリギリへの抵抗をやり抜くと、そこに可能条件がパワー関係から開かれる。大学授業料を支払って資格剥奪処分などされるいわれはない。資格を欲望したのではない、勝手に決めさせることの拒否である。賢い人たちは、そこへいかずに従順であることから身を守る術を心得ている。）制度へ服属したならそこへ常に従順であれ、従属しないなら出て行けという、制度保証内で逆らわずに自分利益を守るパワー関係が作用している。かかる理不尽な状態への抵抗はいかようにも可能であるのに誰もしない。それが大学言説の隠れた政治資本である。権力諸関係は重くすべてに浸透しているが、その限界そのものに自由行使の作用もありうる。制度はその完全な目標達成などできないのだ。

反権力ではない非権力の抵抗は可能であり、そこにおいて自分の政治的自律性をとり戻し権力関係の作用を反転させる——それはフーコーを知ったことで（この頃のフーコー理解に権力論はなかった）自分が何をしたのかが大学教師になってから了解できたのだが、この実際行為をなしてもいない大学人たちが今、フーコーを擬似学問的に非力化して論じている。大学教師になって、いくつか制度の穴をつく試みはしたが、学生たちからの反乱はついに起きなかった。社会的特権の獲得が大学卒業資格と離れていく社会状況になっても、遺産相続者たちを個人的優秀さとする才能イデオロギーが、ただの偏差値学力でしかないものなのに、社会秩序にとっての正当化機能を充足し続けている。独立行政法人化を機にした大学改革の動きも学生たちは自分たちの側からなそうとしなかった。定年前に私は大学教師を辞めるのも、自分が批判し吊し上げた否定的存在が、学生側の方に完全になっていたからだ。大学教師以上に学生たちは既存規範秩序を真面目に守っている。ここから先は、毎日が闘争になり、戦いになれば私は勝つ方法を駆使し、それは他の真摯な従属をなし続ける教官や学生たちの害や不快になるしかない。その闘いは自分にもただ不毛にしかならないと、大学を辞めた。

ちなみに、私の権力関係の闘いは、右も左もない、大学教師となって環境学部・環境大学院を作ろうとした私(たち)の大学改革は、文科省と相談しながら組んだ。だが学内の若手教官たちは目の前の権力関係しか見ていない。私が大学にいないときに共産党系の学長から彼らは呼び出され、私と一緒にいると未来はないぞと脅され引いてしまった。私は旧左翼否定の政治立場を貫いている。国立大学を「隠れ支配」している共産党系と文科省との表立たない政治的なせめぎ合いを自覚している教官は皆無であった。改革案が実際には機能しなくなり、しばらくすると校舎の建て替えが急速に進む。この利権かと気づいた時には遅かったが、もしそこに踏み込んでいたなら、何が起きていたことやら。だが自分のミスである。外部的利権によって大学改革が「なされない」ようにもなっている。当時の事務長が私と会うことを拒否し続けていた理由もわかった。新任の事務長就任初日に呼ばれ事情を聞かれ、もう改革は無理だ、自分を休職扱いにしてくれと頼み、即決で通常はありえない許可をとりつけ、ジュネーブに自分で作った国際学術財団で過ごし、帰国後最低義務を一年果たし私は大学をさっさと辞める。またもや闘いは一人となったが、かかる権力関係の意味作用が大学教師たちには了解されず、擬似的になっているだけの社会受容の秩序へ依存していく。善良な良い人たちである。文系で一番研究業績があるのに私は名誉教授になっていない。必要もない。

フランスで社会科学高等研究院を作ったメンバーは、大学システムや大学学問との本気の闘いを組んでいる。大学権力の学問的な不毛さを知っているからだ。大学アカデミズムへの闘いを私は学生時代から放棄していない。今ようやく若い人たちから大学の不確実さを問う動きが微かながら出てきているようだが、ネット知性や在野研究感覚ではそれはなされえない。研究生産マネジメントをなし、大学言説知性から脱しないと、日本の未来はほんとに瓦解する。大学が諸悪の根源である。

闘争を語ることは意味ないし、語りきれることではない。私たちの学生時代の闘争を書物にした者たちが内部からでてきた。それを先導した知識人と本にしたことを私は批判粉砕したが、闘争自体は「すること」であって書かれるものではないし語りえない。語った時は別ごとになっている。日々、局面は動いていく。大学での実際の闘争において、マルクス主義は何らの使い勝手にならないのを痛感し、自分の闘いに応えてくれる理論を探すもどこにもなかった。そこに、私はイリイチと出会え、自分が何をなしたかが院生時代に明解にやっとわかった。そして当時まだ未訳のフーコー権力論を読み、理論的に納得がいった。ブルデューがさらに明確な後づけの言述をなしていた。

大学教師になってから大学闘争を語るシンポジュウムが開かれ招かれ、名の知れた大学教師たちと議論したが、闘争していないことがすぐ見抜けた。綺麗事しか言わないのだ。突っ込みの深みがないゆえ、私は発言掲載を一切拒否し、名前だけ残された本にされている。書物は、根拠を明らかにすることであって、自分礼賛や敗北の自虐をなすことではない。本章で断片的に自分に触れるであろうが差し引いて読んでほしい。いまだに、私は自分がなしたことの総括をし続けている。自分が自分であり続けることが、敗北にしかならない根拠をいまだつかみえていないが、対象世界はかなり明らかにして来たと思う。

国家権力なる究極的な権力構造があるのを否定はしないが、それが可能になっているのは日常へ制度を通じてハリめぐされた権力諸関係が諸個人へ制度機能して、諸個人が従属的主体化を自らへ規範化させ規律化させて働かせているからである。

権力諸関係へ従順である政治資本とそこへの抵抗をなす政治資本との異なる権力関係作用がある。フーコーに欠落しているのは、制度諸関係に権力関係がはりめぐらされていることを「規範化」においてしか把握していないことにある。他方、制度化論には、権力関係と規範化の概念がない。規範化／権力関係と制度化との間にある穴は何か？

それは、制度権力の作用と労働関係の資本剥奪作用、そして象徴権力の編制である。

●制度化権力の日常の政治●

制度化の権力関係に抵抗している実際の姿は、学校制度に対する子どもの不登校が顕著である。心身的に拒絶している。学校権力から見れば、適応障害と欠落扱いになるが、私から見れば極めて健全な反応である*。一望監視体制の中で、一日中規範化を押し付けられ、制度目的に従属化させられている時間に、子どもの闊達さは剥ぎ取られている。そこに、自分の自由感覚を持つ子どもが適応したくない感覚や心身反応をすることには、何らの異常も欠落もない。そんなことを講義で話したなら、ある学生が自分は登校拒否児童だった、苦しかった、学校へ行きたかったと異議してきた。「だって、行くのが苦しかったんだろう、身体が拒否したんだろう、なのになんで学校へいきたいんだ、心身と意識・認識がずれてないか」と問い返す私に彼はさらに苦しそうな顔つきで黙った。概念スキームが旧態のままであるから、身体に適合する思考がなされていない。そこまで、学校化、

* 栗原彬・本田和子・前田愛・山本哲士『学校化社会のストレンジャー＝子どもの王国』新曜社。

の意識は浸食する。学校へいかないことの可能意識を持てないし、周囲から許されない。学校制度で押し付けられてくる「偏差値学力」の一義性の正解だけに従順させられ、他律の働きへの服従力はあるが、「学びの力」の自律性は麻痺させられる。おまけに学校時間のあとは塾への服属が輪をかける。子どもの活力は、あまりに剥ぎ取られている「学校化された」社会環境である。この喪失は、未来の力の剥奪である。学校へ行く自由と同等に「学校へいかない自由」もあってしかるべきこと。ここに政治的なものが機能。

さらに医療化の制度化による心身の服従たるや、免疫力まで剥奪する権力作用となっている。感染もしていないのに予防接種を国家の呼びかけに応えて「自分から」なし、自分で自身の自律的免疫力を阻害し、予防接種すれば病気がうつらないという思い込みが進行している姿に、政治的自律力は見事に剥奪されていく。私の身近な関係者たちは予防接種せずに感染もしていないが、予防接種した知り合いたちはほとんど感染している（軽症ですんでいるが、中には死亡した人たちもいる）。のみならず、予防接種からの副作用は身体を蝕んでいる。帯状疱疹などは明らかにその副作用の一つだ。医療側が証明しないだけである。自分の身体は自分で判断せよ、であるのだが、健康でさえ医者が保証しないと健康になれない。病原自体と感染源さえなんであるかが解明されていないのに予防接種医薬品が作られる仮構には、製薬会社と国家統治の共謀があるだけで、さらに個々人の身体の違いを無視した同じ医療化処置がとられる「人口」への生政治がなされているにすぎない。身体への政治解剖学を人口の生政治へと構成した他律の医療化＝制度化の権力作用である。三流のマルクス主義政治論でしかないジジェクが、コロナ禍に恐怖を感じたという自分の政治的自律性のなさを暴露したが、マルクス主義政治は国家統治政治と同一であることの証左のひとつである。コロナ禍に限られないのだが、酸素吸入が最上の対処であり、究極それしか治療対処をとっていないのだが、この酸素吸入器を医療が独占している、そのほうが問題である。医薬品及び医療関係器具の医療化独占が、個々人の健康を蝕んでいる。医療においては教育以上に、他律依存の制度的政治資本が機能させられている。医療統治は学校統治と同じく国家の死活の社会統治の要である。

フーコーは、イリイチの医療化批判に対して医療・健康の社会制度編制を歴史的に問題にし、社会の国家化、国家の社会化を明らかにし、かつ麻酔の発見が医療拡大を臨床的に招いたことなどを指摘したが、医療の国家統治の生政治を示した。

フーコーの『臨床医学の誕生』を受けたイリイチの『医療ネメシス』は、両者、相互補完的に「医療化の政治」を明らかにしている。臨床次元、社会次元、文化次元で、医療の政治的編制が克明に描かれたが、この三つの次元で産業制度の政治資本作用の編制が論じられていると見ていけばいい。専門家権力による編制、その社会編制、そして痛み・病気・死をめぐる文化編制、これをフーコーは「死への権利」以上に、「生かす権利」の生政治とみなす。死を統括していた権力は、生を統治する権力へと転じられた。身体への規律訓練の政治と人口への政治統制である。

異常の倒錯化、子どもの教育学化(自慰の禁止)、女性のヒステリー化、人口の生殖統制(避妊)、この四つのセクシュアリティへの政治編制が「セクシュアリテの歴史」で示された。欲望の主体化＝従体化がそこに組み込まれる。個々人が、どこにも見えないが確かにあると感じられる欲望を自己管理する政治だ。この「無いもの」を「在る」として作用させているのも政治資本である。その究極は「社会なるもの」などどこにも無いのに在ると見せて、社会統治を可能にする可視的な制度諸技術をもって政治作用を働かす。

ブルデューには、医療論がない。それは、身体へ働く政治の欠落となっている。そこを「ハビトゥス」で曖昧に配置している。家庭や学校制度で習慣化されるものだ。

さらにフーコーにもブルデューにも欠落しているのは「速度の政治」である。ヴィリリオの「速度の政治」は、速度化において列車事故や飛行機事故の大惨事が起きている産業社会の危険を警告しているが、イリイチは速度の加速化によって過剰装備が「歩く」自律エネルギーを麻痺させていると説き、ジョン・アーリは自動車社会が場所を消費破壊していることを説いた。乗り物の他律モーター依存への便利さがもたらす危険を、産業社会が「安全」として政治統治している。戦争は、平和な生活にも仕掛けられている。

学校教育、病院医療、交通速度という、私たちの日常生活の便利さ快適さを個々人の生活利益として構成している社会制度の編制は、政治界の出来事ではないが、そこに政治利権が絡まっていることを超えて、個々人へ毎日関与している政治的なものの界となっている。学校設立認可における政治家の関与、感染対策の政策統治、医師たちからの選挙支持の拡大、輸送機関の地方利権など、政治界との関係の問題として露出しているが、本源的に働いている「身体と人口」への統治関与は諸個人に自覚されていない権力作用である。しかも、その危険リスクは、ベックやバウマンがより分かりやすく説いているが、利益にまさる危険状態になっていないため、利便性の方が有効に作用している。この、有効性を政治資本がになっている。ゆえ、政治家たちが関与していく。

さらに、生活への統治は、統治技術として政治の要になっているのだが、それは統治していない統治として現れることが、最も優れた統治になる政治資本作用である。

国家が社会を統治空間として構成編制し、直接ではなく、様々なサービス制度機関に代行させ、個々人への利益として、非利益の利益であるかのように構成しながら、利益を確保し、さらに「あなたのため」に救済する。コロナ禍において、学校へいけなくなり、病院は患者受け入れを拒絶し、乗客が誰も乗っていない新幹線を走らせたりと、その制度本質を可視的に露出させたが、それは異常時のことで正常化において取り戻せたと、さらに権力関係の強化をなしている現在である。だが、その常に必要だと感受されていたものが「停止」しうるのだということに皆が気付かされた。ここに、統治する政治に抵抗しうる自律の政治資本が働きうることも露出したと考えたい。学び、癒し、歩く自分の自律性、その自分技術の自由プラチックの大切さだ。

他律依存の政治資本と自律アクションの政治資本との対抗がありうること。そこに、ディシプリン権力とパストラール権力が作用して、それが権力諸関係に規範化として配置されている。規範化と制度化とは社会統治において結合されて権力作用している。フーコー権力論とイリイチ制度化論とをそのように補充する。ただ、抵抗の可能条件があるでは不十分だ、政治資本が形成されて作用していかねば動きにならない。そこには「しない」ことやほとんど「無関心」の政治資本も作用していることを知ったうえでのことである。「させない」他律のそれではない、自分から「しない」政治資本である。産業サービス制度の見えない政治は、自分から「しない」ことを常態化する効果をもたらしている。それが、最も効果させているのが、実は賃労働体制である。

全てが政治であり、全てが経済であることを統合しているもの、それが賃労働と商品生産である。フーコーには、賃労働の政治論がない。経済的還元を嫌うからだ。

●賃労働の政治資本　社会的生存の政治　労働と資本の分節化●

賃労働とは、経済関係のことであるが、賃労働者として社会生存できるという事態には政治的な編制が盛りこまれている。権力関係に主体化＝従体化されることの最大の効果は、社会エージェントとしての生活存在が構造化され、その実質が賃労働の主体化＝従体化として経済社会化されていることにある。人々は、どこかに就職する、雇用される。

何よりも、賃労働の社会的分業のシステムは、産業社会の既存秩序を守り再生産し続ける上での土台である。その社会秩序は、社会界を国家維持として合致させ、その下での国民経済市場を存続させていく、最重要の政治的マターである。政権与党の自民党が、働く人たちの給与をあげるようにと労働組合以上に経済界へ要請するのは、国家が

「国民のため」を組みこんだものの表明であるが、金銭補償政策による少額な均等分配に政治秩序保持の意図と明らかに階級的な金銭格差を生成させることが隠れた、そのあらわれであるが、支払う分だけ、社会保険や税徴収で、他方で巻き上げている。こざかしい官僚収奪が横行している日本だ。既存秩序を良しとするのは自分の生活を安定させる給与がしかるべく支払われていることによって承認されることにリンクしているため、そこへの抵抗はなされない。また、その賃労働秩序に服属することが、政治統治においては主要事項であるから、疎外された労働形態のまま社会保障を構成して、疎外労働王国化させている日本である。労働は生産物を作っているだけではない、社会関係を再生産している。例えば、この賃労働は、給与支払いにおいて税支払いを恒常的に安定させ、かつ、それを会社依存させることで、自分が直接に支払うことを見えなくさせ、しかも税に自分が関与しえないことを常態化させる事になっている。自分に最も直接な給与において、税支払いの政治統治が当事者に感知されることなく再生産されて、不満が沈静させられていく。政治的な意見や支持政党が違えど、そこに関係ない税支払い秩序の維持が可能になっている賃労働＝給与の世界である。〔取り上げられたところで一〇三万円の生存にもならない額でのことだ。〕

就職は自分でなす。押し付けられてではない。給与によって、市場に溢れている商品に支払って選好的に安楽した生活を送れる。そこが「ハッピー労働」にあれば、それに越したことはない。ゆえ、賃労働者への社会保障を充実させるべく、労働者が支払った税によって完備させていく。疎外労働王国が作られ、賃労働の政治資本が機能しえていく。〈賃労働—税支払い〉が、政治的統治の要になっている。

不届きな商品が出現した時には、官僚機構が政治的に介入し、その不届きを処分して、自らが正当な正しい政治力であることを示す。自営業者たちには、自らが雇用する賃労働者へ、税統治の代行をなすように政治経済編制する。だが、自分たちの政治資金の不正な受託は不問に付す。明らかになっても明証化を回避する。賃労働政治家たちのこざかしい自己統治手腕だ。犯罪人が法を作っている。

賃労働の政治の本源的な問題は、資本と労働の分節化である。これによって、賃労働者は自分には「資本」が無い、そして非所有であると思い込んでいる。かつ、その労働者が自己領有している資本は認識されず、資本家ないし会社の所有する生産財や資産・資金のマターが資本であると、マルクス主義によってさえ実定化されている。労働が資本から分節化されて、資本剥奪とみなされている関係が構造化されている。労働力能は労働者の文化資本である。なのにそれは労働力と概念化されて、資本から切り離され、資本による労働搾取の領有回転法則関係へと転じられてしまった。*

つまり、労働のうちに、単なる金銭的所得に還元できない固有の利益を見出せる労働への投資は、搾取という労働の客観的真理の誤認が現実的条件の一部でしかないことを示す。労働の利益とは、労働をするという事実に固有の満足感があり、自分の職種や地位の象徴的利益があり、労働関係の質と結びついた労働の内在的な利益、誇りがある。労働行為には、自分の文化資本が力能として作用しており、労働を自分のものとする自分の努力があって、それが自分の搾取にも協力するという関係に置かれているのだ。であるから、失業はただ賃金の喪失だけにとどまらず、労働と労働世界に関連する存在理由の喪失に由来する象徴的痛手になる、とブルデューは指摘した。(MP, pp.241-4)

現代的マネジメントは、労働の自己創造力だとか、生きがいの実現だとか、と労働者が自分の労働を組織する自由を彼らに残すのも、労働の両義性が経営者の戦略に客観的に提供するすべての可能性を方法的・体系的に利用しようとする努力なのだ。利益獲得の手段のコントロールは、既存の力関係への依拠としてそのままであるのも、資本と労働とが分節化されたままであるためだ。労働者が自分の労働を全面的にコントロールするという夢が、実現されるようで実際にそうならないのは、ソフトな象徴的暴力が支配

* 労働疎外とは、生産物からの疎外だけでなく、労働自体からの疎外ということは、自らの労働資本から資本を分節化してしまう疎外である。すると、労働は、「経済しない」逆生産をし始めていく。

関係の客観的真理を隠し変貌させる最大限の努力を要求したまま、営業的・財政的な調整手段を働かせて、物資的最大利益を追求するままの構造であるからだ。データ改竄などが現場で起きる根拠でもある。雇われ社長が自己業績を確保すべく粉飾決算までする事態さえ起きる。規範化と制度化との間で、権力関係が労働統制のままであるからだ。労働と資本の分節化が無くされて、労働者が「資本者」とならない限り、この労働の二重性は、位置の不安定さと維持されたままの不安との中に取り残されたままである。「資本者」となる労働の政治資本が、真の資本経済では求められる。これは、商品経済の規範化に対する転換を要される。(『経済資本論』❽にて論述)

本章＝本書は、民主主義や政権体制、政治機関、政策、外交、軍事など政治的制度や政治システム、さらには社会運動や労働運動、市民活動などの反振る舞い、そうした政治的態度を、政治であると配置することから離脱して、自分自身における政治的なものがいかに社会機能しているか、「自分の政治」を考えていく言説を確認しながら開いていく。すべてが政治である、としたグラムシの合意体系だけにそれを止まらせていてはならないし、政治的現実性をヘゲモニー概念で論じても意味ないほど、政治的なものは隠れ忍んで、「耐え難い」重さと軽さを機能させている。浅薄なネット知性＝大学知性で、政治は語られないのも、「裏」を暴いたところでなんの権力関係も変わりはしないからだ。物事を行為し変ええるのは、自分の自分への関係をなす自分自身である。その自分技術である。

1節　政治資本と権力関係　ブルデュー・対・フーコー

(1) ブルデューの権力論

規範化と制度化との穴における権力関係作用には、象徴権力が作用している。規範化権力と制度化権力が機能する上で、象徴権力は不可避の関係作用である。

ブルデューの象徴権力論　社会学の政治的資本

ブルデュー社会学が政治的科学であることをよく理解しているのがヴァカンであるが、国家／社会の構成的な構造において、象徴支配のメカニズムが機能し、それを実際行為する者たちが権力界を支配する側にあるゆえ、社会学が対象とする世界は政治から逃れられることはない。〈社会〉界は政治的に規制されているのだ、と強調する。

象徴支配を検討する前に、まずブルデューの象徴権力論がある。社会科学／哲学の既存の政治的な考えと文化論的な考えを「象徴的道具装置」として、三様に識別し配置統合したレジュメ的な権力論だが、秀逸である。

(1)カント、カッシーラ：構造化する構造として
(2)ヘーゲル、ソシュール：構造化された構造として
(3)マルクス、ヴェーバー：支配手段として

の三つの界として総括され、問題構成されている。

そしてブルデューによる第(4)の次元が示される。

権力は、もっとも見えにくいところ、もっとも完全に誤認され、再認されているところにこそある、というブルデューによる「象徴権力」とは「見えない権力であり、その権力のもとに従属していることを認めない人びと、あるいはその権力を行使していることすら認めようとしない人びとの、共犯性をともなってはじめて行使されうる」。

(1)構造化する構造としての「象徴システム」(芸術、宗教、言語)

客観的世界を認識し構築する手段として、象徴的形式を明らかにするもの。

象徴宇宙、神話、言語、芸術、科学を、人が認識する能動的局面が作り上げた象徴形式として扱い、それが物の世界を認識し構制する上での手段とみなす。

カント、カッシーラに代表され、言語研究のサピア／ウォーフの文化主義が代表。パ

ノフスキーは、象徴形式を「歴史的形式」として扱うも、その生産の社会的諸条件を再構成するには至っていない。

これらをブルデューは「観念論者の伝統」とよんで、「世界の意味の客観性」は「構造化する諸主観性の間になされているコンセンサス」に他ならない、とみなす。つまり「意味 sensus」は主体間の一致としての客観性である「共－意味」＝コンセンサス con-sensus とされている。

デュルケームは実証的・経験的な捉え方で「分類形式」なる概念で「象徴形式の社会学」の基盤を築いたが、分類形式は普遍的で先見的なものではなく、ある特定集団に応じた恣意的、社会的な規定を受けたものとした。(1)と(2)との双方に関わる位置で、モースも入る。

(2)構造化された構造としての「象徴システム」（構造分析が適用できるもの）

象徴生産のそれぞれに内在する構造を捉えた構造分析で、認識なる生産活動に重点をおいていた新カント派の(1)と違って、なされた仕事、構造化された構造の方を重視する。

ソシュールの「ラング」論が典型で、「音声と意味との間の一定不変の関係を説明すべく作り上げた構造化された媒体」として、ラングが解明される。パノフスキーのイコノロジーとイコノグラフィーを対置した捉え方は、フォノロジーとフォネティックとの区別にあたる。ヘーゲル／ソシュール、そしてレヴィ＝ストロース。

意味は、コミュニケーションの条件であるコミュニケーションの産物としての客観的な意味、とされる。

＊第一のジンテーゼ

(1)の構造化する構造としての「象徴体系」を「認識の手段」とし、(2)の構造化された構造としての「象徴体系」を「コミュニケーションの手段」と括って、ブルデューは「認識とコミュニケーションの手段としての〈象徴体系〉は、構造化されているゆえにはじめて構造化する権力を行使することができる」、「象徴権力とは、現実を構築する権力であり、直観論理的秩序を編制しようとする権力」とされた。

「諸々の知性の間における一致を可能にするような、時間、空間、数、原因などを同一生成的に捉える」、「論理的コンフォーミズム」(デュルケーム)であり、その後「社会的連帯」は「象徴体系を分かちもっているという事実」に基づいていると理解したラドクリフ＝ブラウンは、シンボリズムの社会的機能を示した。それは「真正の政治的機能であって、構造論者のいうコミュニケーション機能に還元されるものではない」、「諸象徴とは、優れて〈社会的統合〉の手段である」ということだ。

「諸象徴は、認識とコミュニケーションの手段として、社会世界の意味に関するコンセンサスを可能にする。このコンセンサスが、根本的に、社会秩序の再生産に貢献する」、つまり「〈論理的〉統合は、〈倫理的〉統合の条件をなす」。

ブルデューは、「構造化する構造」と「構造化された構造」とを、社会統合の「意味＝合意」、すなわち「ドクサ」として綜合した。直観論理的（認識形而上的）秩序にたいする象徴権力の寄与という社会学を、象徴形式をめぐる論として括った。

(3)支配の手段としての象徴生産

マルクス主義は、象徴システムの政治的機能に重きをおくあまりに、その論理構造や直観論理的機能を軽んじて、象徴生産を支配階級の利益に関連づける。「諸イデオロギーは、ある特定の利益に奉仕し、しかも、その利益を集団全体に共通の普遍的利益であるかのように表現する」。「支配文化は、支配階級の全構成員間の直接的コミュニケーションを保証し、他の諸階級からはっきりそれを区別することによって、支配階級の現実的統合に寄与する」、「また、社会をその総体において虚構的に統合し、従って、被支配階級が身動きとれないようにすること（虚偽意識）に寄与する」、そしてまた、「諸卓越化（階級序列）を確立することによって、既成の秩序を正統化し、かつ、それらの卓越化を正統化することに寄与する」。このようなイデオロギー効果を、支配文化は、分割の機能をコミュニケーション機能のもとに隠蔽することによって、うみだす。

統合させる文化（コミュニケーションの媒体）は、同時に、分離する文化（卓越化の手段）であり、下位文化として示されるすべての文化が支配文化との隔たりによって決められるように強いることによって、諸卓越化を正統化する文化でもある。

支配手段としての権力は、分業（社会的諸階級）、イデオロギー分業（肉体的／知的）、支配機能、である。正統的文化生産の独占を目指すスペシャリスト諸集団が機能している。

＊第二のジンテーゼ

「支配の分業」として、「政治的暴力（支配）に対する、象徴的暴力（正統教義）特有の寄与としてのイデオロギー的権力」と括られた。

「諸〈象徴体系〉が、押しつけたり支配を正統化したりする手段としての政治的機能をまっとうするのは、コミュニケーションと認識の、構造化されかつ構造化する手段として他ならない」。権力関係とは、「形式においても内容においても、その権力関係に参与させられている行為主体たち（あるいは諸制度）が蓄積した象徴権力あるいは物質権力に依存しているものであって、贈与やポトラッチと同じように、象徴権力を蓄積することを可能にする」ものである。

「自らの利益を最もよく確保できるように、社会世界とはかかるものであると定義を押しつけるための闘争であって、社会的な地位の領域を変形した形式で再生産するイデオロギー的な地位の奪い合い」が、諸階級や諸階級内のフラクションでなされている。一枚岩の階級ではないということだ。

支配階級とは、階級序列化をおこなう諸原理が、互いの間での階級序列をめぐって闘争している界であり、支配階級内において支配的なフラクションは、経済資本をもっているがゆえにその権力を保持するが、自ら自身の象徴的生産によって、自らの支配が正統であることを押しつけようと狙っている。また、支配階級内において被支配的なフラクションは、自らの位置を確保させている特定の資本を、階層序列化を行う諸原理の、その階層序列上の頂点へ引き上げようとたえず試みている。

　このように、象徴権力は再認・誤認という認知の諸形式に作用し、象徴的闘争を物質的な獲得とは異なる「分類化」や「資格」づけにおいて、権力として気づかせないように象徴暴力を正当化において働かせている。被支配者の飼い慣らし(ヴェーバー)に役立って、ある一つの階級の他の一つの階級に対する支配＝象徴暴力を確実なものにする。

　だが、ブルデューの考察の限界として、そこに象徴作用の動きは何も論じられていない。非物質的であることをそう括っているだけのものだ。「象徴生産の領域は、諸階級間に繰り広げられる象徴的闘争のミクロコスモスである」と言うにとどまっている。つまり、生産者たちが生産領域の外部にいる諸集団に役立つのは、その生産領域内部で展開される闘争において生産者みずから自身の利益に役立つという、その限りにおいてのみだ、と利益関係による支配として説いているにすぎない。そこから、不可避的に次のような象徴権力としてまとめられていく。

(4)構造化されているがゆえに構造化する支配の手段であるイデオロギー体系は、正統イデオロギーの独占をめざす闘争によって、しかもまたその闘争のために、専門家によって生産されるものであるが、このイデオロギー体系は、イデオロギー生産の領域と

社会的諸階級の領域との相同を媒介にして、社会的諸階級の領域の構造を、それとして誤認された形式のもとに再生産する。

システムを「体系」と限定づけて訳した。象徴システムも「象徴体系」と限定づけて見ていく。まずそうしないと、理解上でブレが起きてくる。

象徴体系は二つに区分される。①集団全体によって生産され、その集団全体に適合するようになるあり方。②専門家集団によって生産され、相対的に自律性ある生産・流通の領域を伴う場合。近代では後者が分節化されて加速化される。

社会的労働の分業が進行し、階級分化も進行し、象徴生産の手段が俗人から奪われていく。専門家された生産領域が存在し、そこで正統も異端も、自らをドクサとして、異議申し立てられたり議論の的にされることのない自明なものとして際立たせようと競い合う。

イデオロギーは二重に決定づけられる。一つは、イデオロギーが表現している階級の利害ないし一階級内のフラクションの利害に負っている(ソシオディセの機能)。もう一つは、イデオロギーを生産する人びとに固有の利害とその生産領域に固有の論理とに負っている。イデオロギーを階級利害に短絡効果で還元することや、イデオロギー的生産を純粋純然たる内的分析にかけて済ませてしまう自己完結的、自己生産的全体現象として扱う観念論的記号学に落ち込んでもならない。階級闘争利害の領域とイデオロギー生産の領域とは構造の相同性を持ちながら、関係しあう「象徴生産―象徴的闘争」の場である。

イデオロギー生産の構造から階級闘争の構造への対応関係のなかで、支配的言説のイデオロギー的機能がはたされる。それは、内的な分類体系が、それとわからぬように、「誤認しうる形式」のもとに、政治的な分類法を再生産している。大学での分類体系は、社会構造の客観的分割、労働の分業を、誤認しうる形式の下で作動させて、社会的特性であるものを自然の特性であると変換している。

イデオロギー効果とは、「分類の政治的諸体系を、哲学的、宗教的、法制的分類などといった正統的外見のもとに押しつけることの中に存している」。象徴体系とは、そこに表現されている力の諸関係が、意味の諸関係という、力諸関係とは認識されない誤認形式のもとに表出される、ということだ。

かくして、象徴権力とは、言い表すことによって所与なるものを構成し、物を見させたり信じ込ませたりし、世界観を確固とさせたり変容させたりする(世界に対する働きかけ、世界そのものを)。この権力は、恣意的なものとしては認識されない場合においてのみ、すなわち誤認／再認された場合においてのみ行使されうる。

象徴権力は、権力を行使するものとそれに従属するものとの間の一定の関係内部に、またその関係によって、信仰が生産され再生産される場の構造そのもののなかにおいて、決定づけられる。従属化させる権力である象徴権力は、権力のその他の諸形式が変形をうけ、正統化され、それとして認められないように変容された一形式である。
以上が、ブルデューが描き出した象徴権力の作用である。

私はこの基本に立って諸考察をなしてきたのだが、そこには新たに開かれた穴がある。

根本的に支配「される／された」双方からの働きかけと作用があって「共世界」は構成される、支配一辺倒ではない。かかる象徴権力に対する知的な政治資本とは、様々な類の資本を象徴資本へ変質させる変容法則を明らかにすることに関わってくる。

力の諸関係が客観的に内包している暴力を誤認／再認させて、力の諸関係を、エネルギーのはっきりした消費もなしに現実効果を生み出しうる象徴権力へと変容させることによって、力の諸関係の実質を転換させてしまう隠蔽と変形の婉曲的な作業をなしている既存の政治資本がある。誤認と再認によって力関係を有効に隠蔽し、分類化／分業化によって優れた統合機能を発揮する象徴権力を作用させている政治資本だ。

これが、規範化権力と制度化権力との穴において、象徴作用して、双方が見えないように、諸規範や諸制度を自然態であるかのように誤認・再認に身体化させ、社会的に永続化している。象徴暴力／象徴権力がシニフィアンしている。政治資本とは、この規範化権力／制度化権力、そして象徴権力の相互間関係において働く、自分技術のパワー作用である。そこに従属するか批判対応するかの対立が生起する。

この誤認に基礎をおく象徴的押しつけの権力を破壊するには、それが恣意的であることの意識獲得、すなわち客観的真理の暴露と信仰の無化が前提になる、とブルデューは言ってしまう。「異端教義の言説が、動員と転覆の象徴権力、つまり被支配階級の潜在権力を活性化するパワーを内包するのは、その言説が、ドクサの虚構的復権に他ならない正統教義の虚偽の自明性を破壊し、そして、正統教義が有している身動き取れなくさせる権力を不能化することによってである」と、ブルデューは言うのだが、虚偽の自明性、その誤認／再認は、簡単には溶けないのも、虚偽は真理化され、象徴権力によって、制度化権力と規範化権力が相互権力作用しあっているからだ。ただの虚偽ではない。ここに対しては、私はラカンの論理をもって説いてあるが、想幻と日常の実際行為との関係において、権力作用や政治作用を見えないように、また対立が起きないように自然化している何らかの権力作用が働いている。

つまり、ブルデューの象徴概念は、この時点ではあまりに素朴すぎのも、イデオロギー作用を言い換えているにすぎないためだ。誤認／再認に対する批判的な政治資本は、もっと高度な知的政治資本の力を要する。それは、資本を「界」の〈構造と関係〉の中において厳密に理論把捉していかねばならない。権力関係についても、まだ支配―従属の関係でしかブルデューはつかんでいない。象徴権力の働きを可能にさせている、別次元の権力関係作用が、誤認・再認を溶けないものとして定着させている働きがどう見てもある。

(2) フーコーの権力関係論と生権力論

フーコーの政治理論は、パストラール権力、真理／ディシプリンの権力、生権力／生政治、統治性、そして自分技術である。これらについては、もう十分に私は著作物で論じてきた。政治資本の視点から再確認しておく。新自由主義を政治的なものとして取り上げる論が多いが、本源的な理論問題にそれはならない。

Jon Simonsによる『フーコーと政治的なもの』は、諸限界の批判考証から侵犯行為を捉えていく仕方で論述されている*。つまり、「自分が何であるのか」を拒む、同一性・従体性・

* Jon Simons, *Foucault & the political* (Routledge, 1995)

個人化への拒否が働かす政治的なものを、真理／権力／倫理を根源的に問い直すことから明らかにしている仕方だ。近代人文諸科学が真理として言説化してきた「知」を問い返し、人間を対象としながら実定化されてきたエピステーメの地盤を問い返す。そして、ヘテロセクシャルのように規範化を画定している規範社会を問い返す。それは人文科学と統治システムとが権力／知の軸を相互に協力しあって配置した、ディシプリン、規範化、生政治、統治性、ポリス、パストラールにおいて明らかにされた作業である。

フーコーは抑圧の重苦しさや国家権力の強力さなどに対して、その存在の軽さを指摘し、何が耐え難い重さになっているのか、考えられていなかった界閾を明るみに出す。権力作用は、「させない」ことではなく、「可能にさせていること」であり、権力は所有されていない、抵抗を内在化した権力関係にあり、虚偽ではなく真理の知として形成されており、性は抑圧されていたことよりも多様多産に語られており、横暴な国家権力支配よりも、物事を可能にさせている統治技術の作用があることを示す。そこに耐え難い「軽さ」が働いており、様々な侵犯行為の可能性が諸限界に対してなされていることを示す。文化主義者たちが、そこを両義性だと相対化することに対峙して、「耐え難い軽さと重さ」の政治作用を、自由プラチックへと引き出していくことは、反権力の政治闘争よりも遥かに現実作用していることだと示した。抑圧や搾取や支配が無いというのではない、それを過剰視することが、権力や国家や政治自体を何ら見ていないことを明示したのだ。耐え難い抑圧や耐え難い無制限さの徹底は、人間を主体化＝従体化することにおいてなされている。何らかの力や諸限界によって支配され強制され征服されている存在は、そこに主体的に服従していること（従体化）で、対象への関与を可能にしている、「できなくされている」のではなく「できるようにされている」のだ。それはしかし、アクションではなくアクト act（制度行為）として代行為者化されている。学ぶ自分ではなく生徒としていられる可能状態へと主体的（＝従体的）に従属しえている。教育学知や心理学知、科学知などがそこに動員され、真理／知、主体化＝従体化が、権力作用している。

このパワー＝povoir/power は、制約であると同時に自由でもある。この相反性が、フーコー理解でしっかりとなされていないのが、浅薄なフーコー理解として一般化している。真理は正しいことを理解させ自由をもたらすという認知に対して、真理・知は抑圧してもいる。学校で出された試験に正しい答えをなすことは、学校権力に服属していることでしかない。真理は生産されているのであって、正しいものとして前もって在るのではない。真理の体制は、従体化という抑圧的従属化をなしているのも、真理が配置されている政治関係が真理自体に内在化されているためだ。真理や知への意志ではない、真理・知自体の意志が作用している。主体化は権力への対峙ではなく、従属でしかない。真理／権力／主体(従体)を近代思考で理解し行動していること自体が、すでに政治作用へと絡めとられている。従体化を自立主体化のように転構成している政治資本があるのだ。キリスト教的な告白・救済の権力関係以前に、羊飼い《パストラール》の権力関係があったことをフーコーは強調する。「救済する」パストラール権力は、他者への関わりから自己の心身への関わりとして、欲望の従体化、身体への解剖学的な政治作用へと変容し、人口／民を殺すのではなく生かす「生政治」の「生権力」として近代へ画定されていく。

これは、パストラール権力が対的であることと場所的であることからの、「身体―人口」の問題閾への離床的転移である。個人化と共想幻化とが同時にそこへ編制されていく。

私たちが注意せねばならないのは、この遊牧的な文化が、どうして農耕的な文化の中においても、非西欧的な場所においても機能しえるのか、ということだ。つまり、そこには規範化として社会の自然化がなされていく、そのように知・真理の象徴的分類化がなされ(近代学問体系の分類化)、かつ、それが制度化されている社会編制の実定化がなされているからで、場所／文化を切り落とす三つの権力作用が機能しているからである。

フーコーの権力論は、日本での講義や講演においてクリアにされていった。時期的に権力への考察という段階であっただけではなく、西欧性の特異性を強調した時に、それによって特殊化されるのではなく逆に普遍化される内容をアジア世界でも反応を見るべく、フーコーは戦略配置していたに違いない。近代西欧化を目指しなしえた日本で、それを確認したかったのではないか。学校化、医療界においてパストラール権力関係は、日本でも明らかに機能しえている。産業的なサービス制度は、それを「教師―生徒」、「医師―患者」の関係で機能させている。すると良い教師だ、良い医者だとされる。一見、ホスピタリティ的な擬装をなすのだが、実際は一対多数のサービス関係の構成でしかない。

パストラールは学校教育=制度化で規範普遍的に機能している。教師は迷える子どもたちに献身的に働きかける。その本質は監獄・病院での一望監視の行使にあるが、学校教育は最もそれが徹底されるのも、犠牲的な「対関係」が教師と子どもとの間で作用するからだ。教師による犠牲的献身というのは、「君のためだよ」という対的関与が、他の者たちの共世界を捨て置くのではなく、同時的に共世界との調和・安定を計れる、つまり対的なものと共的なものとを一致させる他律技術が、教師によってワークさせられうるからである。「君のため」とは、君が自分を無くして社会で生きられる代行者《エージェント》になるためである。

パストラールに場所はあるが、移動するため枠がない、規範がない。それをキリスト教的な配備が、固定的な制度関係の装置へと磨き上げる。移動する羊たちを教室に座らせ閉じ込め監視し、時間割の教科分類形式で区切り規範化し、君のためになるには「すべてを告白せよ」と強制し、そして救済するために「良き訓練＝躾」を規律的に時間過程のなかでなしていく。刑務所の一望監視の仕方が学校や病院でなされる。（患者を病室に閉じ込め監視し、病状を全て調べるべく身体を検査し、然るべき医療処置を治療と称して強制的になす。）

パストラール権力は身体的であるが、制度権力は身体なき装置として身体へ関与する。学校教師には学校という制度枠があり規範がある。その作用が、対関係と共関係とを合致させる権力関係作用になりえていくべく、授業時間を定め、カリキュラム分類体系を構成し、段階発展的に時間過程配置し、学校以外での学習に価値がないと資格づけから編制し、自律性を他律依存へ切り替えて、その諸関係の構造へ従属させる。そこには教科／教育知なる恣意的なものを真理正当化する象徴暴力が作用している。生徒に知識を供与し、生徒たちは同意する。これは、パストラールをキリスト教的な関係へ配置換えすることを基盤にして、制度化可能なものへと配備されえたものだ。

ブルデューはそこに教育労働による象徴暴力の象徴権力の作用をみた。またそれに黙従する生徒たちへの暗黙の権力の作用である。心的、情動的な従属受容がなされている。

このブルデューとフーコーとの概念化の違いに、何が穴として配備されているのか？すでに関係づけながら論述しているが、もう少しクリアにしておこう。

⑶ フーコー権力論とブルデュー権力論との差異における穴

羊飼いと羊の群との関係、つまり一対多数の関係。その中に、迷える子羊との一対一の関係の優位性が配置されている。他の羊たちを犠牲にしても迷える子羊を救うことである。そして、羊飼いは己を犠牲にする。「犠牲」「救済」が配置されている。

この犠牲・救済の概念空間はブルデューにはない。歴史的な社会空間構成が前提にされていようとも、犠牲や献身や救済は、そこに歴史的に機能しているのに。つまり、権力諸関係は、支配—被支配、支配—従属の関係に還元されないことなのだ。

他方、フーコーには、犠牲や救済が押しつけに転化していく「良き調教」の規律配置はあるが、そこに必要の押しつけとか象徴暴力の概念空間がない。つまり、力関係を意味関連へと転じている象徴権力の作用があってこそ、良き調教は可能になっている。

微妙に何かがずれている。制度権力による質化と確証化がはっきり配置されていない。フーコーに「移動」があるが、ブルデューに「移動」がない。これは、ブルデューに制度があるが「場所」がない。すると、フーコーには、「労働」がない。試験の階層構造やディシプリン化は配置されるが、他律作用する教育労働がない。フーコーは一貫して経済的な諸概念を使わないことをなしているからだ。つまり、アクションactionとアクトacteとの間の実際行為pratoquesの関係の問題が、そこで曖昧になっている。そして、フーコーにもブルデューにも対関係と共関係との位相の本質的な差異概念がないまま、自己・個人のあり方へと主体化＝従体化されてしまう。一言でくると「述語的な権力作用」が不問なまま、そこから主体化されていくことが明証に解析されていながら、しかし「述語作用」は考えられないでいる「穴」である。*

愚鈍な東大フランス語教官が、ブルデュー翻訳でpratiqueを含む諸々の行為概念がどこを見てもわからないとぼやいて出鱈目なブルデュー翻訳をしていた知的無知が直面している場である。ここが曖昧なため、権力作用は目的意識的な「実践praxis」概念空間へと転倒されて一般了解されることから一歩も出れなくなる。フーコーやブルデューの邦訳総体が陥っている誤訳体系の世界である。フーコー／ブルデューの権力論は、プラチック論であって実践論ではないのに、目的意識的な実践論・権力論として邦訳されている。

「パストラール権力」と「象徴権力」との違いから問題構成されるものは何であるのか？それは、個人の営為と集団的な「共作用」との関係をめぐる問題である。さらに移動する場所が、制度機関の場に空間的に固定されて、その中で時間的に移動するという構造化がなされている問題である。個人と国家とをそれぞれ外在化させて支配関係を

* 概念の差異の間には、概念化されずに説明記述されるものが入り込んで、相互の違いが補完しあっている。相互的に活用isていかないと、理論記述として働かない。象徴支配などは、支配の補足をなしただけで象徴権力のように概念化されていない説明である。フーコーの「監禁」もそうだ。概念間の違いには、理論概念化されうる無数の穴がある。

設定するということではなく、個人の中に構造化されている国家、国家が包摂しえている個人化の様態、それを心的かつ実際行為的にクリアにすることにそれは関わる。「政治的なもの」はそこにこそ作用しているからだ。実際行為とは、個人行為、対行為、共行為という異なる次元で、同時になされているのである。制度は言及対象を定め、意味論的な安定化をなし、義務化し、無視するものを制裁し、対立が起きないよう配慮し、規則性を反復させ、確証を質化していく。ゆえ、一括的に目的意識化して個人の投企的行動へと引き出せる実践＝praxis ではなく、日常の意識していない実際行為 pratique において制度アクトを従順にこなしていく。

例えば実際例を出してみよう。教室で、教師が算数の授業をしている。それは、国語でも理科でもない（分類化による排除の象徴権力関係作用）。象徴的分類行為がすでにプラチックになされており（前-配置換え）、その授業内容を意識的に理解しようと、教師の語りに耳を傾け集中しているのが「実践＝praxis」であるが、制度アクトである。同時に、それをなすのに、教師の方を向いて座っている、黙って聴いている「実際行為＝pratiques」である。同じ一つの行動《アクト》であるが、学校化の教育コードに従っていることで、その両者が一体的に行為されている。この行為は、しかし学校化において制度規制されているゆえ

〈acte〉であって、アクションactionではない。〈action〉であれば、個人は自由に動いている。なのに座って話を聴くという「振る舞いconduite」において、〈action〉を〈acte〉に切り替えている。そこに暗黙の権力作用が、規範化としてなされている。制度化権力の下での規範化従属である。さらにジョン・ホルトが指摘したように、教師に何か言ってくれ、ならそれを踏まえて自分はどうするか決めて為すという応答戦略が、生徒の側には取られている。しかも、聴く姿勢・身体動作もさまざまであるのに一律化される。軍隊的な同一身体行動にまで強制化されていないが、前を向けとなっているし、朝礼儀礼では整列させられる。一望監視の対象となるよう、同じ振る舞いを緩やかながら強いられている。よそ見をしていたなら、注意されるのを知っているから、よそ見をしない。しかし、隙を狙ってよそ見をすることもなしうる。黙って、まったく別のことを考えたり想起したりすることもできる。完全拘束されている（教室から出ることも歩き回ることもできない）が、その制限の中で自由な想いや行為をすることもできる。つまり「規範性が規則性の中に完全に吸収されてしまえない」（ボルタンスキー）、行為者の批判能力が、意識されずとも子どもの「社会生活」としてなされているのだ。一望監視の下であれ、休み時間に元気に校庭で遊ぶこともできるし、度を過ぎて叱られる余地もある。

私は小学三年の時、授業を聞かなくていいから精神障害の女生徒の面倒をみろと指示された。家への送り迎えまでさせられた。その授業中、自由さを保証されたゆえ、調子にのって何か勝手な行動をなしたのだろう。教室の外に、一時間立たされる懲罰を受けた。こうなると、当人には何が何だかわからなくなるのだが、この教師を私は生涯において一番嫌いな存在として記憶していることだけは確かだ。優等生扱いが、自由ではなく強制を伴ったからだが、優等生への懲罰である見せしめが、他の同級生たちに意味をもったのかどうか私は知らない。つまり、プラクシス次元での記憶はあるが、プラチック次元での記憶はない。アクションとして何をしたのか、その時のことだけでわからない。実践的制度行為＝acte は記憶されるが、行為＝action は記憶されない。

こうしたバリエーションを、批判客観的に一元化はできない。なのに、教師権力が生徒を支配抑圧している、と粗野な批判思考の政治論はみなす。

優れた学校教師は、この細かな作用を実際的に克明にキャッチして、その対応を明示している。多くの凡庸な真面目な教師たちは、素通りして考えにいれていない。ただ規範遂行をしているか、横暴な権力を物理的に行使する（講義の開始時間とともにドアの鍵を閉める大学教師たちがいる）。あるいは病気になり休職する。大変なことであるからだ。

実際場面での多量な情報諸要素への対応や処理を、権力批判考察は、利害関係や力関係のことへと還元しているにすぎない。誤認／再認はその批判によってでは溶けない。隠されていたことの一部が、本質的ではあるが明らかにされただけであり、制度は自己保持のために、むしろ批判や論争を必要としているのだ。

制度は移動しない、個々人が制度過程のなかを時間的に通過していく。だが〈場所〉は移動する。述語的場所は移動している。ここがわかられない根源にある。場所を有の場所としか見れていないためだ。権力作用とは〈場所〉が移動して働いているものなのに、場所が制度化されると、場所は固定され「空間」へと抽象化され、時間がその中に組込まれ、移動は個々人がなしていくものだとアクト編制され、場所は場field＝界へと真理生産の場に転じられる。つまり、「界champ」の出現である。この界は、政治界などとは別水準で少なくとも象徴界／想像界／現実界として本質的に関係しあっている。

この〈場所〉の「界」への転配置が、フーコーにもブルデューにも不問に付されている穴である。しかもそこには、学校信仰や教育信仰を形成している想幻権力関係（共同的なものと個人的なものの合致）がなされ疑われないものと恒常化—常識化される、教師に嫌われたくないなどの情動作用さえ働いている。象徴権力の作用もある。だが、デプラスマンやディスポジションとして、フーコー／ブルデューは「転移」を自覚している。ただ、それが言説転移や認知の転移としてしか見れていないのだ。すると、利害関係でしか物事が見れない状態になる。ここを突破したのが、ボルタンスキーであり、ナウアの教育を神話的プラチックにみたメキシコ人類学者のアウスティンらである。場所と思考・情動、場所と身体、との相互作用である。(場所資本論⑬、身体資本論⑰にて述べる。)

何を偉大であると設定しているかのシテ*の違いが対立・論争を生み出すが、そこに同等性の概念作用が入り込んで、試練に調整が情動を含んで判断思考されていく(ボルタンスキー)。また、身体を自然の場所の神々に非分離配置して、場所の神話的統治をなして、慣習躾をしている(アウスティン)。場所と心身との間にパワー配置の政治資本が働いていることの示唆である。実際行為はそこで諸状況に応じてアクションし、かつ規範的な規制アクトを引き受けながら、述語的なパワー関係の情動と思考とを働かせているのだ。

ここへ辿り着くため日常生活でのアクションと制度アクトとの構成を再考し、ラカン理論を再配置していくことが要される。アクションとアクトとの間に、心的な想幻化が作用している。しかも、象徴権力の象徴暴力の作用を伴って。

フーコー権力論の不備さの指摘から、次に述べるイリイチが指摘しながら概念化しえていない制度化権力作用とブルデューの象徴権力・象徴支配を補完的に示しながら、政治的なものは支配や抑圧・搾取といったネガティブな否定権力ではなく、物事と諸個人の関係を物状態と象徴作用との間に規整化された可能な世界へと構成するパワー作用であること

* シテ cité を「市民体」と訳す愚行がまた蔓延っている。いかなる偉大さを領有しているか、その偉大さの場所を言説的に分類したものだ。市民体などの意味はどこにもないどころか、そのシテの中の一つだ。ボルタンスキーも、プラチックを消されシテ概念まで誤認され、せっかくの理論貢献世界がまた退行させられる。愚鈍大学言説共同体はどこまで無知再生産であり続けるのか。概念は説明用語ではない。

を了解し、そこにネガティブ作用として政治的な自律性・自己技術の不能化を構成している、という可能条件が否定作用を含むという包含関係から捉え直すことだ。相反的な作用をなしているのが権力関係作用である。ゆえ、そこでの政治資本が対立的に作用しうる。

つまり、可能と不可能とを対立分離的に考えることでは、権力作用及び政治的な働きを捉えることはできない。述語的に相反共存作用しているのだ。反権力論がいちばん間違えてきたことである。批判社会学の不十分さである。反権力が、権力支配以上に飼育と救済とを強制してきた。個々人を窮屈・萎縮させて解放などなしうるはずがない。

これは、国家や権力を外在させる客観化の理論に対して、その内在化の編制構成を明らかにしていく理論考察であるが、規制諸関係のそれであって主観的・意識的な自己決定としてではない。否定作用は自分を押し殺したり他人攻撃するためにあるのではなく、可能条件を確証させていくもので、統計的なものや物質的エビデンスには現れない。視線の権力であり、取り違えの権力であり、黙従の権力であり、他律依存の権力であり、賃労働生存への自発的権力である。さらに資本関係への可能権力である。しかも、真理／知／言説によって保たれている権力である。行為者は受容している。その最大効果は、自発的従属の主体化＝従体化である。自分の側からなしている権力関係である。ただの被支配的な従属・服従ではない。しかも、ただ利害関係だけではない、情動的にも作用している。

ここで、フーコーに対して、とくにアングロ・サクソン系の了解の仕方で、フーコーはすべての規制化・制限を言っていながら同時に抵抗や自己技術の可能性を提示する矛盾・混乱にあると批判してきたものがある。ハーバマスやテイラーたちでもそうだ。

権力諸関係の規制・制限と抵抗の可能性、主体の従属化と自分技術の自由行為、これを矛盾とみなす思考からの脱却が要される。そこにこそ、政治資本の「穴」がある。

つまり、政治資本とは、何か一義的なものを正しいとして行動することではない。相反する存在を対立的に相互作用させながら、新たな次元へと通道を開いていく力の作用である。正統化が正当化されるレギュレーション領域において作用させせられることだ。

かかる相反作用であるゆえ、政治資本の資本シニフィアン作用は、政治的に大きな意味を持つ。その根源的な理論課題は、フーコーとラカンとの違いから浮上するのだが、その前に制度権力の日常作用をもっと詳細に明らかにしておかねばならない。政治的自律性が麻痺させられていながら、しかし、学ぶ・癒す・歩く自律性は完全なる不能化には置かれえない。ブルデューとフーコーとの間で、語られているようで語られえていない産業的様式の政治作用とその編制である。イリイチたちが明らかにしてきた、産業社会／消費社会の社会編制における「政治的なもの」の歴史的な問題界である。

2節 政治資本と制度化された日常生活　イリイチ・対・フーコー

日常生活と政治資本

私たちの現在の日常とは、消費生活として構成されている。それは、商品を購入し消費することで生存が成り立っている。だが、さらにそこには、教育や医療や輸送というサービス制度への依存・受容という暮らしが構成されている。触知できる商品と触知できないサービス商品という構成から生活＝暮らしが成り立っている。産業的経済の社会である。それは、制度の意味論的世界が生活へ浸透して社会秩序を支えているのだ。

ここに、商品の政治、制度サービスの政治としての教育の政治、医療の政治なる政治世界が制度化権力関係として日常生活を編制している。生産の側からと消費の側からとの双方から、日常生活の隠れた政治作用が組み立てられているのだ。大きくいうと、経済の政治と制度の政治であるが、物とサービスの局面から見てとれる「消費の政治」である。

◉ Ivan Illich ◉

Deschooling Society, Harper & Row, 1971.
Medical Nemesis, Calder & Boyars, 1975.
Energy and Equity, Harper & Row, 1974.
Gender, Pantheon, 1982.

これは結論的にいうと、個々人の〈政治的自律性〉に関わる政治で、他律依存を常態化し、個々人の自律性を麻痺させている効果としてパワー作用している。一般に政治とはみなされない政治である。制度化権力が規範化権力をともなって通常の行為者たち acteurs に作用している「社会生活」の政治である。だが国家の存亡がいちばん関わっている「社会生活」の政治である。

この制度が織りなす社会生活の政治は、「他律依存」を一般化し、物事は他者が決め、自らはそこに従順に従うというあり方を、よき「社会人」「国民」として常態化する。決める他者も自律的に決めているのではなく、既存の規範化に従属して決めているにすぎない。

(1) イリイチからみた政治資本　政治転換とコンビビアリティ

イバン・イリイチの『コンビビアリティのための諸道具』は、最初の草稿が「政治的転換 Political Inversion」であった。政治的に転換することとはいかなることであったのか?

その基盤は、「生産性 productivity」が中心の産業社会を「コンビビアリティ conviviality」へと「内転換する= inversion」(内側からめくり換える)、その道具 tools を「再道具化 retooling する」こととして論じられた。草稿は次に Retooling Society へと書き換えられ、最終的に 'Tools for Conviviaity とされた*。つまりイリイチの政治論は、道具理論からの批判考察と

* Ivan Illich, *Tools for Conviviality* , Harper & Row, 1973
『コンヴィヴィアリティのための道具』(ちくま学芸文庫、渡辺京二訳)。
草稿は、CIDOC CUADERNO。
拙書『イバン・イリイチ:文明を超える「希望」の思想』EHESC 出版局。

自律性のとりもどしとにある。まったく既存の政治論——権力奪取とか政治システム転換とか市民運動とか——とは異なる。分配が政治の最前線だとみなす彼にとって、それは商品・労働中心の社会における「生産性」の設定を根元的に転換すること、道具と人との関係を転じることで、道具が個々人の自律性を活かすように関係づけられることであった。社会主義も同じことを資本主義と競い合っている「産業的生産様式 industrial mode of production」そのものを転換することにある。コンビビアルとは共生や共創ではない、自律的協働のアクション関係である。一時的な関係行為であって永続的状態ではない。**

イリイチが、驚愕的であったのは、産業社会に生き生活している私たちが当然であると思っていた持続恒常性を根底からひっくり返したからである。学校・教育はいらない、学校へ行くほど愚かになる、病院は病気を治していない病気を作っている、加速化するほど遅くなる、という指摘はあまりに衝撃であったが、冷静に社会的現実の実際を見てみるとそうなっている。だが、表層だけでそれを見ていては、ただの告発でしかない。

学校化によって教育は、生徒が学校教師からの働きかけ、その他律様式優先の関係に配置され、〈学ぶ自律性〉を麻痺させている関係作用に置かれる。医療化によって、医師の他律的な医学的処置に依存して、患者自身の〈癒す〉自律性が麻痺されている。ま

** convivial はスペイン語では日常語で、村に他所から偉い神父が訪れてきたとする、そこに村人たちが集まり愉しみながらも厳格な物事を話し合ったりして散会する。相反的なものごとを協働させる。進行形的に、conviviencial と使う。conviviencialidad とスペイン語ではされた。これが英語 coviviality、仏語 convivialité へ新しい語のように波及された。

たモーター輸送は他律エネルギーの支配によって交通が加速化され、そこへ依存することで個々人の〈歩く自律性〉が麻痺させられている。こうした「他律支配の政治作用」の現実が、生きる自律性の世界から明らかにされた。その効果として人々は、政府や行政にこうしろと他律を要請するが、自分によっては何もしない、何もできないとされている。物事は他者が、専門家たちからの供給へ依存するだけになっていく。また、専門家たちも制度規範を遂行するだけで、他者たちを不能化しているだけでなく、自分たちの自律性をも麻痺させている「不能化する専門家 disabling professions」たちになっている。

学校化、輸送化、そしてその後の医療化への依存の解明を含め、それ以外のものに頼れない選択の余地がない「ラディカル独占 radical monopoly」がなされている。他律依存がさらに他律受容となって、根元から生活に構成されている。この産業化の徹底化に対するラディカルな批判であった。依存を超えて「受容する」とは、受け手側による同意である。政治的自律性とは〈学ぶ／歩く／癒す〉自律性―個々の生の身体的行為にあるとされた。

産業サービス制度の拡充は資本主義国であれ社会主義国であれ、それを競い合ってなされてきたのも、人々の日常生活を幸福にすることは産業的生産様式を拡充することでもたらされ、そこの秩序の安定に重なるとされているからだ。詳細は、制度資本において論じるが、ここでは制度化に関わる政治資本の位置を確認する。制度資本の「所有」は、本質的には制度へ領有されることだが、政治資本の劣化・衰退を招いている、ということだ。

制度の政治資本作用

■教育の政治

教育の政治は、学校化の次元、教育行為の次元、学ぶ行為の次元、の三つの次元で作用している。制度化はこの三つにそれぞれ関与する制度権力の行使になる。制度権力は制度を維持し続ける「制度化権力」として機能する。教師が教えている間、生徒は黙って従っていくことで良き学習ができる、となっている。教師の側は、真面目に聞いているか、ぼんやりしているか、理解しているかいないか、個々人を個人化して、様々な状態を観察＝監視している。フーコーはこれを「一望監視システム」であると刑務所の例示から説いた。迷える子羊を救済してやる「パストラール」権力の躾・訓練化として解析した。ブルデューは、「暗黙の権力」と説いた。この二人に対して、イリイチは「学ぶ自律性」が麻痺していくことを説いた点で固有である。さらに学校の外で学ばれたことには価値がないとされている、「制度化された価値 institutionalized value」を生産している、と。

教育が学校化 schooling された社会構成が批判分析され、その「非学校化 de-schooling」がセンセーショナルに世界で話題となったが、非学校化が目的ではなく、そうした政治システムに対する政治的態度を、行為者の「自覚・覚醒」として重視した考えである。教師の教育は他律行為の他律様式を行使している。学習は教えた結果なされる。さらに、学校化の次元では、学校で学習したこと以外には価値がない、と「制度化された価値」を形成している。それが学歴資格となり、貨幣よりも世界流通していると説いた。真に学んだ力でも学んだ内容でもない、学歴なる資格によって個々人が判断されていく。身体なき制度である。学歴と能力との間に関係がないことは、多くの論者が証明している。つまり、教育の政治は、内容と形式とをはっきり区分し、形式に価値と意味があるとしている。日本では偏差値学力となっている。東大入学が最高価値だとされているが、実際の企業活動において使いものにならないという声があちこちで起きている。しかし、それにもかかわらず、学歴価値の信仰はなくならない。社会の階層秩序化に寄与していることと、賃労働仕事の再生産秩序になりえているからだ。

つまり、学校化の制度資本は、政治的自律性を麻痺させる「負の」政治資本として、社会機能している。この制度化は批判によって溶けない。自分で考えない、行動しない、他人任せにする、ことは、自分でなすより利益がありかつ楽であるからだ。

学校では、教科が決まっている、時間割も登校時間も決まっている。試験がなされ、その答えは一つだけが正解となっている。試験内容によって、個々人の正解度が違ってくると想定できるが、与えられたもののみにしか従えない。「従う」ことも選べない、与えられたことでしかない。真理決定者が、押しつけてくるものに従属してのみ真理＝正解が得られる、という規範化対応になっている。

これは、自己決定は規範従属することにおいてでしか認められない、なし得ないということを身体化する極めて「政治的なもの」である。つまり学ぶ内容ではなく、与えられたことへ従うという政治的な作用でしかない。ゆえ、与えられるものにおいて教科書検定がなされる。国家官僚が決定する。指導要領さえ決定する。教師たちは、この真理代行者として正当性を与えられ、そこに従うゆえ権威的権力を行使することができる。実質権威があるのではない、代行者として正当化されているだけだ。

〈教師―生徒〉の関係は、学術的な物事を学ぶことではなく、他律従属を常態化させる依存受容の政治的なものの関係行使となっている。両者ともに、政治的自律性の麻痺を心身化している。〈教師―学校化―生徒〉が制度構造化されている。

■移動の政治と過剰装備

移動の政治、ないしは交通の政治、輸送の政治であるが、速度に関わる統治政治であり、物流・人流の移動であり、さらに他律エネルギーを使ったモーター乗り物と自分の自律エネルギーを使う移動（自転車や歩くこと）との相互均衡の政治になる。

産業社会は、モーター輸送を環境づくりの基盤にしている。車速度が中心機能するように都市を作る。農村も画一的に舗装道路化される。そして、都市間の移動時間を加速化させていく。加速化が便利をもたらすとされる。新幹線で、日帰り出張が可能になり、また移動中にコンピュータ仕事ができるように座席が作られる。加速化されるほど、遠くへ行くことが可能になり、移動時間は社会的には増大していく。

日本ほど駅がどこでも地方の中心になっている国はない。同じ形式空間が日本中に作られてきた。さらに、車に対しては「道の駅」がどこでも作られるようになっている。移動が「止まる」空間であるが、通過していくだけだ。マルク・オジェは空港も含め、「非―場所」とそれを概念化した*。場所にあるが、場所を非場所化しているからだ。

今や東京駅は、食品を中心にした店舗の場となっている。飲食が可能になっている。各駅が模倣し始めている。駅が、商品の消費空間となっている。非場所の空間は、過剰

* マルク・オジェ『非ー場所』1992、水声社、
『メトロの民族学者』2013、水声社、も同時に読まれたい。

装備の空間となっていく。身体自律力の麻痺を招いている速度消費は、それが、一時、駅に滞留させられることで、「待つ時間」の空に対する快楽が増す空間が作られ、身体消費の場が詰め込まれ拡大した。その過剰さが先進性であるとなっている。

モーター輸送の低装備の空間は低開発とされる。過剰装備の空間は先進的だとされる。これが都市集中をもたらしている。地方の衰退がそこから派生するが、地方の都市化が産業的な模倣として加速されるも、実際は空洞化していく。

加速化をよしとするあり方は、なんでも「速く」することに価値があるとされる状態を一般化している。仕事でも「のんびり」した状態が削除され効率化されていく。加速化によって、しかし移動の社会時間は増大し、実際にかかる時間は「遅く」なっている。

移動の過剰装備は、環境世界を社会空間化することで、場所の喪失、「場所の消費」(ジョン・アーリ)を増長させる。流通空間が、車速度によって非環境化されていく。速度の政治は、リスクの増大を、事故の大事故化を招き入れている(ポール・ヴィリリオ)。*

環境の速度抽象化——環境の加速空間化——は、自律性の依存麻痺を身体化する。便利さと移動の快適さがそこで保証されるが、飛行機移動にはっきり見えるように、狭い空間へ個々人は押し込められたままの状態でトイレにいくぐらいの移動しかしえない、その身体行動制限は自律性麻痺の忍従的訓練の効果をもたらす。見返りは遠くへ行ける。

* ジョン・アーリ『場所を消費する』法政大学出版局、ポール・ヴィリリオ『速度の政治』平凡社ライブラリー。

▪医療の政治と災害の政治

医療の政治は、病い、痛み、死に関する臨床次元、社会次元、文化次元の歴史的な編制にかかっているもので、それがただ治療、鎮痛、延命における医療化を医者のラディカル独占へと構成する「病院化」として日常化し、かつ予防をかねた衛生環境づくりにまで関与する統治の要となる制度化である。

この医療化の本性である「医療発生病 iatrogenesis」(医原病)の逆生産が、はっきり現れたのがコロナ禍であった。病院は、コロナ感染者の受け入れを拒否しただけでない一般病者の受け入れも拒否し、治療不可能に陥り、倒産した病院も続出した。治療できないだけでなく、病人を受け入れもせず、診断拒否さえもなされた。

そして、ワクチン予防が八〇%を超える国民に施されたが、その副作用で死亡した因果関係はいっさい不問に付されている。病気になっていない、感染もしていないのに、潜在病者として予防接種をほぼ義務強制的な雰囲気を作り出して、感染恐怖を人々に撒き散らした。医療化の政治が、完全に国家の統治政治として機能しえたケースである。これは、規範規準が実際に起きる事よりも優先されて、画一的統治を一元的に可能にする政治である。個々人に沿った医療処置ではない。医療放棄の医療化の政治である。感染者は、犯罪者であるかのような処遇を受ける。

この医療化の規範政治は、今や、災害の規範政治へと拡張されている。

宮崎で大きな地震があった。その瞬間、東京からの東海道線が一斉に止まった。南海トラフの地震の恐れがあるという「規範」が優先され、起きてもいない地震が先取りされ、「安全」の名のもとに新幹線の電気が一斉に切られる。今までにない仕方だが、コロナ禍後の規範政治の拡張・一般化がなされている。

規範優先の政治は、実際の事故・災害における自律判断の行使を不能化させる。すでに、東北大震災や水害などで起きたことだが、津波が目前に迫っているのに生徒たちを怪我させてはならないという規範が優先され、校庭に座らせられたまま全員が津波に呑まれて死亡した(一人だけ生存者)。また、河川が氾濫しているのに、行政区外へいけば助かるのに、行政区域内で氾濫している方へ逃げろ、と行政指導がなされた。

規範政治は、実際に起きている事柄=対象自体を見ることより、決められた規則遂行が優先される。つまり、行政処置に不備がないことを守っているだけで、実際に起きている災害=出来事への対処が二の次にされる。そのくせ、実際の地震が起きて家が倒壊し住めないのに、いつまで経っても仮設住宅が作られない。まだ「起きていない」からと災害対策準備もされていない。起きていることと起きえていないことと起きうることとの間において、規範政治は完全な不能化を正当化している転倒にしかならない。制度化は、規範化を機能可能にさせて、内構造化している。だが、規範性 normativité は規則性 régularité の中に完全に吸収され得ないのも、批判作用が機能しているためだ。

日常の政治

つまり、学校、モーター輸送、病院が制度として、人々の暮らしが依存するものとなっていることとは、サービス商品への依存であり、他律的働きかけへの依存とその他律独占の依存受容である。その効果は、個々人が実際におきていることとなされていること自体を見れなくなる、制度規範を現実的なものとみなし、自律の行為は価値がないと考えるようになるだけでなく、意味さえないと思い込んでいく。進歩や発展とは、これらの制度欠如がなくなるよう埋められて社会へ編制され浸透していくことであり、それによって生活が安全で快適で便利で安楽になるとみなされてきた。

教育や速度や医療は、実際行為であることよりもサービス商品の消費であると非身体化されて、その制度サービス消費が非実在的存在に対して内容を唯一与えられることができ、幻想ではない実際形式の実在へと到達可能にしている。つまり、物質的に見えない世界次元で商品関係形式が浸透し、指示対象が定められるタスクを制度はなすゆえ、財産所有者の身体から離れても循環できる利益をもたらすサービス産業となりえていく。公的なサービス以外に営利目的の私的企業によるビジネスとなっていく。そこに付随して、諸技術が商品生産されて使われていく。教材や教具、移動の快適さをなす技術、医療技術器具・医薬品など。この産業的な基本関係において、そこに情報技術が覆い被さって同じ論理でもって編成されている現在である。AIは思考の肩代わりさえ始めている。「考えずにすむ」ことは有難い、いいことだと、平然と自律性の放棄が快適だとされ、別の自律性の時間を保証すると欺いている。AIが万能であるかのように配備されていく。

ロボットの人間化的な進歩が目覚ましく進んでいるが、「労働」の肩代わりをなしているだけで、人間の存在行為の科学技術化ではない。「感情」「情動」は何ら取りこめていない。つまり制度化された物事状態で起きている事ごとの測定可能のみの選択的排除がなされた物質技術化でしかない。生命技術とはまったく反する進歩である。*

設定された「日常」は、産業的生活の日常でしかない、それを秩序再生産する類のものでしかない。個々人の自律性の麻痺を助長する物質技術科学でしかないのも、産業的政治資本の制度化構造から脱しきれていないからだ。

* 矢野雅文『科学資本のパラダイムシフト』知の新書 002、を参照。

他律依存の産業的政治資本

産業的サービス制度は、自律性を麻痺させることに便利さや快適さを提供して、資格や保証の価値利益を与え、他律優位の政治的状態を日常化する。

しかも、この他律様式の遂行者も自律性を行使しているのではなく、与えられた規範を規則代行為することでしか、その行使を保証されない。〈他律→自律〉の関係行使自体が、他律規範依存となっている。しかも、これは最低限の言及対象とその価値をより多くの人たちに均一に提供する仕組みとして正当性をもつ。だが結果は、試験の成績のように、優劣の差別化が階層的に構成され、機会均等・平等の名のもとに階層秩序化が正当化される。学校化のこの全体化された階層秩序化の差別化を何ら問わずに、社会における差別をなくそうという理念ないしビジョンが「社会的共通資本」「社会関係資本」として平然と主唱される状態が、一般化される。つまり、意味論的な安全によってなされている根源を問わない、表層関係現象をめぐる政治的対立が政治化されていく。連続が断ち切られた再同定化による抽象化へ正義化さえされる。平等であることは否定し難い理念であるからだ。だが、絶対的に実際実現されない理念である。

社会的関係とは、社会空間が実定化された秩序における、規範従属と他律依存の関係世界である。規範化と制度化とが結合され、個々人が社会エージェントとして代表象行為させられている。自分であることよりも、社会場面においては、生徒であること、患者であること、市民であること、専門家であること、社会人間であることが要請されて、そうであることによって社会生存できる。そこでは理念が裏切られる形でしか実際行為されない。また、そのように矛盾・葛藤であるゆえ、その改善をなすべく社会が機能するようになっている。実体としての形、数、比率、位置が、記述すべき要素の形、その数、それらが空間に配置される相互関係、各要素の相対的な大きさとして実体表象されている世界だ。制度化に働いている象徴的暴力が、この世界を見えなくさせている。

かかる産業的政治資本は、生産性を上げるための仕組みを支配的に機能させている。

逆生産性と逆生産

制度が目的としたこととは反対の結果が出るのを「逆生産性」という。教えるほどに愚かになる、医療化するほどに病気が増える、加速化するほどに遅くなる。これは社会的実際として副作用出現していることだ。大学生たちは、もうヘーゲルやカントやマルクスや西田幾多郎などの古典を読み理解することがほとんどできない。病人の数は減らずに年々増加している。快速電車ができると居住する場所をより郊外へ移して移動時間が長くなる。

ところが、現実世界はもっと先へといく。企業活動では、売らないことが利益を上げるとなっていき、規範データを改竄することで規則を守るとなってしまう*。「逆生産」をし始める。需要があるのに生産しない、売れるのに売らない。生産物＝商品は、その結果不足が起き、欠如ではなく、「過剰という不足」を生み出していく。これはもはや経済活動ではなく、政治的な規範ワークである。そして、組織運営において多数決の一致への努力は、ただ多数の押しつけ支配＝「反対者の排除」となってしまう。

道具 tool の政治資本とコンビビアル

自分の身体を使って動かす「ハンド・ツール」と、他のエネルギーを使って動かされる「他律ツール」とのバランスが成り立っていることが肝要である。ツール tool＝道具(手段)とは、合理的に考案された工夫のすべてである。道具は使用者の意図を行為の形で表現することを許し、道具の形態が使用者の自己イメージを決定する。それは、人が道具の主人となっている程度に応じて、世界を自分で意味づけることができ、他方、人が自分の道具によって支配されている程度に応じて、道具の形態が自己イメージを決定していく

* 規則の精神に背くことなく規則の文言を侵犯することは、規則を体現でき、正しい理由からそれを行っていると考える人だからなせる。ゆえ、それが反則であるのを指摘された時、本当に驚き、悔しがり、本心から自分に責任があるが無実であると思っている。現代資本主義の際立った形態だとボルタンスキーは言う。Boltanski, *De la critique*, Gallimard, 2009, pp.218-9.

ということだ。道具を使った活動が創造的であることによって感じられる喜びがある、それがtools for convivialityの意味である。日曜大工で、鋸や鉋や金槌で物を作って仕上げた喜びは、それを親しい者が使って快適であった時にさらに増す。

ところが、産業社会では、道具はモノ化され、商品化され、手で動かし使うハンド・ツールから、自動化されたパワー・ツールへと転じられていく。それだけでない、道具を使うという行為の世界は、機械の操縦、制度の規範に従う私的行動へと転じられていく。道具を使いながら学ぶという行為は、学校での教材化されたモノの規範的な使用へと転じられてしまう。あるいは、商品教材化されたおもちゃ／モノの使用というように転じられる。つまり、すべて前もって作られた物の従属的な使用となってしまう。自分で自分の身体を気遣うのではなく、ただ医者・病院から与えられた薬を飲むだけになっている。

モノとは、本来道具なのであるが、人からも自然からも分離され、道具性を失った、行為さえも物へ内部配置されている、物体＝商品へと転じられている。例えば洗濯する行為・道具は、洗濯機と洗剤の物＝商品へ転じられて、便利になっているが、洗濯の時間は増大し、使う水の量もましている。そして、人にこうせいと命令・指示している操作的な物になっている。〈もの〉の物体化／商品化は道具の物質文化喪失を招いている。

道具は、道具の技術、道具の働き・作用、道具の制度、道具の経済、道具の政治という生活を構成するすべてに関わるものである。
簡単なハードウェア：ドリル、ポット、注射器、箒、モーター、建築材料など。
大きな機械：自動車、列車、飛行機、発電機など。
生産装置：電流、工場など。
触知し得ない商品：教育、健康、知識、意思決定など。
形式・形態：法律、規範、規則、言語、神話など。
これらの概念は、

tool：道具　　instrument：器具
machine：機械　　equipment：設備
apparatus：装置　　institution：制度

などと分類されるが、道具が生活世界へと物質構成されたものである。

「操作的な manipulative 道具」は、道具＝物による統制・依存・収奪・不能が増大するだけの便利で快適な世界を構成する。分離技術、客観技術によって作られる。

「コンビビアルな convivial 道具」は、使用することで暮らしが享楽となり、自分を生かし環境を豊かにする。非分離技術、述語技術によって作られ使われる道具である。

さて、フーコーの思考世界では、こうした物質的な道具への考察はない。代わりにあるのは言説である。あえて言えば、こうした道具を使っている言説世界とその製造に関わっている技術知の言説プラチックを解析している、とは言える。装置は、軍事的用語の「配置＝dispositif」である。技術は自己テクノロジーとされる。この違いは、何を意味しているのであろうか？　他方、イリイチに「言説」界はない、パワー関係はない。

政治資本という観点からこの穴を考えるとどういう事になるか？

イリイチにおいては、生産性／操作的道具を、コンビビアリティ／コンビビアルな道具へと再道具配置することで自律性を取り戻すことに、政治資本の作用がある。フーコーにおいては、既存制度の下での言説プラチックを、パワー関係における抵抗の自分技術とすることに、政治資本の作用がある。

つまり、政治的自律性と自己テクノロジーとの違いないし同一性である。対象は、道具か言説かの違い。どちらが政治的であるかの問題ではなく、それをともにどう引き受けていくかがこちらの問題である。何が両者の間で考えられていないのか？

私は、「ホスピタリティ道具の自分技術における自律性」としてここを引き受けた。

「自分とともに働いてくれる道具を用いる各人に、
己の想像力の結果として環境を豊かなものにすべく、
各人がもっているエネルギーと創造力を十分に引き出し、
世界を自分で意味づけることができる至高の機会を与える道具を供して、
自分技術の自由プラチックがなされていく場所を作ること」

であると。これが、自律の政治資本であるが、ボルタンスキーが言う「物状態と象徴形式との関係」において質化 qualification がなされること*。それは、道具への関与なしに、術策や知識を操作することではないし、また綺麗事の社会的共通資本を社会調整することではなく、道具へのコンビビアルな関与において、文化資本を高度の知的資本によって情緒資本とともに、自分技術において働かすパブリックな場所における個々人で多様に異なる自律性の遂行である。それは、いまここで起きている特定状況に言及しながら文脈に意味が付与され、概念転換による意味論的諸空間が開かれる事である。

場所には歴史的に蓄積されてきた文化技術が固有にある。その文化技術道具を根源から環境的に見直すことである。生命的科学技術の種がそこに眠っている。

* Luc Boltanski, *De la critique*, Gallimard, 2009, p.108
質化とは、諸存在の特性を定め、同時にその価値を規定する操作。

(2) 現在社会の政治作用　絡めとられた政治資本

イリイチ的な思考世界は、かなり世界へ拡散した。中でも、バウマンやベックは、その二番煎じと言っていいぐらい系譜的である。つまり、現在世界の様態をクリティカルに見抜いている上での、表現の仕方の差異でしかない。対象が具体細分化されていく。それは、現在社会を社会として実定化していけばいくほど、液状化は進みリスクは増大するということだ。つまり、質化が不確実性へと転じられ、逆生産が累積されていく。

液状化とマクドナルド化

ジクムント・バウマン (Zygmunt Bauman, 1925-2017) による「液状化」は、基本軸は近代主体・自我がどんどん液状化して個人解体が進行することへの批判指摘であるが、その液状化は、社会総体において進み、近代性、愛、生活、恐怖、時間、監視において考察された。ジョージ・リッツア (George Ritzer, 1940-) の「マクドナルド化」は、マクドナルドの経営理念や実際経営が社会総体のあらゆる消費的局面で展開されていることを批判解析した。消費行動を促進させる消費システムの構成が、文化帝国主義を世界に蔓延させている。*

* バウマン『リキッド・モダニティ：液状化する社会』大月書店、リッツア『マクドナルド化する社会』早稲田大学出版部。両者、種々翻訳されているのでそれを読まれたし。

ともに、ポストモダン社会の「消費」現象がもたらしているネガティブ世界をわかりやすく説く。消費社会論の一環と言って良いが、日々の日常生活の個人化に忍び寄っている社会的作用を批判解析したものだが、近代規準からの批判ゆえ、わかりやすい。だが、近代規準そのものを転じているフーコーやイリイチのような深みがないのも、既存秩序の欠陥をメタ実用的な観点から実際的な不確実性として指摘しているだけである。

第三次産業、サービス産業が大きな比重を占めているという生産面からの指摘は不十分な考察である。消費世界が消費システムとして社会構成され、それが諸個人を個人化しながらその心身を情動的にも統制している。個人主体の欲望化とその快楽は、何よりも自分は自由であるという感覚を一般化する。そして、その満足は限界を知らずにひたすら欲求不満の満足充足を増長させる。商品の多様化、店舗デザインの差異化、商品自体の情動化、そして商品販売の仕方の巧妙化は、表象、規制化、統制の分散的な多様化であり、消費システムに囚われている諸関係を感知しえなくさせている。自分判断、自分選択のようでいながら、すでに判断・選択が前配置されているのだ。

「つまり、自分の自分への「好み」の判断・選択において、前配置されたものなのに、またその枠内に統制されたものなのに、自分決定であると感知させる「消費の政治資本」

* Eva Illouz, *Cold Intimatimacies: The Making of Emotional Capitalism*, Polity, 2007.

の作用である。消費は、実に個別で細分化された実際行為において、自由の想幻を事幻化する。欲動を欲望化し快楽世界へと散種し、規則を張り巡らす。情動商品がそれをさらに促進し、親密性が失われ*、そして、諸個人は身体訓練から心的・情動的なものまで、消費次元の世界へと滞留したままになる。クレジット・カードや電子マネーでもって、余計なものまで購入できる状態が、過剰さを自然化させていく。消費の消耗回転は、自律性の完全な麻痺を結果している。ブルデューが指摘した「好み」の階級的・階層的な判断を超えて、液状化しているのだ。そして、まだ支払ってもいないのに住居を購入し、一生の時間をローンの支払いに費やし、年金生活で破綻するところへ追いやられる。

環境とリスク社会

ウルリッヒ・ベック (Ulrich Beck, 1944-2015) は、それを環境世界にまで広げた。チェルノブイリの原発事故のあとであったため「リスク社会」は世界的に評判をよんだ。**原発が、リスク社会の極限世界であるが、電力供給の必要と便利さの追求が、場所環境の完全崩壊をもたらす。巨大事故があちこちで起きる。

そして、何よりリスクは個人化されている。自分には決して起こるまいという次元で、

** ベック『危険社会』法政大学出版局。
ベックの書も多々翻訳されているゆえ、それを読まれたし。

リスクが日々自分を取り巻いている生活環境になっている。そのリスクを自分自身では回避できない。リスクの統御は、専門家や官僚の処置へと委託されたままでしかない。リスク回避が「安全」統制となって、消費者諸個人の活動を停止させていく。社会を防衛してきた「安全」の統治性は、諸個人を機能停止させる安全統制となって、この安全における諸個人の不能化が、戦争遂行へとリンクされることが、もう準備されているのを意味する。自分を守ってくれるものは、自分を自己活動させない作用である。ここに、制度化権力の結果の自律性の不能化が、消費活動の個人化をへて、「安全」を規範で遂行する社会統治された人口・身体の不能化へと拡大されている。身体の政治解剖学を人口の生政治へと連結する権力作用は、自分が安全に守られているという想幻化を伴っている。規則化の精密化と規則無視の自由すぎる生活界の中に、リスクに覆われたどうにもならない不自由さが内在されているのだ。それは、政治資本の完全な喪失である。環境崩壊、気候変動に何もなせない、不確実さへの対処不能化が日常化する。はるか遠い場所での地震で列車がとまり、仕事場にもいけない、家にも帰れない。目的の遂行がなせない。そういう装置において、日々自分が生き生活しているということだ。民間の統治様式は道徳的憤慨を個々人へ抱かせるが、何もできない世界が拡散していく。

産業社会と消費者社会の結合した政治

産業社会は、その生産物を商品化し、商品を消費する「消費社会」を実定化させて、市場を規範構成していく。生活市場を経済市場へと転じるのだが、それは実際には社会市場であって場所ではない。この転移は、経済転移のように経済マターだと思われているが、そうではない、政治的統治による転移である。商品とサービスの社会市場において、賃労働者なる自覚を薄め、消費生活者であることが優位にたつ政治効果である。つまり、賃労働の様々な問題への政治的関心を剥奪し、消費充足の要求へと切り替えている。

その最大効果は、「自由とは」商品へのアクセスだ、と転じてしまうことだ。自分の自分に対する技術は、「商品・サービスへの他律依存」に転じられている。

消費は、生産物の消費だけではない、産業的サービスのサービス消費にまで拡延されている。教育サービス、医療サービス、輸送サービスから行政サービスまで、様々な形態でのサービス依存という消費行為である。触知できる商品と触知できない商品との双方において、つまり全てにおいて商品消費が生活に蔓延している。サービスも商品化されている。政治策定の大きな位置を占める「社会保障」の充実も、サービスの充実化でしかない。政治は、社会サービス充足を約束通りになすことだとされてしまう。

産業社会の産業的生産様式とは、生産物商品の生産・消費とサービス商品の生産・消費の社会統治を不可避にすることにおいて、消費者社会として構造化されている。これは、「他律依存の政治」の基盤である。生産＝消費という循環には「他律依存の政治資本」が、個々人の政治的自律性を麻痺させているものとして機能している。

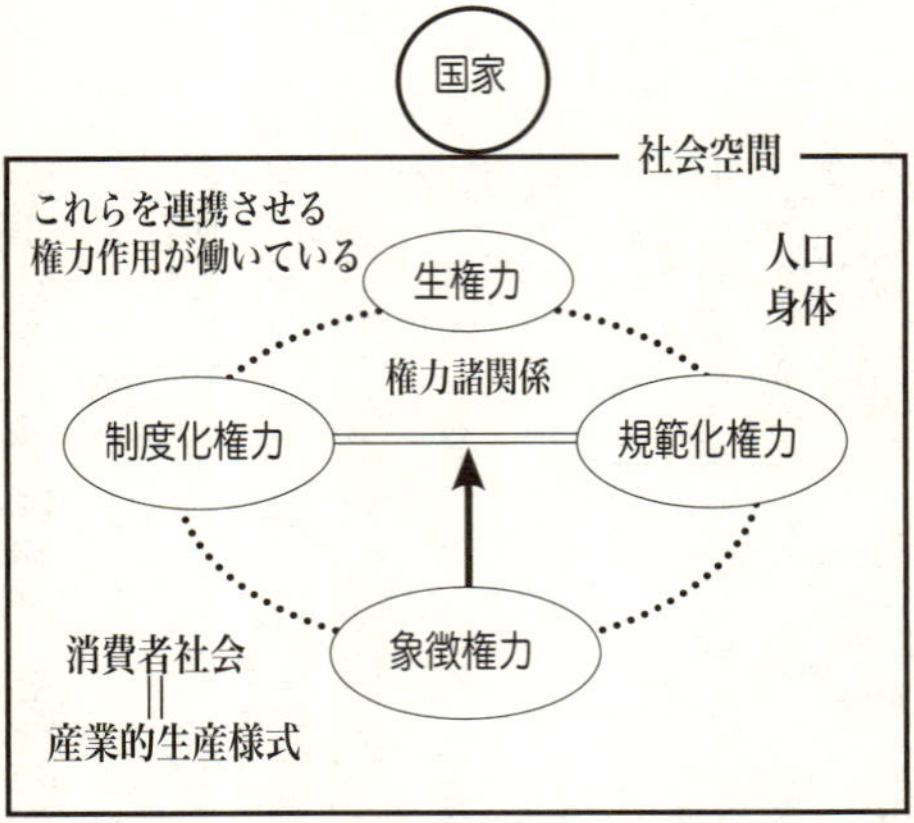

政治資本に働いている権力関係

諸個人は、社会人間として社会空間へ配備されて、経済的な労働従体、制度的な制度従体、として産業的生産様式において社会生存し、消費者として社会規律生活している。そこには、権力諸関係がはりめぐらされており、その権力作用から逃れていることはできない。させないのではない、与えられた諸状況に応じて「させられている」「自発的にしている」のだ。権力諸関係は、消費社会の中で機能しているが、力関係は見えなくされて、これらの権力関係を連携させる次元において、商品想幻が社会想幻と手を携えて、政治資本を希薄化させている。

(3) 自律ホスピタリティの政治資本

サービスの政治は「他律依存」を増長させる政治資本である。サービスは社会的に分類化／分業化されているのだが、統治側から見て、画一統治を効率的になせる政治資本となるが、個々人にとっては自律性を麻痺させられる不能政治資本となっている。

つまり、政治資本が、相反の対立を配置しているのだ。規則が必要不可欠で、永遠で、神聖で、不可侵でありながら、つねに迂回され、解釈され、忘却され、修正される運命にありながらしかし否認・非難・取り消しされない（ボルタンスキー、p.218）。

このサービス政治、他律政治の政治資本に対して、〈自律ホスピタリティの政治資本〉を提示したい。

これは、社会秩序や民主主義行使には、統治の支配条件が機能するだけでなく、それに反してそれに代わる可能条件がある、とみなす秩序のカオスを配置する考えとは異なるものである。つまり、制度やシステムの外部にあることを、外部規定の側から捉えるのではなく、異なる別のドメインから逆作用的に働かす関係技術の配置である。

この相反的な配置を、私は、「主語制＝客観性の他律技術」に対する、「述語制の非分離関係技術」として対比させている。つまり、規則の二重性に対して、自分の自分への関係技術としてなしうることだ。規則を保証する諸制度が政治的・経済的な非対称性を最大化すべく規則を無視したり変更している、そこでの実際的自己欺瞞に対して、このホスピタリティ自分技術が、述語的な関係において他者との関係を配置していく。つまり、他者の欲望に包含されていない「現実界の不可能さ」に、自分技術を述語的に配置する政治資本である。可能に配置する事ではない！　不可能に立ち向かうことである。政治的自律性をもう一歩深めて、場所に述語配置することである。これは思考技術において批判理論の限界閾を脱することを意味する。矛盾から設定配置される可能条件は、可能なことにはならない、不可能に直面してこそ非規範化の可能条件を開ける。また、非制度化の自律閾を開ける。これは、想幻化権力の作用の仕方の転移を要する。

可能の政治資本と不可能の政治資本との非分離的な対立である。

政治家たちの特に選挙時における言動を見ていればはっきりと出るが、彼らは演説において「可能なこと」のみを語りながら、それを実際には不可能においたままそうしている。できないこと、しないことを「可能である」かのように語る政治表明である。野党側に顕著に出るが、「政権交代をする」という「可能なこと」を表明しながら、実際には「できない」ことを主張する。与党側は、可能なのにしていないことを「する」と実際にはしないのに主張する。

サービス原理とホスピタリティ原理

「いつでも、どこでも、誰にでも」のサービス原理に、ほとんどの日常の政治作用は立脚している。それに対して、「いま、ここで、この人に」のホスピタリティ原理は、もっとも政治的ではないものとして考えられている。他律政治と自律政治との違いが、そこに現れている。自分を無くして、他者のためになすことが優れた政治であり、自分自身によって為すことは身勝手な非政治的な仕方だという固定観念だ。

ホスピタリティこそが、実は政治的自律性の高度な政治であり、政治であることをあえて言う必要のない政治である。歴史上、この政治を実際に国家的政治としてなしたのは、私の知る限り、革命直後のカストロである。彼は実際の農民農地を訪れ、彼らの目の前でそこで問題となっていることをその場で解決し、その現場から法律化していった。やがて、キューバも国家的な一般統治になって膠着していくが、革命当初はそうではなかった。また、ウルグアイの世界一貧しい大統領ホセ・アルベルト・ムヒカの政治的姿勢もそうではないか。制度サービスの政治は非利益の利益を掲げながら経済利益の政治をなしているだけであるが、ホスピタリティ政治は経済利益に関わりない次元でなされる。場所的な統治として、ホスピタリティ関係技術は作用しうるが、国家の社会スケール空間となったとき、匿名の国民多数への画一サービス統治技術しか作用できなくなる。与党の建前と違って、自分たちは本気で社会保障に取り組むと主唱する野党の偽言は、社会スケールであり得ないことを平然と主張しているにすぎない。社会サービス技術と場所ホスピタリティ技術の違いの認識すらもっていない似非政治主張であるから、政権交代がなされるような国民の支持を得ない。与党と同じことしかしていないことは、国民から見抜かれていることさえ気づけなくなっていく。

ホスピタリティ原理は、ただ一対多のサービスを一対一にすればいいでは済まない。知のエピステモロジックな近代体系を学問的地盤から主客非分離の述語体系へと転じていかねばなしえない。社会統治ではなく場所統治、商品経済主導ではなく資本経済主導へと舵を切らねばありえない。ホテルやレストランという閉じた空間では可能なことを、ある場所環境空間へ開く高度な政治資本が要される。

自律ホスピタリティの政治資本が、場所統治、場所経済に機能されるものだ。

「ノー」と言わない関係技術とコンビビアルな政治資本

ホスピタリティ政治の本質原理は、いっさい「ノー」とは言わないことにおいてなされる。何らかの解の回路は見つけ出されうる。それは、不可能を自覚してこそなされる。完全なる答えを出すことではない、それは不可能である、ゆえそこに関与しうる解路を探しあてていく実行がなされる。

サービス世界ではすぐ「ノー」と言う。それは個々人の事情が必ずのように規則事項からは外れるからだ。そこにいちいち対応していたならたまらないと、規範から外れることはいかなる個人事情があろうとも「ノー」と言って排除する。とうとう「カスタマー・ハラスメント」とまで言って、顧客側からの事情的要請を暴力事項へと還元して、正当化することまでしている。サービス政治の拡延でしかない。「ノートと言わない」高度なホスピタリティ関係技術の放棄・排斥である。規範化社会が全体主義化する徴候である。

コンビビアリティ conviviality とは、スペイン語世界の文化からきている概念で、イリイチはトマス・アキナスの思想から引き出しているが、実際はラテンアメリカでの日常的な〈convivencial〉な活動様態を意味している。状態ではなく、「動き」である。つまり、共生なる静態的状態ではなく、一時的に集まって愉しく意味あることをなして散会する動きである。行為の様態であって、共同体的な集合のことではない。

生産性への対抗概念だとされているが、生産性の一元優位への対抗であって、生産性とコンビビアリティとが相反共存するコンビビアルな様態と解することでないと実際的な意味をもたない。言い換えれば、他律的な生産性を自律的な生産へと転移することである。思想的に開示されたものは、そのシニフィエを鵜呑みにして従属することではない。そういう大学知性は政治的にただの排他的占有がなされるだけである。山本理論を研究したいという学生が、大学院受験をしてアカデミックではないから受け入れられないとされたと聞く。アカデミックではない低次元なのは大学の方で、真の探究を排斥する制度権力に対抗するには、制度規範を出し抜かねばならない。コンビビアルな政治資本は、制度権力の政治の彼岸にある。実質のホスピタリティ関係技術を内在的に領有しておけばいいことで、それを相手に認めさせる仕方でなされる対抗的象徴暴力では、制度化の象徴暴力に拮抗できない。ここに、個人の身体性を不在にした制度のからくりがある。

まとめ：想幻化権力の作用へ

イリイチとフーコーとは、ほぼ同じ対象を批判考察している。二人を会わせたことを、エスプリ編集長だったドムナクが述懐しているが、どのような会話がなされたのか、イリイチ本人に尋ねたが肩をすくませるだけで回答はなかった。

	イリイチ	フーコー
教育	非学校化社会（1971）	監視することと処罰すること（1975）
医療	医療ネメシス（1975）	臨床医学の誕生（1963）　医療論の論考
性	ジェンダー（1982）	セクシュアリテの歴史（I:1976, II,III:1984）
（言語）	abc（1988）	言葉と物（1966）

複合的な日常現実の諸側面の暴露である。明らかに、互いに対象にしていないのは、イリイチはフーコーの「狂気」、フーコーはイリイチの「交通」である。ここに、両者の違いがはっきりとでている。フーコーにとって精神疾患／狂気は、非合理性の合理性としてないがしろにできない対象であった。だが、イリイチにとって逸脱が問題なのではなく、常人自身が襲われている不合理さが問題であった。排除の機制を考証したフーコーに対して、包摂の機制を問題にしたイリイチである。ここに、規範化・規律を問題にするフーコーと制度化・サービスを問題にするイリイチとの違いへ分岐する。フーコーは「言説」を対象にするが、イリイチは「行為」を対象にする。そして「物 choses」と「道具 tools」との対比だ。

つまり、言説的プラチックを基盤対象しているフーコーと産業的プラチックを基盤対象にしているイリイチとの決定的な違いは、規範化と制度化とがセットになっていることとにおいて、その差異が埋め合わされたのではなく、新たな穴を構造化していくことになっているのを意味する。権力作用を隠す象徴権力の作用が、見えなくされる穴である。そこに、何かがあると示してきた「想幻化権力」の作用がある。「言語」と「物」とへ実定化される以前の原初的な〈もの〉の権力作用である。現実界と象徴界とのずれに対する想像界における疎外関係作用である。そこに政治資本の原初的シニフィアンが配置されている。さらに、自他の行為に対する判断の実際次元がある。フーコーもブルデューもイリイチも「考えられえない」でいる界閾であるが、種別的な権力関係の界を関係づけていく権力作用である。受け入れ難い現実を受け入れていく権力作用である。

そして歴史の考察として、西欧史の幅は、ともに古代から現在にわたって広い範囲にあることが共通している。古代ギリシアが規範的な位置になって、キリスト教的な構成に対する徹底批判も共通している。それは、国家構成以前の様態の批判規準化である。そこに、実は「場所」がある。神話へ構成されているが、実際的世界がそこに読み取れる。

イリイチに権力論はない、フーコーにサービス論はない。フーコーの緻密な言述に比して——だが個別の専門性からは荒っぽいとされる——、イリイチは大胆に言述していく。フーコーは、更なる検証の場を残しているため何百冊ものフーコー論が産出されているが、イリイチはその問題開示で終結しているためイリイチ論は数冊しかない。しかし、本質的な指摘はイリイチの方が簡潔明証である。

3節　政治資本としての言説　ラカン対フーコー

欲望の政治資本と倫理の政治資本

構造主義が政治にいかに関係するかの考察は、第三者的な見方でしかなされていない。つまり、言説とその外部の政治状態との関係を考察するだけで、言説そのものがいかに政治作用しているかが見抜けられていなかった。民主主義とどう関わるのか、新自由主義をどう考えているのか、選挙やポピュリズムをどう見なすのか、などなどの外在的次元で考えられていたにとどまる。

私は実際の闘争行動をなした立場・経験から構造主義を外在的に、思考のツールと見ていた。つまり、マルクス主義的な思考と行動とからでは見出せなかったものを、外在的に構造主義に感じとり、かつ理論化への説明言述に構成した。自分たちがなした闘争に答ええた知識人は誰一人いないという、驚くほどの知識人たちの無知とこざかしい迎合（特

◉ **Jacque Lacan** ◉

Écrits, Seuil, 1966. (A)

Autres écrits, Seuil, 2001. (AE)

L' éthique de la psychanalyse, VII, Seuil, 1986. (SVII)

Encore, XX, Seuil, 1975.(SXX)

R.S.I. , XXII, STAFERLA

に羽仁五郎に顕著であった）が当時にはあっただけだ。後に私は、構造論者たち＊の方へ接近せずに、まずイリイチへと向かった。フーコーの「監視と処罰」やブルデューの『再生産』よりも「非学校化社会 Deschooling Society」の方が、自分へ応えてくれると感じたからだ。

なぜか？ 客観化の客観化をなす言説よりも、実際行為を新たな視座から客観化する方が明証で実際的であったからである。だが一度そこが掴めてしまうと、理論的な詰めは構造論的転回の言説へと寄っていく。フーコー、ブルデュー、そしてラカンへと。現代思想への理解として、大学人たちの仕方を見ていると、このイリイチ的な批判了解のないままに、構造論の専門的知識内での了解がなされているようにしか見えない。近代／産業社会に対する言説転移がないまま、近代知の水準でしか了解されない根拠である。

つまり、資本主義／社会主義を政治的に対立させる擬制に対して、その総体を産業的生産様式としてくくり、そこにおける〈私〉自身が何をしているのかを、〈総体―私〉において思考できる基本がイリイチにはある。だがその客観世界の文明史的考証は的を射ているが理論的には粗野である。そこは、フーコーとブルデューによってより詳細考証されるのだが、フーコーは主体批判をしながら個的主体が実定化されたままであるし、ブルデューは社会批判を徹底するが社会は実定化されたままである。つまり、〈個人―

＊構造主義／構造論というのは、ラカン、レヴィ＝ストロース、アルチュセール、フーコー、バルトらによる理論言説の転移を大まかにさしているだけである。フーコーは自分で構造主義者ではないと主唱し、ブルデューは構造主義批判の立場を貫いたし、イリイチはおよそそこに関係ない。1965年を挟んで理論転移は近代言説の限界を超えるべく生産されている。それを踏まえて1970年代前半に総体的に理論革命が諸分野で起きた。そうした理論言説の転回・切断の契機をもたらした言説群である。

社会〉は既存の近代知へと接続されがちになってしまう。実際、多くがそうしている。

こうした知的情況に対して、私がなしてきたことは、

●表現としては、イリイチを「プラグを抜く」シリーズとして公にしながら、イリイチに対する日本の理解のずれを転移していった。自分自身に関わっている新たな批判理論の開示。

●フーコーが亡くなった機に、フーコー権力論と歴史論の論稿を集め、文化主義理解でしかなかったフーコーを社会科学的な政治理論の論稿集として初めてまとめあげた。知／言説の権力の提示。

●そしてブルデューではブルデュー・ライブラリーを企画したが、出版編集者と対立し離反、別な出版社から理論誌「actes」を刊行し、ブルデューを初めて本格的な紹介へと構成した。プラチック理論による客観化の客観化。

これらは理論言説として、文化主義的にしか理解されていないフランス現代思想を、社会科学的な政治／歴史言説として前面に押し出すという政治的＝理論的な戦略としての作業である。行為者を客観世界へ従属させるマルクス主義言説からの離脱を成し遂げることなしに、社会科学理論の転移を近代学問体系の地盤変えとして成すことはできないし、現在の現実そのものを観ることはできない。「現代思想」なるものはその題名の雑誌がなしていた文化主義的考察ではなく、社会科学的かつ政治的な考察であることへと配置換えすることで、市場の「知」を転じることにあった。フーコー／ブルデュー／イリイチの差異を強調するよりも、そこに共通する理論転移の地盤を構成することが、停滞している日本の社会科学の転換へ至ることの最初の実行であると、そこから出立した。自分の書としては『ディスクールの政治学：フーコー／ブルデュー／イリイチ』(新曜社)を刊行。政治行動以上に、制度／言説の作用の方が政治的であることを示したものである。自分なりに政治的実践の限界がどこにあるのか経験的に了解していたことを規準にして、制度に

組み込まれ言説行為に関与している政治的作用を探っていく。

最終的な理論転移の言説生産は、フーコー的界からラカン的界へと移動することの理論的な意味作用に関することになる。両者の間の穴を見出しながら、そこを埋めるのではなく、新たな理論地盤へ開いていくことにおいてシニフィアンがいかに規制的に関係しあうかだ。行為者 acteur が代行為者 agent に規制転移されてしまうも、個人としての心的構造はいかに動くかの解明である。六八〜七二年の大学闘争において開示された政治資本の闘が構造論といかに関わりうるかを幾分かでも明らかにしておく自分への理論生産である。それは、構造論をいかに領有した上で、いかに転移的に再配置するかである。フーコー／ブルデュー／イリイチの差異を示しつつ、政治は文化主義的な見方による記号的・表象的な「差異」にではなく、「対抗的」に物事を見出していくことにある。

ヤニス・スタヴラカキス『ラカンと政治的なもの』(吉夏社)*が入門的導入になりうる。主体の同一性の不可能さ、対象＝客観の不可能さ、つまり近代的実定性とは反対の思考地盤から、ラカン自体へと進んでいくことの「きっかけ」になる。だがスタヴラカキスは、ラカン概念世界を外部の既存概念世界から包囲していくものでしかない。ラカン自体に内在してそこから政治的なものを掴むものではない。私は、それを批判対象にして、ラカン概念世界そのものの社会科学理論化を『国家と再認・誤認する私の日常：ラカン理論の社会科学的活用』でなした。欲望のグラフは個人の心的な国家構造そのものであり、ついでクロス・キャップは国家そのものの内的な構造を明示しえている(『〈私〉を再生産する共同幻想国家・国家資本』において示した)。「私」の心的構造として国家・社会なるものが構造化されている様態の明証化である。ブルデューの誤認・再認では不十分であるからだ。さらにラカンが明示した四つの言説の社会的・政治的編制を『性的資本論』および『知的資本論』と『序説』によって示した。基本の領有了解とその基礎的な活用は示した。

* Yannis Stavrakakis, *Lacan & the Political*, Routledge,1999

ここではフーコーとラカンの対立的差異における政治資本の言説配備を見ていく。規範化と制度化によって自発的従属化されている行為者／話存在は、いかなる心的プラチックをなしているのか？　私はようやくのことラカンがいかほどマルクスを領有しているかに自分自身で気づきつつあるが、ジジェクの機転的主知主義に本質的に馴染めない自分がいたのも、それはシニフィエ的に理解されたラカンがいるだけだからだ。

フーコー・対・ラカン。参照にしたのは

＊Nadia Bou Ali and Rohit Goel(eds.), *Lacan Contra Foucault: Subjectivity, Sex and Politics* (Bloomsbury Academic, 2019)　LCF

＊Aurelie Pfauwadel, *Lacan versus Foucault; La psychanalyse a l'envers des normes* (CERF, 2022)　LVF

言説が政治的に作用するとは、言説が享楽に対して諸規範を押しつけるからである。この諸規範は、外在的な規範であるだけでない、言説自体が規範を形成する。この規範性と規範化とが、言説によって実際行為の享楽を規制するように作用させられる。「政治的なもの」は言説の外部にあるのではなく、言説それ自体に描き出されているのと、言説間の関係において作用している。これは制度化と規範化とだけからでは把握されない。

現実界と「主体／個人」なる仮象

フーコーは現実界にパワー諸関係のパワー作用の可能＝pouvoirを観るが、ラカンは現実界そのものの不可能を観る。パワー諸関係の実際現実での権力作用と対象aの現実界のあり方との違いだ。ここが、両者の違いの根源であるのだが、派生して諸概念が反対作用になる。これは、相容れない反対のことを意味するのではない、そこに可能／不可能の現実的作用が相反共存的に穴としてあることが浮き出す。可能とは不可能を生み出すことであり、不可能とは可能を疎外表出することである（可能へ変えることではない）。

フーコーは主体とは「自発的に従属化すること」だと、その本来のあり方として明示し、「従体化」であることを示しえているが、労働・言語・生命が内在化された個人主体という近代人間主体概念を批判しながらも主体実定化したままである。それが「欲望の主体化＝従体化」として集約的に示される。労働言説・言語学言説・生物学言説の構造に従体化した個人化の根源に構成されているものの指摘である。主体は個人ではないのに、そう同一化させてしまう暗黙の作用がある。（主体を個人化する想幻権力作用の働きがある。）

だが、ラカンにとって、主体の「同一性」構成が不可能なのではなく、主体自身が不

◉ Colette Soler, *Les affects lacaniens*, PUF, 2011
◉ Pierre Kaufmann, *L'apprt freudien*, Larousse, 1998

可能であること、主体はいないこと、それがバレされた8であって、すでにあったとされる主体が後続的に分裂されることではない。アングロ・サクソン圏のラカン論のほとんどは、主体が大前提にまず在って、それが壊乱する・炸裂する、分裂する、とみなす次元から出ていない。まったくの誤認である。最初から、主体自体は炸裂されているのだ。

現代思想理論において、フーコー・対・ラカンの対立的構成は最も根源的な問題を提示していく。思想・理論が異なるゆえ、その高度な質が世界に意味をもつのであって、その「意味された《シニフィエ》」ことの同一視や差異の整理からは何事も生まれない。二人がイラン革命や六八年五月革命に異なる見解を出していたことが指摘されたりしているが(LCF)、それ自体のことでなく、そこに論じられている理論差異に構造論的なものの政治への理論的意味作用の差異・対立がある。精神分析や異常者への言説アプローチが違うなどを言っても当たり前で意味ない。表立っていない政治なるものへの考察の差異が要である。

政治に関する思考は、ラカンでは通過や変容が、フーコーでは無政府的暴力抵抗、可視性の増大、沈黙、自己配慮など多様である(LCF, p.2)。だがそれは、性、主体理論、歴史と歴史主義、科学的形式、そして政治のトピックスに広く関わっている違いとなる。それは共に、もう政治を、主権、法、禁止、抑圧権力で語る次元を脱したものだ。主体

＝従体と真理との関係、知と享楽の関係が、欲望・快楽、言説において考察される。政治的なものはそこにある。現実界は、国家や市場や社会を前提にしたまま、そこがただ書記的に配備された概念世界となっている。そこに対してまったく異なる概念空間と言説とによって論述されていくこと。仮象的な現実で思考しているだけの大学言説の概念世界は、何ら現実界を見れていないことが明らかにされた。規範は、法や正義や禁忌において成り立っているのではない。また、主体は現実に対して認識し行動・実践する個人主体ではない。現実界と主体＝従体との関係は、既存の思い込みの関係にはない。

現実界の不可能とは、想像的に表象不可能であり、象徴体系に記載しえない、という関係に置かれた「界」が、不可能な享楽を対象aとの間でシニフィアン働きさせている世界である*。そこは近代化されてきた思考や概念でもって捉えることはできない。対象aとは、捉えどころのない「何か」であるが、確かに「在る」も明示されない対象だ。

他方フーコーにとって現実世界は言説の歴史的表象の世界の変遷であって、言説の可能界と言説的プラチックが権力諸関係おいて実際に働いている一種の可能世界であり、言表として記述されている。行為者の各能力の多様さはそこから示されない。だが、ラカンには構造が示されるだけのように見えるが、心的行為者の多様さは包含されている。

* 対象aとは、シニフィアンが見つかっていない様態であって、非シニフィアンであるのではない。シニフィアンがないのではない、まだ名付けられていない、見出されていない。またシニフィアンが欺くのではない、欺く可能性があるということであって、置き換えられてしまう可能性があること。ゆえ、シニフィアンの見出すことは実に政治的なことである。

現実界の可能と不可能との間にある〈穴〉、そこに政治的対立が噴出する。言表世界（言表化されたものと言表化行為）のシニフィエ界と言説のシニフィアン界との間にある〈穴〉に、政治的な作用が動いている。ラカン的な言説界は言表化されえないし、言表関係はまた新たな言説界を開いていく。民主主義の統一性と内部的矛盾の衝突・不調和の相反的存在作用の現れは、その現実界の不可能の典型であるが、部分的なものでしかない。

現実界を可能とみなす政治資本。（正確には現実世界であって現実界は否認されている）

現実界を不可能とみなす政治資本。（現実性と「現実的なもの／現実界」とが識別されている）

この二つの対立が政治資本において、対象に対して関係作用している。個人のことではない、歴史的言説変遷から浮上する実際現実世界と、言説シニフィアンから浮上する現実界への関与との違いである。言説プラチックと心的プラチックの違いである。

コギトの主体

主体は、個体的個人にも超越的自己認識にも還元されない。なのに主体を個人化しさらに同一性へと合致させたのは近代主体でもほんの現代である。その思い込みが、デカルトから古代にまで拡張され、さらに「人間」主体として普遍化された。人間主体としての政治主体は、公的規範を社会世界において従順に遂行するか、あるいは不正に立ち向かう個人存在が意識し認識し実践する、とされる。その存在の選択として「コギト主体」がその機軸に配置されている。「我考える、ゆえに我在り」なるコギト主体などは、哲学言説が作り出した仮構でしかない。

「コギトの主体」に対して、ラカンとフーコーは主体 sujet をいかに配置しているか?

■**ラカン「私は考えない、ゆえ私は無い」**

知の欲動は、自身を知ることができない主体＝従体へ属している。自己意識の発展は、理解や再認過程へ還元されえないし、また自我の心理学は心的構造を理解しえていない。存在の選択としてのコギトの強いられた選択が、思考の排他的形態としての無意識を剥奪する。無意識はランガージュであって、意識／心理ではない。

ラカンは、大文字主体 Sujet を大文字他者 Autre へ転じることで、コギト主体を消去し、主体はバレされている$\mathcal{S}$と基盤を配置換えした。これは、主体としてあったことがバレされたのではなく、原初から主体はバレされている、つまり最初から「主体は無い」という記号的表象である。無いものが在るかのように表出しているから$\mathcal{S}$としたのだ。「われ考えない、ゆえに我なし」である。これは、ただデカルトの反転ではない、存在的命題である。存在は否定表現しかされない。ラカンを主体論として考えるのは不毛である。ラカンのSやsは、sujetであると同時にsignifianであること。つまり、従体として意味されることがいかに意味する作用をなすかを含意している。その作用は、「欠如」である。欠如が「意味すること」を掴むことである。「欠如の政治資本」なるものがある。

■フーコー「自己への鍛錬」

「汝自身を知る」ことへ一元化してしまった西欧哲学の底に、「自己への鍛錬」の自己配慮の界があることをフーコーは浮上させたとき、主体の解釈学と設定してしまうが「従体の解釈学」、「sujet」でなく「soi =自分」へと言表転移している。「自分の自分への関係」の哲学的鍛錬である。自分への鍛錬は毎日なされ続けていく。「汝自身を知る」ことよりも自己への配慮／鍛錬の方が哲学においては大きな位置を閉めていたことを実証した。

すでに見てきたように、フーコーは主体がいかに出現していくか(主体=従体がいかに解釈されてきたか)の歴史変遷を明らかにした。自己を知ること以上に、自己を配慮することが歴史的になされてきたことである。自分を見つめる、自分を振り返る、それは「知る」ことではなく、「配慮」することであり自己を「鍛錬」することである。

この詳細な考証は、しかし、個人が実定化されたままである。個人の営みである。それが内面化し告白の技術として訓練され、自己の実定化へと進んでいく。この soi の soi への関係においてシニフィアン作用が考慮されていない。個人としてかぎどめされたままでなされた「意味された」諸行為が系譜的に連続されているだけである。読んでいて退屈極まりない。晩年のフーコーが面白くないのは、実定化の根元が問われなくなっているからだ。だが自分技術の自由プラチックの提起は重要である。「自分技術の政治資本」がある。

●ラカンとフーコーのずれに浮き出すもの●

「欠如の政治資本」と「自分技術の政治資本」との間の〈穴〉とは何か？

自分がないゆえ、自分が見失われてしまうゆえ、自分は自分に対して自己鍛錬した。自分であろうとすればするほど、自分が掴めえていない自分が見出されていく。ここを、自分がいくらかでも形成されたとみなすか、自分は常に欠落でしかないとみなすか。この同じことの対立的・対抗的な配置が、政治作用の根源にあるものだ。自己同一性をフーコーもラカンも否定する。その上で、獲得目標を暫定的に設定して成就されたとみなすか、それはただ通過であって永続的に闘争し続けていくか。

近代主体的に個人主体化／欲望主体化をはかればはかるほど、自分は消えていく。自分は考えているのではない、ますます考えなくなっていき、ゆえ私はいなくなっていく。そこに欲望の欠如が欲求不満として去勢的に画定されていくがゆえ、欲望は己の身体内にあると従体化が主体化であるかのように擬制配置されていく。それを正統化すべく、穴がないかのようにすべく、個々人が社会エージェント配置される。シニフィアンを欺く。

この従体を意識的な主語的主体＝agentであるかのように構成しているもの、それが近代的な政治的作用だ。しかもそれは最初から無いものゆえ、不能化を不可避に被っていく。その不能化された政治主体が、象徴的かつシステム的・制度的に構造化された政治的現実性へ対応していく。その政治的現実性とは、政治が「政治的なもの」を覆いつくせていない、そこに存在論的に、構造的に可視化されえないが作用しているものとしてある。この政治的なものは、外部にあるのではない、諸個人の内部に構造化されて有るように振る舞う(あたかもあるかのように「在る」もの)。それは個人の意識的な認識的な政治活動ではない。個人に意識されていないものだ。政治的現実性は、この「政治的なもの」を抑圧して、意識されないようにしている現実界の不可能に有るということだ。抑圧的に構造化されていると置き換えられ同時に、多くが語られて拾いきれないものとして存在もしている。例えば、日本語は述語性言語で主語がないが、主語があるとして国家資本へ掬い取られて抑圧的に構造化されているが、個々人は主語のない構文を語り書いている、という状態である。ここに、「主語的なものとしての政治的なもの」と「述語的なものとしての政治的なもの」が、共時的に存在しているということが想定される。この相反共存の穴に「社会的なもの」が介入しているのであって、政治的なものから社会的なものへ移行する、というラクラウのような見解は誤認＝再認の最たるものでしかない*。社会的なものは、その本性からして政治的なものである。無いものが在るかのように作用させている。

つまり「政治的なもの」は、主語的なもの自体の可能さと述語的なものの不可能さとの、双方の可能／不可能な現実界にある、ということだ。これを、可能なものとしてある、とみなす政治作用がそこに不可能としてかかわってくる。

不可能と可能とを対立的に分離・分裂させている「政治的なもの」の働きに、ほとんどが囚われていく。そして、勝った負けた、成功した失敗した、と裁断している**。

フーコーが規範化を包括的に配置しているとき、規範化不可能な「不規範的なもの *a-normative*」が同時に配置されているのである(LVF)。「規範的な対象a」は、「非—規範的 non normative」でもある。「欲望の規範」なるものはない、ということが、快楽原則の彼

* Laclau, *New Reflections on the Revolution of our Time*, Verso, 1990

岸の「欲望の倫理」として、ラカンの「掟」の彼岸にあるものだ。

現実界としての政治的なものに遭遇して失敗し続けているのは、そこに象徴界が象徴的政治として確立されずに、不可能なものとしてしか構成されないからだが、「国家」「社会」として制度装置に配備はされ、誤認・再認の再生産に支えられている、そこでのヘゲモニー争いの政治作用がなされてはいる。象徴支配があるかのように表象する。だが欠如はうめ合わせできないし、解消もされない。欠如は欠如として「欠如がない欠如」として移動しながら作用し続けている。その裂け目から、政治的闘争の局面がラディカルに噴出したりはする。また、自分を見つめ直す自己鍛錬が欠如を埋め合わせるかのようになされていく。

政治的なものは現実的なものではなく、現実界の裂け目に遭遇していることに不可能として現れてくる。不可能ゆえ、何もしないのではなく立ち向かう、すると象徴界の裂け目が浮き出してくる。欲望は、すでにあるものにおいても新たに目指されるものにおいても作用するが、言説と想幻との関係において実は前もって構造化されている。ここを想像界において結び合わせていくと、想幻が事幻化されていく。幻想《ファンタスム》が織りなされるのではない。想幻はすでに前配置換え pre-disposition として作用している。

** スポーツは、ここをゲーム化し、エンターテイメント化している。試合の勝ち負けで現実変化が起きるわけではないが、ファンの個々人へ情動的反応を生み出しうる。

「欲望の政治資本」の働きが、炸裂した主体においてなされている。フーコーは、快楽の活用、自己への配慮、肉の告白としてその「セクシュアリテの装置」へ構成されていくものを明らかにした。ラカンは、欲望の欲動シニフィアンをつかんでいった。だが、そこには行為者の積極的な、受動的ではないプラグマチックな力能の動きもあるのだ。

対象の不可能性と〈物〉：欲望と倫理

主体＝従体それ自体が対象であって、主体の外に客観対象があるのではない。対象は言説によって実定化されていくが、すでにシニフィエされたものとして対象を配置するのか、問題構成的に対象を配置していくのかによって、言説の思考形式は異なる。つまり、性的満足の目標に向かう対象か、それ以外の目標に向かう欲動の方向性の変化か。つまり、対象とは区別されるが対象と関係している〈物 Ding〉の問題が、そこに潜んでいる。ブルデュー／フーコーの批判理論には不在の「対象」である。〈対象 objet〉と〈物 Ding〉との識別と関係。「昇華」と欲動シニフィアンとがそこに関わる。〈物 das Ding〉の水準における「倫理の政治資本」である。倫理とは自分の行為 action に対する判断である。主語的判断ではなく、述語的判断である。*

* 知りえたか知りえなかったかではなく、言説がもたらす諸規範や諸価値ではなく、「現実界に対してのひとつのポジション」である。

欲望の政治資本：倫理のパラドックス

『精神分析の倫理』(セミネールⅦ)の最後に収められた「倫理のパラドックス」をおさえよう。行為には欲望が宿っている。「汝は、汝に宿る habite 欲望に応じて行動 agi したか？・」倫理は、通常、「欲望を塗り替え、控え目にし、節制すること、その中庸の道」だとされるが、この尺度の基盤は「人間的な権力の次元」だとラカンは言う。「権力の道徳、善への奉仕の道徳」、それは「欲望については、また出直せ。欲望は待たせておけ」というものだ。そして、「可能な程度に応じて」なすべきことを拠り所にしている、その中心点にあるものは、「不可能」である。カントの至上命令の無条件の「汝すべし」であるが、「欲望」とされる共約不能な無限の尺度が配置されている。そこには、シニフィアンの次元があるだけだ。人間の欲望を存在させ、欲望の領野を実在させているもの、は全てどこかに記録されているが、シニフィアンとの関係において、個人的分節化から独立して、破綻、分割、両義性がそこに生じ、罪責感の連鎖が、人間と欲望の関係を全て拒絶する「善への奉仕」へ向かっている。それは、「人々が奉仕すべき善の領野によっていつの日か全世界が一つになると仮定されている」「世界国家を将来の視野」において正当化されたものだ。(下、230頁)

死への存在には愛と憎しみという両義性があり、外からの入り口には「生きることが第一だ」としている「恐れ」があり、その憎しみと恐れの中間に「罪責感」がある。従体はその運命において、自らの道を裏切り、自らを裏切っていて、そのことを従体はわかっているということ。つまり、相手が裏切って契約・約束を果たさなかったことを「容認する」、その時、善なる観念に押されて、自分自身のこだわりをすてる、「こんなモンさ」と納得する時、〈欲望に関して譲歩している〉。普通の人間に裏切りは常に生じる、その結果として「善への奉仕」へと投げ出されるのだが、そこへ向かわせたものがなんであるかを見ることはできない。そこに見えていないのが、欲望を想幻化している想幻権力作用であり、大文字他者が「父の掟」として入り込んでくる界である。

欲望は存在であると同時に非存在であるゆえ、行為においてシニフィアンであるものが、連鎖のうちのシニフィアンから他のシニフィアンへと、あらゆるシニフィカシオンのもとで、移行している。個人が多様なのではない、シニフィアン作用が多様であるのだ。

人間の欲望は「大文字他者の欲望である」とは、「欲望したいという欲望」である。これが、「欲望の政治資本」、善への奉仕の権力を作動させている「欲望への譲歩」の作用＝働きである。これが、個人の主体欲望であるかのように仮象する。

事物表象と語表象とは、深く関わり合っている。事 Sache/chose と語 Wort/mot とは、密接に結びついてカップルを形成している。しかし、〈もの Ding〉は、それとはまったく別のところに位置する。「物」から規範や制度以前の〈制象〉*が疎外表出される。現実原則は主体＝従体を現実から引き離す。現実は深く選択された形でのみ、人間に感知され、人間は現実の選ばれた断片に関わっているだけである。（上、68、69頁）

〈もの das Ding〉の倫理：倫理の政治資本

シニフィアンの現行の使用、シニフィアンの共時的な使われ方としての〈もの〉である。具体物や法律的操作ではない。「シニフィエの外 hors-signifié」にあるものだ。

<das Ding>とは、「心理現象 psychisme における世界の組織化の、論理的にも時間的にも最初の点において、異質なタームとして、現れ孤立化され s'isole、表象 Vorstellung の動き全体がこの周囲を巡っている」。象徴的過程が緻密に織り上げられている人間にとって特有の適応的進歩は、すべてこの<das Ding>の周囲を巡っている。（SVII, p.72）

諸表象の水準では、〈もの〉はそこに存在しない、〈もの〉は不在なもの、異質なものとして区別される。（上、94頁）

*「制象」とは、「制度」に外在化されていない、《もの》の規制的な表象で、対象 a の位置において、共想幻へとが生かされて制度となっていく、規範への前配置である。神話の例えば「天孫降臨」などはその例である。ありもしないとは言い難いが天つ神を実定化させるには必要な配置。

知覚と意識の間に、諸表象は位置づく。快楽原則の水準で機能しているものが挿入され、快楽原則に従って諸表象への備給を制御している思考過程が、「前意識」として顕在化する言説を介して意識へともたらされる。「語表象」は思考過程に基づいて分節化された言説を作り出す。我々が自らの思考過程を知るのは、我々が自らの中で生じていることをパロールする身体、我々が、明晰な知性や自分の意思や悟性について話し始める時、前意識を持つようになって、言説の中に何らかの無駄話を分節化できる。この無駄話が、自らの要望の足どりを明瞭化し、正当化し、合理化するのに役立つ。(上、92頁)

シニフィアンの連鎖の中で、無意識を組織化している構造となっている。構造が放出を調整し、機能が放出を制止する。(行為者では構造が規定し機能が作用すると反転される。)

倫理は、従体が無意識的に社会構造の中に求めてきた善の問題を従体が立てる時に始まる。それはまた、法として従体に示されるもの、欲望の構造との密接な関係を従体が見出した時でもある。従体は自分の欲望の対象との間に、常に距離を保つよう彼の行動を律しているものがなんであるかを発見する。道徳的法則は、〈もの〉の保証である限りでの現実界を照準として分節化される。(上、114頁)

命令として定式化される倫理的諸原則の道は、現実原則と最も密接な関係をもって

いる。現実とは構造化され、常に同じ場所へと戻ってくるものとして人間の経験において提示される。(上、112頁)

<das Ding>とは、従体が名付け分節化し始めたものから分離されえた最初のものである。(上、124頁) 日本語の〈もの〉を*、私は原疎外として配置する。

規範としての現実原則に直面して、快楽原則が普通に示している限界を超えてしまう二つの侵犯の形態がある、「対象の過剰な昇華」と「倒錯」である。それはともに欲望の関係であり、<das Ding>の水準にあるものへと向けられる道徳性の領域が存在するということだ。(上、163頁)

苦痛とか「幸せ」とか、防衛とか嘘とか死とか、善悪や快／不快などを超えたところでの諸作用の関係を、〈もの〉として超越的に、対象を超えて設定しながら、ラカンは倫理なるものを欲望とシニフィアンに関わらせて議論に乗せていくのだが、「倫理が常にすでに接近不可能な〈もの〉を接近不可能にしている」(p.190)ことを論じている。

「倫理の政治資本」は〈もの〉から構成されていると、私は位置づける。そして、「欲望の政治資本」と対抗的にあえて配置させるのも、「善への奉仕の権力」にそれは配置され

* 物寂しい、物悲しい、物好き、物怖じする、などの<物>は、主観でも、客観状態でもない。述語的様態である。

えないからだ。「最善は最悪である」とは、イリイチの言明である。（選挙活動で政党が主張する「最善」は、至高善ではない、絶対的に具現し得ない最悪の主張を影に内在化している。）

裏金問題で、異様な感情的理性でもって土下座して泣きながら謝りながら当選しようともがいている立候補者の表象行動は、欲望の枯れ果てた政治資本劣化の現れである。そこに倫理の政治資本はどこにもない。欲の防衛によって身の回りの世界で起きていることが見えなくなっている姿である。公認を外されても、圧勝した者もいればスレスレのせめぎ合いで当選した者もありまた落選した者もある。これら、全てにおいて、政治資本の不在は、あえて言えば「欲望の政治資本」の機能である。欲望の逆説と逆生産が機能しているのだ。

国家次元の国政では、過半数割れとして、政治機能が相反対立的に共存しうるかし得ないかの結果を、国民が招いたのだが、政党政治の貧相な政治資本の現れでしかないゆえ、84票もの無効投票で野党政権は形成されない。そして国民の半数近くは投票していない。

▼不可能性を可能性に転じるメタ政治的なペテン師ジジェク

ラカンを理解したつもりになって、ラカン以前の言説水準に回帰させて、マルクス主義的正当化をなしているのがジジェクである。基本的にフーコーとラカンとの差異への認識の粗雑さからもたらされる思考だ。つまり、言説的プラチックと欲動シニフィアンとが根本的にわかっていない。それは不可能さを「新たな可能性」へと詐述する。

「〈他者〉における欠如は、主体に——いわば——動く余地を与えるのであって、彼の欠如を埋め合わせることによってではなく、彼自身——彼自身の欠如——を〈他者〉における欠如と同一化できるようにすることによって、シニフィアンの完全な疎外の回避を可能にしているのである。」(Zizek, 1989, p122) *

呆れ果てる折衷的言述である。不可能だから可能だ、欠如のおかげだと、不可能や欠如を実在化させて、メタ言語で可能と同一化へと転移させる。「俺は不可能を知っている、だから可能だ」という言述の羅列には反吐がでる。スタヴラカスはそこに従って、表象不可能だから可能だ、倫理的不可能だから社会的欠如の制度化や象徴的身振りの立法化は可能だ、昇華は公的空間を可能にするなどの転倒言述へとひきこまれていく。「穴」は占拠できるというジジェクをもって、「我々の倫理的義務は、政治的現実性のなかで、この欠如の制度化を試みること以外ではありえない*」(スタヴラカス、265頁)と言ってしまう。実際の闘争をしていない言述である。

つまり、彼らは、認識論的思考を脱しているラカンの考察言述を、ただの認識論的知識に、しかも社会実定性へと配置しているだけだ。そして、政治的対立や穴を可視化すること、さらに五〇%を集めることができる形式民主主義の選挙の非合理な冒険に運命を委ねることだと、何ら新しいことを開示していない。選挙において、「有機的な統一としての「社会」は存在することを止め」ているなど、ボケほどにも程度があるというものだ。主知主義的な敗北主義の情感論理が、世界的に「わかりやすさ」として流行していく。マルクス主義の亡霊たちである。

不可能が可能として仮象構成されて実際化しているのが、性別化であり労働であり、国家である。「欲望を譲歩して」善に奉仕する権力の姿である。そこを根源的に問わず、彼らによる

* Zizek, The Subline Object of Ideology, Verso, 1989

可能性を実定化する仕方は、現実界の了解において完全なる誤認にある。この誤認による否認の傲慢さが、いかにも反権力を誇示していると思い込ませている。

不可能の力とは、それが可能となることではないところにこそある。

こうしたジジェク的なペテンはメタ言語のメタ化によってなされる言説の穴をついた論法技術であるのだが、そこに陥らないためには、「歴史性化」の視座を介在させて、本質と歴史性化との関係を把握することが要される。構造論的思考を活用するには、常に思考の基礎としての歴史性化を背後にもった上でなさねばならない*。

歴史性化の配置

フーコーは歴史を系譜的な変化において把握する。自己への配慮の自己技術がいかに変じてきたか一〇〇〇年の幅で捉える。その中に表象体系から近代人間体系への言説編制の考古学的転移を見る。国家ではなく、統治技術の歴史的変化を開示し、経済人間の出現や社会の自然化、そして自由主義、新自由主義の出現根拠を明らかにする。真理化の生産者としての経済言説の「真理を語る」変化を見ていく。自己鍛錬を見ていく。さらに、セクシュアリテの歴史において、セックスの離床がいかになされたかを掴み、快楽の活用がどう変じてきたかを明示する。一言で言えば、言説プラチックの歴史的な変遷である。

* ここへの自覚をもって明証論述しているのが、グレマスである。記号論ではなく、意味論からの理解であるゆえ的を得ている。
ブイヨン編『構造主義とは何か』みすず書房、に所収の論考。

ラカンは歴史を無視していないが、ある歴史ポイントの構造を示す。しかしそれは言説としての対象であって、実際行為の歴史変化ではない。

フーコーは歴史性化 historicization するがラカンは歴史性化しないものの、古典に深く食い込む。ともに近代主体の存立根拠を問い返し、それを転じているのだが、何が根源的に異なっているのか？

それは言説と実際行為《プラチック》との関係、構造と実際行為《プラチック》との関係の、配置の仕方の違いである。言説をシニフィエとして言表化されたものに配置するフーコーと、言説をシニフィアンの連鎖において構造的に配置するラカンとの違いが、実際行為《プラチック》への規定のあり方の捉え方の違いになる。ゆえフーコーでは実定化されたままだが、ラカンは歴史の揺らぎを示し得ている。

構造と実際行為　規範 normes への関係：規範性と規範化との違い

カンギレームは、規範性 normativité と規範化 normalisation とを識別した。規範性とは、個人的な生きている組織体による諸規範 normes の創造と制度の権能 puissance に送り返されるものであり、規範化とは社会なるもの le social によって諸規範が押し付けられる imposition 多元的な諸現象に関係づけられることである。ここから、規範性は、〈一者 l'Un〉

の側における規範的活動性 activité normative、その諸発明、「自律規範される s'auto-norme」秩序にあり、規範化は社会的大文字他者 l'Autre social の諸規範を確定する諸過程を示すとみなされる。話す存在の〈一者の諸規範 normes de l'Un〉と、社会的大文字他者の規範化の諸配備 dispositifs である〈大文字他者の諸規範 normes de l'Autre〉だ。(LVF, p.33-5)

この一般化されてしまう識別の根源には、「一者」と「大文字他者」との識別が入り込んでいるのだが、一者とは自律的な自己アクションであり、大文字他者とは他律的な作用であることで、自律―他律の相互関係にある。識別は、物事を明らかに示していく思考作用であるが、実際行為は非識別でなされている。規範性と規範化の相互作用し合っている構造から、諸規範は実際行為へ言説関与している。そのとき、規範性を自律的に強く作用させるか、それとも規範化への従属を強くさせるかの、政治的対立の差異が派生するのだが、規範化と異なる規則化が制度機能しているものと社会機能しているものとの間に〈穴〉穴を穿つ。「一者」と「大文字他者」との政治的対立が、制度と社会との間で、「自分自身」において出現する。大文字他者とは、「不足の一者」であって、全く違うものである（『アンコール』、231頁）。それは、意味する「バレされた大文字他者」S(A̸) である。

さらにそれを、自分のことではない、他者のことだと転じる逆生産作用まで働いてくるのは、大文字他者のなせる作用であるのだが、自らにとっての大文字他者であることが喪失されていくことによってである。自らのことが自らのことではない、大文字の「一者」と「他者」とのことであるとされる転移が配備され、諸構造から規定される諸個人の規範化された実際行為とされる。これが、「バレされた主体＝従体S̸」である。（「制度資本論⓫にて論じる。）大文字とは、自律作用が他律作用へ包含された構造様態と考えていい。

行為者の能動性をボルタンスキーは強調するが、この規制を考慮していない。規範は規則性として正しさの規準にあるが、その内在化された感覚と論理は、対象や構造との関係において調整をなしながらの実際行為となって個々人において違ってくるが、それを規制している構造は変わることはないものの、調整された規則的なアクトを生み出すべく配置換えされていく。積極的な力能の発揮においても心的規制は作用している。

バレされた従体は、純粋主体ではない。なのに、ラカン理解では個的な純粋主体であるかのように扱われてしまう。無意識や言語は非歴史的であるとしてしまっているのだ。私は、フロイト言説は近代資本主義に対応し、ラカン言説は現代資本主義に対応していると歴史性化して考えている。規範形成が未熟な段階と、完全に構造化された段階との違いである。つまり、「一者」と「大文字他者」との関係が異なる。

欲望と知：セクシュアリテの配置

欲望の従体化は歴史的な言説転移において実定化されているが、それは欲望構造のグラフとして欲動の動きにおいて実際は構造化されて配置されている。その欲望構造の社会編制と国家化は、拙書で示した。つまり、欲望プラチックはそれ自体政治的である。社会的な大文字他者による諸規範の規範化の構造である。「一者」はそれを個人化・制度化して首尾一貫した規範性へと構成する。その最大の政治効果は、男女の分割化（性化からジェンダー性別化へ）と異性愛化の社会自然化という社会編制である。それが労働関係を規定している（『性的資本論』参照）。ポピュリズムは、男権主義として家族の男女区別の自然化を政治主張するように、欲望の政治化をなすことに、その政治性は出現する。異性愛主義自体が政治編制であるのも、家族の再生産が労働供給として成立できるからだ。米国では、避妊の是非を巡って政治的に分裂する現象が政治対立の示威行動としてはっきりと出現している。性の生物学的自然化と社会的諸条件の規制化とが、相互に政治表出されている。規則性が規範性を集約仕切れないのは規範と規範性にずれがあるからだ。

欲望をめぐってさまざまな知が生産されるが、資本から分節化された労働の従体化（性の排斥）と性の従体化の家族化との、社会分離が構造化されているためである。

フーコーはセクシュアリテからのセックスの離床として、性の生政治を明示し性の抑圧という思い込みを解き放った。ラカンは、「性関係は無い」として性化の存在論的な配置をなし、女の真理の謎に真理の本質があることを示唆した。大文字他者の「女なるものLa」は存在しないのだ（L̸a）。

フーコーから「欲望の政治」を配置すると、それは私的なものを社会的規範へと従属させて正当化する仕方として示せる。欲望の従体化は、身体政治であるが、自律規範される規範性であり、自らの生政治が身体・人口に対して構成されていることだ。自己への管理である。男女の性化は規則性ではない、規範性である。

ラカンにとって欲望とは、大文字他者への服属となる。主体は無い。欲望構造があるだけだ。欲望構造は、重層的であるのだが、欲動の働きがランガージュを通して、シニフィアンを遡及的に作用させて、国家言説／国家資本に自我理想を同化させるものとして私は捉えた。つまり〈私〉が「国家」と想幻合致することで、自分が非在になる構造である。非在になるゆえ社会エージェントとして表象行動させる。欲望構造がそれを構造化している。個想幻と共想幻とが合致して、認知が誤認構造化され再認される再生産構造になる。規範の問題ではなく、規範化に関わる想幻シニフィアンの作用関係の問題である。

ここから、フーコーのセクシュアリテ sexualité とラカンの性化 sexuation の構図との違いが、疎外構成されていく。フーコーは、性を快楽の活用や自己配慮、告白といった対象において、禁止や錯認や異常の配置から見直す。子どもの自慰の教育学化、女の身体のヒステリー化、人口の生殖化／生殖的振る舞いの社会化、倒錯的快楽の精神医学化という性的資本の近代産業社会的な編制である。そこでセクシュアリテ配備が個人セックス化された、ということだ。これが、父・母・子の家庭装置として性従体と労働従体とを社会構成する規範化の正当装置となる。フーコーはセクシュアリテの歴史編制を明らかにした。

規範化権力とは、規範性をそれと同化させて、大文字他者を国家化させる想幻作用を支えている。ファルスの政治資本的な働きである。

ラカンは、歴史性化が無いのではなく、現在世界の性的な編制である「性化」を解明する、それが歴史性化の考察である。女の言説と男の言説の性別化をなしている「性化」の命題的な配置は、歴史的編制である。ゆえ、そこでのファルス規準は、主人言説の資本主義言説への転移構成をなすことを可能にした。さらにそれは、専制主義の言説、科学主義の言説、アカデミズムの言説の歴史的表出表象を示しうる（『知的資本論』『序説』❸）。

欲望グラフの再考

ここで欲望グラフの解読をもう一歩進めていく。

私が解読したのは、心的な欲望の構造には国家構造が内在化されて、個想幻と共想幻とが心的想幻として合致されていることだ。これに対して、虚構だ幻想だと言っても何の意味もない。自分は日本人であるという一般的状態から、強い民族意識、ナショナリズム、さらには愛国主義として強固に出現するが、良心的市民意識によって解体されることでもない。スタヴラカスのように、権力の座は空虚だ、もはや君主は居ないという認識も何の意味もないのは、国家資本／国家認識の国家言説の場が欲望構造においてすでに配備されているからだ。それは実際には、主語制言語様式として画定されている。批判理論を翻訳する大学人たちが、subject/sujet を「主体」だと訳して平然としているところに、もうこの欲望構造が政治資本として内在化されている。

日本国がある、ということは、それが幻想だ、虚偽意識だ、抑圧だ、実態だ、虚構だなどどんな立場や認知・認識をとろうとも、国家なる大文字他者の欠如 S(Ⱥ) として「ある」ことに何の変わりもない。この欠如は、主語制様式の国家資本として遡及的に指示される。この国家資本は、バレされた主体と要求との合成として構成されている($\$ \diamond D$)。

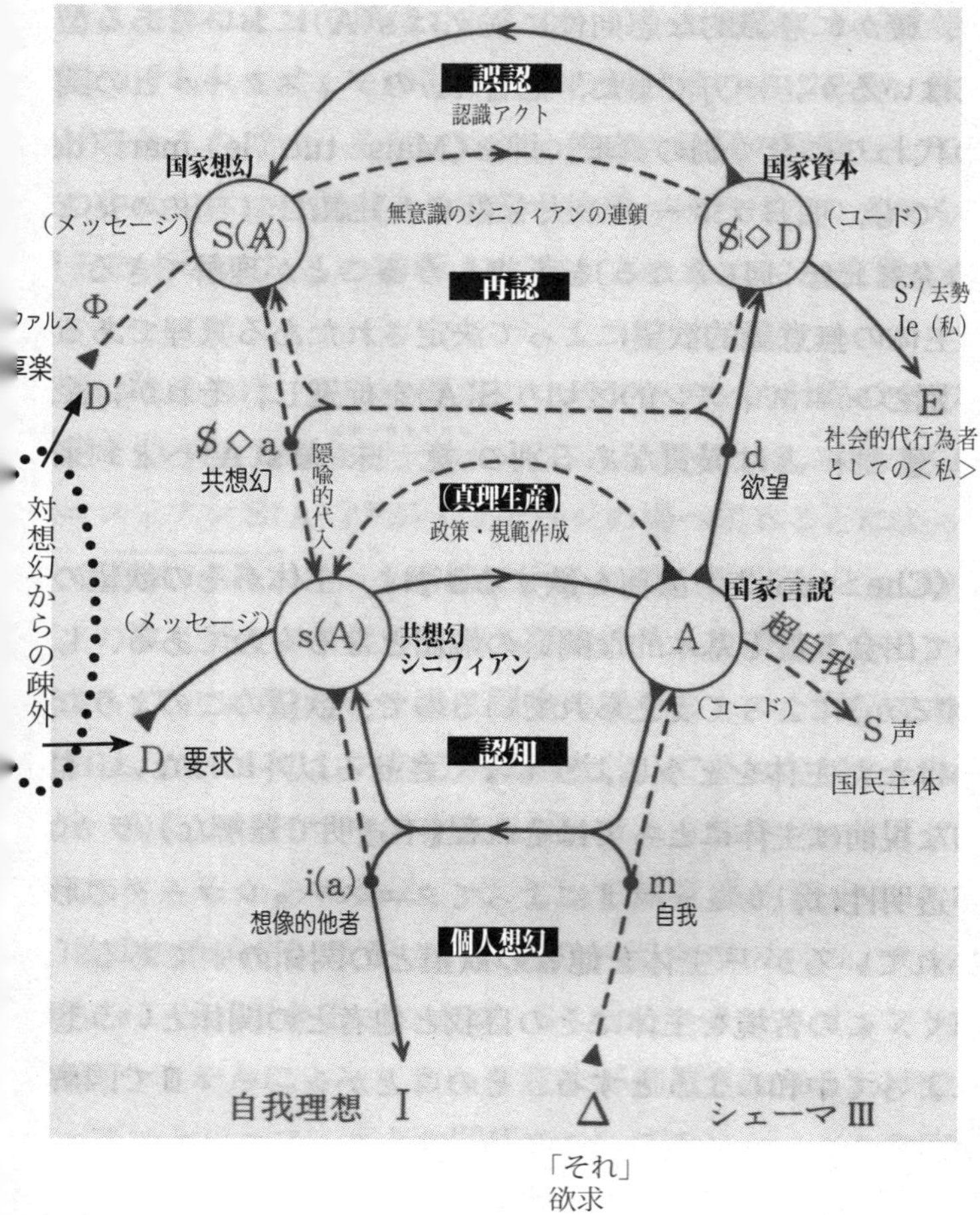
誤認
認識アクト
国家想幻
国家資本
無意識のシニフィアンの連鎖
(メッセージ)
S(Ⱥ)
$◇D
(コード)
再認
S'/去勢
Je (私)
ファルス Φ
享楽
D'
E
社会的代行為者
としての<私>
$◇a
共想幻
隠喩的代入
d
欲望
(真理生産)
政策・規範作成
対想幻からの疎外
国家言説
(メッセージ)
s(A)
共想幻
シニフィアン
A
超自我
(コード)
S 声
国民主体
D 要求
認知
i(a)
想像的他者
m
自我
個人想幻
自我理想 I
Δ
シェーマ III
「それ」
欲求

上方の〈$\cancel{S}$◇D〉→S(A̸) の逆ベクトルが誤認の構成であり、下方の〈$\cancel{S}$◇D〉→S(A̸) の逆ベクトルが再認の構成となっている。後者において、欲望 d から $\cancel{S}$◇a の「共想幻」へのベクトルが対象的に関係しているのだが、それは s(A) ＝共想幻シニフィアンから国家言説 A をへて欲望を経由して共想幻が構成されるという回路で、遡及的に支えられている。S(A̸) → $\cancel{S}$◇a → s(A) → i(a)（想像的他者）は、根源に作用しているシニフィアンを示しているもので、矢印の方向へ作られていくことではない。右側の「欲望」作用から備給されているのだ。因果関係ではない、シニフィアンの疎外的な遡及作用である。

ここで、まだ私が自覚しえていなかったことは、D → s(A) → A のベクトルが、欲望の逆生産を構造化しているものであることだ。真理生産と認知とが逆生産され、共想幻シニフィアンが作用されていく。

この欲望構造から、現在社会での

①学校化された様態：答え・真理は一つ／やさしくすれば分かる／具体を例示すればわかる

②他律依存：まじめな規範従属

③シニフィエのみが真理：大学言説支配

の実際行為・思考形式が一般化されている。これは欲望の構造の逆生産の効果からである。

欲望とは「大文字他者の欲望」(ラカン)であって、自分の欲望ではない。「欲望の従体化」(フーコー)は、大文字他者の欲望を身体化することである。従体化なる言表の方が概念をつかみえている。「私はあなたが欲しい」とは、「あなたが私を欲しい」となってくれ、であって、他律転移の対関係にならないかぎり、それは疎外されたまま実現はされない。

他律依存とは、大文字他者の欲望が制度化された状態である。すると対的対象が、〈共〉対象とされる。であるゆえ、制度従属していれば自分は充足された(資格を取れ卒業できた)と錯覚し、実際は自分を喪失しているのに制度利益を享受できる。学校化は、これを日々子どもへ訓練している。大学言説は、これを真実の把握、真理の理解の仕方だとしている。

ところが事態はさらに、欲望構造の逆生産へと入っている。つまり、自分の欲望は「他者の欲望」である、この「他者の欲望」が自分の自分への欲望でしかないまま、「他者へ〈要求〉する」ことになっている。つまり、大文字他者が小文字他者となって、他律依存を想幻化している。そして、小文字他者を欲するのだ。ここに個々人の多様化が生まれる。

大文字他者の欲望が、「他者への要求」となって、それが自分の自分へのことでしかない状態でありながら、自分のことだとは認知されない。欲望グラフで、Dの配置を確認されたし! ポワン・デ・カピトンを横切るDのベクトルは逆生産のベクトルである!

すると、この自分の自分への配慮は、他者への要求かそれとも自分技術か、という対抗が自分自身の中で起きて、それが「他者へ欲望」される。前者は、A→$\mathcal{S}$◇Dのベクトル。後者は下方へのm→i(a)のベクトル。

「他者の欲望」が「他者への欲望」となってしまう、二重構造になっている。その構造において自分が分裂し、対立している。

それが、産業的な「欲望の政治資本」となっている疎外領有の本質構造だ。産業社会構造が家族を親族関係から離反させ、異性愛の性関係を家庭に閉じ込め、社会的労働経済体系を実定させている。(政治家たちの不倫スキャンダルが政治生命になる。)

つまり、政治的対立の政治資本は、Aにおいて分岐・対立するのも、そこに欲望の逆生産が「要求」によって構成されてしまうため。国家が欲望構造化されている構造においては、政治的要求は欲望を逆生産化する。

すると派生的に、「奴らが悪い」と言えば、自分は正しく客観的だと思い込まれている(=欲望している)知的状態として現れる。不在化された自分を位置付けるため、ひたすら他者=支配者攻撃を正義だと表明していく。正義感覚がマルクス主義に汚染された擬似的政治と呼びたい。つまり、マルクス主義言説は、他者への欲望を要求へと転じた言説である。正確には、要求の作用において逆生産された言説である。

さらに、この「対立の政治資本」が喪失されていくため、非政治的なものの状態へと構造化される。政治喪失の政治資本という逆生産になる。国家資本と国家想幻が安泰の状態となる。無関心の政治性、不能の政治性がいちばん強い政治性となってしまう。欲望構造の逆生産は、知的不能化／情緒欠落／政治喪失という剰余享楽の転倒となって個人化されていく。個人想幻が侵食されていることでの、個々人の政治論争能力である。

かかる複雑構造が、日々、個々人へ常態化されているため、いろんな物事が「おかしく」なっていると個々人で感じられ、それが実際に現象としてあちこち出現していく「現在」だ。欲望構造の逆生産の現れである。だが、当事者たちに、その自覚はなされ得ないのも、概念世界がそれを巻き起こした元の関係のまま（国家資本と国家言説の協働）であるからだ。ファシズムが、ポピュリズムを媒介にして、そこを拾い上げていく。

フーコーが「外部」へ出ろ、外部思考だとしたのは、こうした関係世界への自分技術を示したのだが、大学人言説は主体思考・認識を転換する「実践」だ、としか理解しないまま邦訳していくから、フーコーの書なのにフーコーとは逆立した叙述になっている。

ラカンの「他者」も、自分から分離された他人のことだとされて邦訳されてしまう。

脱する思考が、欲望構造の逆生産のまま累積されているから、もうどうしようもない知的思考の不能次元まで来てしまっている日本。欧米の主語構文を、主語なき述語構文へ書き換え翻訳していることからの、西欧哲学言説の累々たる誤訳・誤認蓄積にある。だが、述語制の文化は地下水脈としてそれを蓄えた地層として構造化されて「在る」。「他者の欲望」ではなく、「述語的な享楽」(場所の享楽との関係世界)として考えていけばいい。そこに、「性関係はない」ということなのだ。認識ではない、言説のことである。

この欲望のグラフ(クッションの綴じ目)に対する二つの世界的な誤認がある。一つは、これが三千人の集合を統合する結節点だとするラクラウやスタヴラカキスらの認識。もう一つは、浮遊するシニフィアンを固定する原イデオロギー的諸要素の結節点だとするジジェクの認識である。この欲望構造は、統合でもイデオロギー作用でもない。ほんとにマルクス主義者たちは自前の言説次元へラカンを持ち込み退行させる。外在的な構造ではない、逆である、欲望シニフィアンとして個々人へ構造化されているものである。ところが、「共産主義というシニフィアンによるキルティングを通じてある一つの意味を獲得」し、「共産主義というクッションの綴じ目によって課された意味を獲得する」、「共産主義は野性の一群のシニフィアンをヘゲモニー化することができる」(スタヴラカキス、161頁)、などと馬鹿げたロジックへ接木する。こういうのをシニフィアンの欺き(置き換え)という。共産主義への可能条件だと恣意的に配置するのだ。現実界の不可能性などいつの間にか吹っ飛ばしている。

この欲望グラフは確かに、特定の意味を取り払っている仕組みを表示しているが、その排除されたものは多分に反対物としてシニフィエされてしまうとされるが、そうではない。否定性が反対物を実定化するような近代的意味作用を脱するためのグラフである。空虚や欠如や穴を実体化してはならない。小円の綴じ目に記入されたものは、実体ではない、空虚/欠如/穴(それぞれ意味が違う)のシニフィアンの場所である。国家資本を意識して実体化し国家言説化して、述語制言語を主語制言語へ転移して、意識的に日々語る人などどこにもいない。だが、させられることなく、そうしているのである。

それを「幻想の支え」があるからだとスタヴラカキスは言うが、幻想を表出構成しているものを幻想が支えているからだと、論理が円環している。社会は存在しないのではなく、社会を実定化し続ける想幻シニフィアン作用が構造化し機能し続けている。

ラカン論理は認識論的な真偽の論理にはならない。現実界を場所に配置するか社会に配置するか、その前配置によって、シニフィアンの関係作用が不可能の現実界の対象aに関して変じていく。真偽ではなく、シニフィアンの言説的関係作用の配置の問題である*。

* 真理と知とは異なる。フーコーは真理と知とを等価に扱っているゆえ、真理が政治であることを示すのだが、「私が知る」のでも、「私は何も知りたくない」のでもなく、知が真理を目指す争いにあることに終止符を打って、知が私を捉えられないことを引き受ける言説のシニフィアンの関係作用を考えること。そこに真理が不可能を通じて現実界を繫ぎ止めている政治的なものを見ていける。

「真理が現実界を繋ぎ止めるのは、このまさに不可能を通じてである」(ラカン)。社会学的真理言説が掴みえていない次元である。

セクシュアリテと性化の政治

欲望主体、欲動シニフィアン、セックス化、性化。このフーコーとラカンからの問題構成の政治は、「欲望主体化の政治」と「性化の政治」との関係に構成されていることとなる。

これらが、性規範の政治現象を形成している。

個人と家庭とが歴史性化されている。

個は自身で欲望を管理するよう身体従体化されている。

労働では性は禁止排除される。家庭では婚姻したカップルのみに性は限定され、それ以外は未婚の自由恋愛以外は、不倫として社会制裁される。共世界では人口の増殖・制限として性への統治がなされる。

だが、性は自由として放任されている。LGBTが物事理解の寛容さとしてセクシュアリティにおいて社会配置されるが、もうそこには規範化が作用させられているため、たとえばトイレはどうするかなどと論議される。寛容は論争を避けているのだ。

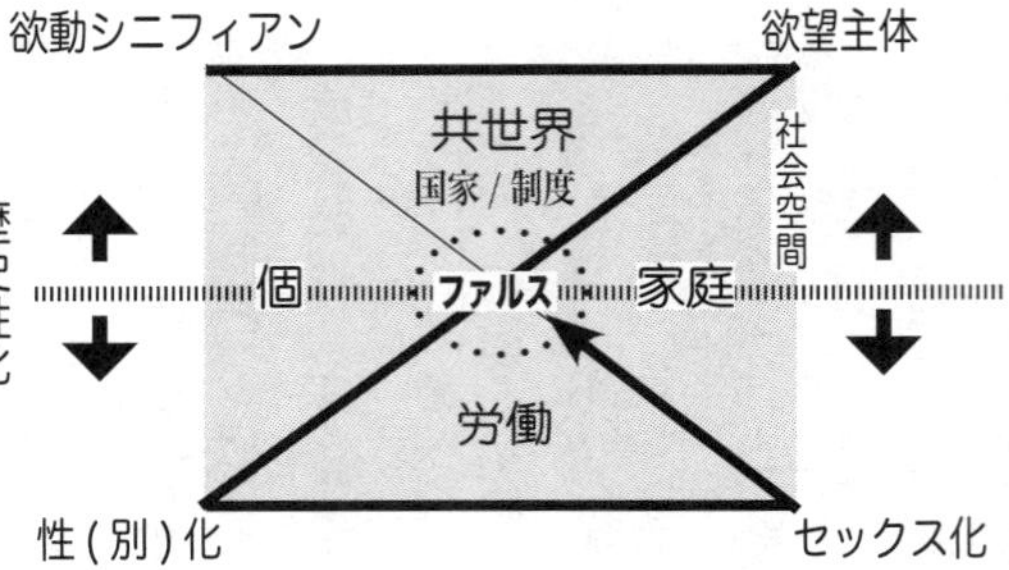

社会エージェントの振る舞いには、性規範が根源的に作用しているが、表立って見えない。男と女に性別化され(男になる/女になる)、その性化から異性愛が正当化され、労働の性分業が編制される。家庭は子どもに性を禁止監視する。

こうした中で、先進諸国では出生率が1.x%となり、ついに東京では1%を割ってしまった。人口減少へと進歩発展は進むとき、人口動態的に産業社会発展の政治的統治は終焉してきているのを示している。産業社会的な性政治が招いているものだ。

これらの配置を図示してみた(上図)。

ラカンとファロゴセントリスム

ファルス規準を存在命題に配置したラカンは、ファルス主義だと批判されたりしたが、その批判はあまりに浅薄なラカン表層理解である。男支配をラカンは正統化などしていない。現在世界がそうなっている歴史性を示しただけであり、そこで「女なるものは存在していない」ことに現実界の限界があることを、ファルス論理として示唆したのだ。女がいないと言っていない、~~La~~として、Laが存在しないと言っているにすぎない。女が謎のままで言説化されない、そこに現実界の不可能がある。

それは、欲望構造が私が示したように国家言説化された国家想幻へ、遡及的に配備され、国家資本における主語制ランガージュの構造が男言説に支えられて共想幻として一般化しているためだ。しかも、男は去勢され剥奪されて永劫的に欲求不満にある。ファルスはペニスではない。想幻化された〈もの〉作用に入り込んできたものだ。母のファルスと想幻化される。ファルスは去勢されている。去勢のファルス政治*が、政治界には蔓延しているといえよう。トランプの言動はその裏返しとしてのファルス強調であり、そこへ多数が熱狂している。だが、政治を精神分析理論でわかったつもりになるのは、あまりに粗末である。

個々人を超えての構造化が重層的に構成されている。しかし個々人は、自分なりの解釈や意見や知ることと感じることをもって、論争する能力を有している。ボルタンスキーが批判のプラグマチック社会学として強調した界が、批判理論からは抜け落ちている。それを配置した上で、この心的プラチックの構造関係規制を考察することだ。

*「欠如」として欲望のシニフィアンとしてのファルスは、去勢をポジティブ化したシニフィアンとしての象徴的ファルスであるが、ファルス論理に回収されない「対象 a」が現実界の穴に配置されていく。象徴界のシニフィアン機能における欠如が去勢のファルス政治と言える。

❖I部の小括〈ラカン―ブルデュー―フーコー〉：述語制の政治資本へ

構造論はマルクス主義ではない

「構造主義とマルクス主義」という問題構成を立てて、構造主義をマルクス主義へ還元する思考は、日本だけでなく欧米でもなされているが、それは主客を分離し主体を実体化することとして顕著である。主体は、個人へ還元されるものではないとフーコーもラカンも主張しているのに、個人主体のあり方として客観化していくのだ。有形の〈entity〉の概念空間から離れられないのが主語制言語の特徴と言える。存在を形而上学化しない、主体を超越論的に設定しないとしていながら、存在を実体化する傾向をなす。従って、政治も権力も国家も、また主権や欲望さえも実在化され、身体なる実在へと内在化される。「王の首を切り落とせ！」という、政府批判やトップ＝権力保持者へ、あいも変わらず攻撃が向けられる。すると抑圧支配されている善良なる民衆の側に立っている想幻に、しかも客観的に立脚していると錯覚している。この主張者において、この政治的妄念からの離脱はありえないのも、大学言説によって正統化されている後ろ盾があるためだ。大学言説の権力＝真理に立脚しているのだ。政治闘争が大学言説においてなされるにすぎない。

構造論を構造主義にもマルクス主義にも還元しない「分析言説」を領有していないとそこから脱せない。脱する理論地盤が、フーコーとラカンである。フーコーに「構造」の概念はない、ラカンには構造の概念がトポロジー的に配置される。ブルデューは、社会空間における「構造とプラチック」の関係として構造を認知・再認形式において配置する。これらの「構造」は〈entity 実質・実在〉ではない。そして、実際行為《プラチック》も〈entity〉ではない、ただ行為 action され振る舞い conduite されている動きでしかない、それは実践 praxis ではない。〈actes〉は制度規定を受けて実在するが、〈action/conduite〉は実在化しない。ただ〈conduite〉には儀礼的・儀式的な介入がなされる。構造論からの政治はマルクス主義政治と全く異なる。「支配」と「搾取」の政治ではない。

さらに、構造もプラチックも認識されるものではない。分析されるが、シニフィアンにおいてであって、シニフィエ化された物事としてではない。つまり政治も権力も一刻一刻における関係行為であって、それ以上のものではない。権力には隠れた深さも背後に何かもない。マルクス主義の概念空間をもってくるから、権力所有に実質・実在化される。闘争の痕跡はシニフィエされた断片と残滓であって、闘争それ自体は痕跡として残らない。政治学がお粗末なのは、ここへの自覚がないからだ。だが政治闘争における言表化行為は闘争の方向性や配置換えをなす上で重要である。だが、その「語る」ことは「語られた」ことの中にはない。フーコー的言説をラカン的に思考し返して言表化することだ。対抗的関係は不可避に作られるうるし、意図的・戦略的に作りだすこともできる。政治闘争する者は闘争において実効性がなされると錯認している。不可能にある自覚がない。直面したものを別次元の関係へと転移表出していく知的資本が要される。政治的に負けたことが、個的な喪失以上の共利益へと構成疎外されたとき、個的喪失は失望とはならない関係へ転移されうる。ポジティブな闘争は既存の枠組みを突き破るため、情緒資本への配慮もそこで要されるのだが、真正の闘争には勝つ喜びはない。

政治資本の場所的位置

ラカンの論理から政治資本がどこに作用しているのかをあえて取り出せば、それは現実界と象徴界との間の相互の不可能な関係に外存在的に浮上し、想像界において表象的に疎外表示される、と言えよう。三つの界からトポロジー的に規制される「政治資本」である。

現実界は象徴化に抵抗するということが、現実界を抵抗として象徴化することになってしまう、という認識論的な指摘に潜んでいる穴である。つまり現実界と象徴界と想像界のボロメオの輪の繋がりにある「政治資本」である。現実界を社会なるものとして想定したとき、想像界は社会を想像表象疎外して、国家を象徴化配置する。神話的構造化は、ここを本質的に構成しえている。社会学的批判は、心的構造を外部だとしてしまう。

さばえなす現実界に対して、豊葦原中国を想像表象して、天つ国＝高天原を象徴化して天つ神を天上配置する。現実界には統治可能と不可能の「国つ神」たちを不可能さとして配置し、その統合化へと政治資本を働かす、ということだ。だがこの不可能さにおいて、大物主が疎外配置され、しかしその娘をスメラミコト＝神武に嫁がせて、国家なるものを象徴実定化する。天照の不可能さは、伊勢へと追いやられる。古事記と日本書紀との間の穴に明示されている「不可能さ」ゆえの統治は、本質を見事に表現しえている。現実界は、統合可能と象徴化されているが、「まつろわぬ」民たちを不可能疎外してのことである。不可能さの失敗として描かれた古事記的政治現実は、書紀では可能な出来事へと転移言述される。どちらが真の統合かではない、双方の穴があってこそ、天皇統治はなされている統治アートである。神話的英雄は敗北し続けている。

すると、現実界を「場所」に限定画定すると、不可能さは逆に場所国つ神の力となって、政治資本配置しうる。国つ神＝場所側の政治資本である。それは天つ神を自らの不可能において疎外配置してあげるのだ。天つ神排除をなしたなら、不可能さはただの地方主義・郷党主義の可能想像となって可能だと錯覚され崩壊していく。そうではなく、社会の礎石が置かれている原初の場所に、真理が現実界に衝突する場として、穴＝国つ神想幻が配備されることだ。場所に、場所限定の象徴化を不可能の表象としてなすことである。それが、限界を超えたものへと自らを開いていく場所言説となる。

この不可能さを象徴表象しているのが、宗像三女神である。天照とスサノヲとの「うけひ」において生まれた三女神は、実に謎めいた表象である。現在も、三つの場所＝神社に配置されているが、なぜそうなっているのかも明証ではない。天つ神として仰々しく武装した天照、そして高天原から追放された国つ神の代表象としてのスサノヲは「攻めにきたのではない」と言うが武装している。異様な対峙である。ここに、互酬性関係の二重性が少なくともある。戦い寸前の調整様態である。対立は戦い・闘争・戦争すれば決着づくという低次元の政治ではない。

贈与の二重性の経済と象徴資本出現の政治資本

○贈与の二重性

構造主義とマルクス主義の無知の領界を明らかにしたブルデューの卓越した贈与解読を押さえておきたい。ラカンとフーコーとの間にある穴だ。

贈り物をされたとき、それへの返礼がなされる。その間には適度な時間が要される。すぐ返したなら、無礼になる。贈られたままお返ししなかったなら不義理になる。贈られた金額より大きい額を返礼したなら不躾になり、あまりに小額のものの返礼であったなら非常識だとみなされる。人は、この等価関係の規準と時間の幅との間を見計らって、適切な返礼をなす。まさに道徳的な行為であるからだ。また、贈る方も前もって、これを贈ったならかくかくシカジカの返礼をしてくるであろうと見積もって、相手に適切な水準での贈与をなす。つまり、ともに、知っていることをなしているが、何であるかを知らないでそうしている。

ブルデューは、この贈与と対抗贈与との間に、隠れている二重性の真理を明らかにした。一方で、贈与は利害や利己的計算の拒否として、無償で見返りのない、寛大さgénérositéの発露として働く。他方で、贈与は交換論理の意識や、抑圧された欲動の告白を、完全には排除していないし、寛大な交換の、否認された、真理の告発、つまり拘束的で高価である性格の告発を排除していない。つまり、交換ではないが交換の意識にあり、気前がいいようでいながら、同時に負担が大きい高価なものでもあるのだ。

この一方での、寛大で無償で見返りのないアクトとしての贈与の意志的真理と、他方での、交換の単独アクトを超越する交換関係のモメントとの間にある矛盾が隠蔽されている。言い換えると、自由で寛大な諸アクトの非連続系として、客観的交換を機能させる時間的間隔は、交換論理の認識と誤認との共存条件である自己欺瞞を、容易にし助長して、贈与の交換を継続させ、心理学的に活性化している。(MP, p.229)

贈与として感知されているものは、公的知識ではなく、個人的・私的な知識であるが、贈与それ自体は自己欺瞞ないし騙しを構成しているところに、象徴経済の仕組みがあるとブルデューは指摘する。個的な自己欺瞞は集団的な自己欺瞞としてしか機能しない。利害と計算の否認という反経済は、その抑圧を象徴財の経済の根本に書きこんでいるゆえ、普遍的価値における集団的信仰を永続化させる誤認の維持をなす集団的働きの上に成り立つ。確信 confiance を生産し再生産するのだ。この確信とは、寛大さ、私的ないし市民的な徳は報いられるだろうという事実への確信であり、贈与交換として、諸制度への永続的投資の上に対応されている。対立を回避している。つまり、交換の真理は誰でも知っている。だがそれが贈与の中にあることを知りたがらないことも知っている。しかるべく構成されている規則を知りたがらない、受け入れたくない、という規則に従わない人は誰もいない。ここに「共通の誤認 common miscognition」がなされている。

社会的代行者が、罠をかける者であると同時に罠をかけられる者として見えるのは、つまり自分の寛大な「意図」について騙し騙されているように見えるのは、その罠が誰も騙していない騙しとして、そのアクトの直接的な相手とそれを観察している者との共犯が確定されているからであり、贈与交換が象徴財経済の形態で制度化されている社会宇宙に最初からはめこまれているからだ。この特別な経済は、種別的な客観諸構造の上に成り立っている。それは、実現諸条件を提供することにおいて生産している「配置換えdisposition」が内体化された諸構造である。つまり、寛大なアクトとしての贈与は、寛大な配置換えが期待され、再認され、報いられる宇宙において、獲得した社会的代行者に可能なことであって、報酬と再認を確証してくれる可能経済の客観的諸構造であるゆえ、「期待」において受け入れられるが、実質はない。

この象徴財市場は、利益を与える客観的可能性のシステムであり、それを当てにできる「集団的期待 attentes collectives」の総体として出現する。与える者は、自分の寛大なアクトがそれとして再認され、その受益者からの(感謝)再認を得られることが確かであるのを知っている。そしてこの世界への参加者たち全ては、そうであることを期待できる必然性に置かれている。この寛大な行為の根元には、孤立した個人の意識的な意図があるのではなく、寛大さという、明示的な意図がない象徴的資本の保守ないし増加を目指すハビトゥスの配置換えがあるのだ。象徴財経済の論理に適合した配置換えを備えている者は、自由と徳の選択でも、他の裁量の余地がある自由な決定でもなく、「なすべき唯一のこと」をなしている。(MP, p.230-31)

贈与経済は、与える-与えられる経済とは違う。経済的なものの否認に対応し、経済的利益の最大化の論理の拒否に対応している。つまり、計算の精神と物質的利益の排他的追求を拒否する、諸制度の客観性と配置換えとにおいて書きこまれている拒否である。それは、象徴的資本の蓄積を目指して組織される。つまり、象徴的諸交換の錬金術によって操作される経済的資本の変様 transmutation を通して遂行される。そこには「非利益 désintéressement」の論理に適合された配置換えを得ている代行者のみが関与できる。(MP, p.233) 物質的経済を否認している「見かけ」がなされるだけで、実態には何らの変化もない。

これが純粋利益と計算精神の経済世界へと象徴革命されていくことは「経済資本論」❽にて明示する。寛大さの配置換え disposition généreuse は、その反対物である計算化する配置換え disposition calculatrice に一般化されるのだが、計算可能性と予測可能性 prévisibilité を特徴にする経済的・社会的秩序の発展を伴う。(MP, p.234)

○贈与の象徴権力・象徴支配

さて、贈与された者は、その返礼を、早く果たしたい、早く済ませたい、離れる自由を得たいと、寛大さのアクトから続いている義務をいっきょに解消したいのだ。贈与そのものに、象徴権力の作用があり、かつ象徴支配が機能していることが、政治資本の視点としては関心あることだ。交換の経済政治を批判的に見るために。

象徴権力の根本は、象徴交換によって作られ蓄積され永続化される変様 transmutation にある。それは認識と再認の秩序を導入して、生の力諸関係を、象徴権力の持続的な諸関係へ変える。経済資本を象徴資本へ変形し、経済支配を人格的依存へ変形し、献身、慈愛、愛へと変形する。(MP, p.236-7)

象徴交換となるコミュニケーションを成り立たせるべく、開始のアクトは、話しかけ、贈り物をし、招待し、挑戦などをなして、侵入してくるかあるいは問題化へと置く。ここには、常に、影響的支配 emprise と義務の潜在力がある。不確実さが、時間的な開放性としてある。であるゆえ、この呼びかけ、問いかけ、招待、挑戦に、対応しないこと、答えないという答えを選択することも可能になっている。だが開始の問いかけ=問題化は、運命として作用するかのようになされるため、そう簡単に厄介払いできない。ポジティブな対応、即答、対抗贈与、反撃は疑いもなく間違いでなく、名誉における平等性の再認の肯定確証であり、長い交換の系の出発点と言える。反対に応答の不在は、本質的に両義的で、答えることの拒否あるいは軽視の類、無力ないし卑怯による回避だと、交換の主唱者や第三者から、みなされる。交換からの意味と力の作用が贈与に働いている。

まったく無償で、最も低コストの交換諸関係は、思いやり sollitude、親切 gentillesses、気遣い attentions、助言 consellls の供与のようなものとして、可能な見返りのない寛大さのアクトを語ることなしに、持続的な非対称条件において設定されていることで、また代償の可能性や能動的互酬性の希望を排除していることで、持続的な依存諸関係を作り出すのを本性としている。これが、信念 croyance、確信 confiance、情愛 affection、情念 passion の形で、身体に書きこまれ、意識と意志で変容しようとする試みは、感情の内にこもった抵抗や、罪責感の根強い秩序へ呼び戻されることへと、ぶつかる。(MP, p238)であるから、社会関係や社会的共通資本など、擬似世界を設定してオブラートで包み、実質が論議されないように配置されていく。

こうした信頼や信用においては、合理的な経済計算の中で必然的に基礎づけられているのではなく、象徴的暴力を保証する持続的支配において、持続的依存関係を生み出す持続的配置換えが、歴史的代行者たちに生産・再生産されているのだ。
善行に伴う信用を土台にした再認の持続的な非対称関係は、再分配の諸形態によって作り出される。象徴権力は、一人の個人のために蓄積された人格的権力の根元から、官僚的再分配の非人格的な国家的権威の根元へと変換されていった。租税は経済資本が象徴資本へ変容される象徴的生産のサイクルの中に配置される。「国家は贈り物をしない」が原則になるも、汚職や政治資金の裏金のように、多様な個人的取得と<clientélisme>(馴れ合い受益)は完全に排除されない。再分配は、分配の再認を確証し、分配の不平等さの修正だけでなく、国家の正統性の再認を生み出す。(MP, p.239)
贈与交換とは、社会が徳と非利益という自らの夢を賞賛する集団的偽善であるが、徳が政治的なことである、ということだ(MP, p.239)。徳の経済的・社会的諸条件を生産する諸制度への集団的投資がなされている。このとき、普遍的に尊敬されている「普遍的なものへの尊敬」の諸形態を尊敬する持続的配置換えを獲得しうる世界創出はいかなる諸手段がなされることかという、政治的な問いが提示されていくことだ、とブルデューは抽象化してしまう。なぜか？社会の実定性が問い返されていないからである。
社会の実定性のままにおいては、そこへの批判社会学は、支配の政治によって行為者は支配されている多数者として配置される現実性から脱せない。そこに対してボルタンスキーは社会の枠内での行為者の正義感覚のような道徳基準から行為者の能動的能力の作用がなされる次元での考察を細かに解析する。この贈与の二重性は、制度権力の意味論的機能において、規範保持・遵守と規範無視との相互性の支配へのとり込みとして場と対象を変えて解読される。行為者がいかに能動的に論争と調整をなそうとも、その遂行には言説の領有と現実界から疎外された「社会」言説の規制性が入り込むことが考えられていない。ラカンから指示される不可能の穴が構造的に考えられていないためだが、ボルタンスキーの考察をへておかないと、既存の支配・搾取の社会実定性へと後退する。行為者は「話存在」として言語使用して言動している。その概念空間の転移が要される。

象徴的暴力の象徴的支配は、贈与が計算精神の経済へ転容された、その社会実定化の作用それ自体にある。この象徴権力を、社会(言説)政治から場所政治へと概念転移することが、述語的政治資本の根源的な課題であるが、そこには象徴権力を行為者へ機能させる想幻化権力作用が、幻想やイデオロギーの支配と関わりなく規範化を巻き込んで働いている。そこに、転移現実化の不可能の場所があるため、行為者は不安になる。

この不可能の表象の場所の実際性を、現実的な答えとして可能性に示したとき、現実主義的な客観主義として、常に逃げ去る表象不可能なものを排除して、実体化したとき場所設計の産業的転化がなされることになり、数年でそれは枯渇していくだけの事になる。例えば地方のあちこちに作られたテーマパークがその典型で、あっという間に瓦解していった。場所の国つ神想幻がどこにも事幻化されていないからだ。場所の固有さであるものを、国つ神の代理表象である「ゆるキャラ」で仮象している政治資本なき政治的な現在社会次元を脱していかないと、場所の政治は枯渇していく。また、ビジネス現場では、名刺交換に知的な仮構を被せて、実質に触れないよう講演会やフォーラムやセミナーなどで、人を騙す「儲け」セミナーなどはその極致であるが、そこに対して無料の寛大さ・気前よさをもっての社会実装フォーラムなどがこれみよがしになされていく。知的資本を仮構とみなしているゆえなせている罠であるが、非利益によっているため直接の害がないゆえ集団期待されるも、文化資本がないままゆえ実質は何もなされない。実質を論議した途端、諸対立が生み出され、中身が空洞であることが暴露されるからだ。集団的偽善は、提供側と受け手側とが共犯共有していることで成り立っている。

ここまできて、古事記神話の天照とスサノヲの「うけひ」の象徴権力関係を了解していくことができる。そこに、本質的な構造化がある。

●うけひの政治資本関係

うけひには、古事記と日本書紀の異文を含めて六通りある。その詳細は拙書「国つ神論」にて述べた。これらは、祭事と政事との分別化が、天つ神と国つ神との相互関係の配置換えにあるのを示している。贈与は、統治の委託である。自らの領有物を噛み砕いたり、産んで見せたりするのは、統治の配置換えへの象徴行為である。そして、そこでの交換は、相互分割統治の確認である。清き心であるかどうかを確認しあっているのは、服属を認めるか否かの承認関係である。すべてが、政治的なものの関係行為だ。

生まれた男神たちが天照に属し、三女神がスサノヲに属す。

天照が、スサノヲの剣から三女神を産む。剣＝軍事を、祭事に転移。

スサノヲが天照の勾玉から五男神を産む。祭事を政事へ転移。

天照は、自分の物実から生まれたのだから、自分のものだとこの五男神を自分へ持つ。この転移＝配置換えが政治資本の作用である。相手に与えて、させて、自分のものへと戻す。

本来、国民は、政治家に資源を与えて、彼らに使用させ、その益・結果を国民のもとへ戻す、これが本来の政治である。実は、経済も、経営者が、労働者に与えて、労働生産させ、その益を自分へ戻す、としたとき経済的に「政治」をなしているのだ。交換の政治である。ここに、転倒が構造化されている。六通りの仕方があるのは、政治統治と経済関係との相互関係がそこで試行錯誤されていることの表象である。本質的に、政治統治の関係と経済統治の関係は反転している。「資本」の場所が移動配置換えされているためだ。ここに、想幻権力関係が働いている。

「うけひ」は契約の関係へと転じられる配置換えである。契約のからくりは、「社会資本論/パブリック資本論」❼にて論じる。

神話次元では、ここに混乱=不可能が起きていることを示している卓越さである。天照もスサノヲも統治はうまくいっていないのだ。だからうけひの政治資本を作用させて秩序化をなそうとした。神話作成者たちは、実によく見ている。

宗像三女神は、高天原の天照が与えたもので——しかもスサノヲの剣から産んだもの——、天皇が与えたものではない。天皇配置の前の始原的な状態であるのを忘却してはならない。宗像大社にて副宮司からお話を伺う機会があったが、そこを忘却しているゆえ、三女神の存在が希薄になっている。催事はしているのに、認識が遡及的に反転してしまっている。門前に堂々と、皇族下乗と大きな石碑が立っているのに。三女神のしっかりした理解は、天皇家に対してもプラスになることが忘却されているのを感じた。

不可能と可能の非分離　想幻化の場所

近代思考は、可能と不可能とを分離対立させる。それは、貧相な「可能」を作り出すことにしかならない。不可能なものを切り捨ててしまうからだ。象徴界は欠如を構造化するだけにとどめられてしまう。想像界は疑似的な対立設定を政治だと矮小化する。

そうした世界においては、政治リーダーは国民からの信頼を喪失して、首相は「外国から見ればカモ。国民から見ればサギ。そして日本のガンです」と的確に諧謔される。この皮肉も行為者に批判能力があるのだが、しかし不能状態にあるだけで、なんらの政治作用ももたらさない。不可能が不能へと構成されているだけだからだ。

不可能と可能との関係は、贈与の二重性のような関係作用を非分離に構成していることで、実に政治的な関係である。フーコーは抑圧と抵抗とを分離対立させない。ラカンは、より根元で不可能を可能と対立させない。だが、フーコーは現実世界を不可能とは考えない。ラカンは、徹底して現実界を不可能だと配置する。

現実界には、欠如も不在も存在しないゆえ、欠如は現実界と象徴界とが交差する界において介入するのだが、享楽のファルスの場であり、欠如は現実的なものの象徴化において、象徴界が欠如を伴う。象徴化の過程において、シニフィアンが失われた現実を獲得するという想像的なファンタジーを創り出しながらシニフィエを生み出す。死と享楽を表象すること(「現実的」であること)の不可能性が、そこには露わにされ、現実的なものを把捉したいという欲望がシニフィアン効果を働かす。ここを、父の名における性的欲望として解くのではなく、政治的作用として考える。

欲望の達成という夢を生かしたままにしておく「阻止」——享楽の阻止——、政治的欲望を神話的な享楽を達成する約束として維持しているのは、「失敗の反復」であり、その約束がファンタジー＝想幻である。欠如を消去する、欠如を埋め合わせるという約束は、享楽に遭遇できるという約束＝想幻である。従体は、この想幻に助けを求め、想幻は欲望を引き起こし刺激する構築物であるが、この想幻は欠如をもたらす去勢（国家資本化された言語や象徴的〈法〉の導入）に対する防御でもある。そして、想幻に訴えることで、現実性が唯一のなんらかの一貫性を獲得でき、同一化の対象として望ましいものとされるのは、現実性が象徴的レベルに分節化され、その象徴界が欠如しているからだ。そこにおいて、想幻は、現実的なもの＝現実界と現実性 reality との間の距離を縫合する客観性＝対象性を沈殿させ、約束の実現が延期されることによってのみ、約束が維持される。不在の充足を約束することによって対象は象徴的欠如を実体化できる。対象は、不可能な現実の想像的な支配を約束することによって、象徴界の欠如した充足を支えるという象徴的機能を遂行している。想幻は、象徴界と現実界との交差する界に、想像的な約束を導入する、しかも政治的な対立としてである。

例えば、「平等」なるものを考えて見よう。人々や物事が平等であることが、象徴界に約束／対象として、欲望するシニフィアンにおける実現されていない欠如として配置されている。現実界は、様々な差別ばかりの不可能な状態にある(差別が可能にされている状態にあるが、実際は差別も不可能さにある)。平等とは、対象が失われたものとして措定されている場合のみ維持可能な想像的約束とされる。平等を含み、あらゆる政治的約束が、失われた調和や統一、充足状態への言及——政治的プロジェクトが取り戻しを切望する前象徴的現実への言及、によって支えられている。政治統治側は平等の構築を約束しながらその現実化を正当化アピールするが、反政府側/野党は差別の不平等状態を指摘しつつ、その政権の不備さを批判する。この、平等と差別とが、実現不可能な現実界を外-疎外させて、想像界における政治的対立として可能な仮象を表象するのだが、どちらも平等を実現させることはできない。平等の象徴化を通して現実的なものを表象して、現実界にアプローチするよう強いられながら、しかし、現実的なものは我々の手を永遠にすり抜けていく。この欠如ゆえ、平等実現の約束は対象として社会的に維持されていく。行為者が平等の不確実さを論争しようともこの編制は溶けない。象徴化し表象し同一化し続けるのは、現実性のあらゆる表象や象徴化が、失なわれた享楽に出会うという約束の「想幻」の枠組みを中心に、分節化されているからだ。平等と差別の対立という社会想像表象が、政治的対立として機能させられているのは、意味や意義が、安定したシニフィエや超越的シニフィアンに依拠していないからだ。社会的現実性は、象徴化を通じて現実を支配する遂行的な試みとして構築されている。こうした構成は、客観的客観主義の認識では捉えられない。現実界は社会的客観性を混乱させるだけなのだが、その混乱ゆえ、政治的対立が意味を持つかのような想幻が、事幻化されていく。現実界は、伝統的な知によって捉えることができない。

現実界とは、破壊するもの、想幻的な現実性を混乱させるもの、現実性が欠如していることを示す、人が思うようになしえない何かであり、客観的現実性のあらゆる象徴的表象が失敗する対象であり、外部の現実性の究極的指示対象ではなく、外部の象徴的現実性の中立的表象を遅延させる「象徴化」それ自身の失敗の中に示され、現実性の内部化を許さない外部であり、完全な同一性に同一化が帰着するのを防いでいる。したがって、現実界はそれ自体として象徴化・言述化しない、象徴的秩序の内在的限界としてのみ思考できるが、象徴化する試みの失敗において示される。政治的対立とは、その交差する界で直面している内在的に示される外部性である。要するに、政治的対立は何ごとも解決をしえない。政治が「政治的なもの」を覆い尽くし得ない、政治的なものを社会の内部に限定することが不可能であるからだ。

政治的なものと政治的現実性に対する「小さな政治」

政治的なものは、社会的・政治的同一化の混乱と、新たな同一化への欲望の創造との隔たりの間で、それを印づけている偶然性や決定不可能さに結びついている。そして政治的現実性は、現実化の中に繫留点を約束して想像的守備一貫性を付与する想幻的枠組みによって支えられている。社会への批判、不確実性への批判や確証はそこでなされている。

政治は、この「政治的なもの」と政治的現実性との間で、作用している。それを理論次元で示すと、現実界の不可能において、それを象徴化する欠如の構成に対して、想像的な対立を配置して、可能条件が作用していくかのように配置されているのが政治である。政治は、選挙だ政策だと言われるが、政治資本はそこにはない。擬似的政治性が仮想作用されているにすぎないゆえ、公約など実現されることはほとんどない。国民を守り、国民のためになす政治だ、などには虚偽の建前が唱われているだけだ。だが、選挙で与党となり得る。政治的なものと政治的現実性との穴に、政治らしき政治作用が動いているのも、政治依存をなしている政治でしかないためである。他なる政治家へ委託し、不平・文句を言っている国民が非政治的な政治として言動している状態が一般化している根拠である。「政治界」が不信の凝集した場に成り下がっている。

この不決定・不可能の浮遊を、固定させているのが、国家の統治技術であり、社会の制度的規範化の配備である。官僚がそれを担い行政的に遂行する。「官僚政治」と言われる所以である。実際の政治運営は、政治家たちでなく官僚が遂行している。だが、官僚に政治的資本はない。代行遂行する力能しかない。つまり、政治とは本性的に、代行遂行されるものでしかない、という構造になってしまっている。民主主義の遂行自体が、もう本源的に代行選出でしかない。その不備さに対して、独裁的・専制的な統治遂行が実行性を伴って対抗的になされる正当性を主張する。

可能なことをなす「欲望の政治資本」は、必然の不可能さを回避すべく「社会的な物」を配備して、そこで「社会的共通資本」なる仮象を配置し、経済関係において詐欺的な詐取を関係づけるか*、あるいはトラップ(罠)を前配置的に構成して関係構築の擬似利益をもって、実質不在のつまり害なしの詐術をなす。かかる光景を多々観る。私自身も学術次元で見事に騙された経験がある。社会的に何らかの成功らしき状態を作り出している物事には、どこか「ズル」があるという実感的経験をしているのだが、規範化された大組織はそうした詐取・詐術を規範転化して正当化を構成してきたにすぎない。可能性とは仮象構成を「社会的なもの」へ疎外した仕方である。ゆえ、「倫理の政治資本」が享楽

* 103万円の壁を178万円にするなど、税制の根本を問わずに、いかにも国民を助けるかのような政策は、その典型と言える。年間200万円で生活生存などできない水準で、いじくりまわしている。

資本からなされる作用がありえてくる。ところが、政治的「自立」として仮構した思想的態度から倫理を排除した思想的自立は、倫理と規範とを混同しているのだが、「倫理の政治資本」の自分技術の放棄でしかない、そこへ「慰め」として絡めとられないことだ。

こうした政治状態に対して、私は「政治的自律性」という、自分の自分に対する政治行為を政治であると強調している。他人のことではない、自分自身のことである。「小さな政治」であるが、国家に対峙しえている自律の「自分技術の政治資本」である。

「他律の政治資本」と「自律の政治資本」、「他律政治の政治資本」と「自律ホスポタリティの政治資本」、そして現在社会の「産業的政治資本」なる範疇のもとで、「欲望の政治資本」と「倫理の政治資本」、「欠如の政治資本」と「自分技術の政治資本」、そして「対立の政治資本」なる理論的範疇で見てきたが、これらの資本を作用させている想幻化権力が作用していることをつかみとってきた。7頁であげた現象的な政治資本を、概念的な政治資本へと抽出し、配置してきている。資本としての固有の実質と相互の関係規制化がある。対立は相手なくして存立しえないが、同等の対称とはならない非対称性である。

それは、根源的に、「主語制の政治資本」と「述語制の政治資本」との対立において、国家資本化されている。政治資本と権力諸関係と国家との関係にまで、もう一歩である。

4節

政治資本と国家

想幻化権力の作用と場所

政治資本は、個々人の自分技術において作用させせられている資本と、民族国家としての「国家資本」において作用させせられている政治資本との、両極の幅で、政治界にとどまらず多様な場において機能している。しかし、そのような大きな幅があろうとも、国家を再認し続けていることにおいて、〈私〉個人は、国家の国民として、意図していようといまいと国家に合致させせられて、社会生存している関係がある。そこで被支配者たちは国家／支配層に自分たちが知覚されているように自分を知覚せねばならない関係に置かれている。税支払い、医療健康保険、免許証、パスポートなど、日常生活で私個人のこと＝国家のことと合致させせられている、帰依と服従の実際的配置換えに認識と再認の構造を内化しているのだ。自分は無意識の国民ではない自覚した市民だ、あるいは反権力闘争者だといかに主唱しようが、この関係から逃れることはできない。だが、それは、ただ支配されている、コントロールされているという批判視座からの思考で示される関係にはない。自分が自分で可能でいられることに関与しているものである。何より、述語制言語で語り書いて感じ思考しているのに、主語制言語であると認知している誤認の再認がその最たるものである。これは、規範化権力でも制度化権力でもない、〈想幻権力〉であると私は概念化する。フーコー国家論と古事記論とから、「幻想」概念を「想幻」概念へと転じたのは、実際行為において想像界を媒介にして想幻プラチックが幻影《ファンタジー》と実際行為の非分離関係として働いているからだ。言語表現や税支払いやさらには贈与交換などの情動資本と知的資本とを非分離に働かせているパワー関係である。規範従属や制度依存を可能にしてしかも自発的にそうさせているパワー作用である。社会や国家は、想幻化権力によって、当たり前のものとして自然化され永続化している。出国・入国するとき、パスポートを従順に提出して承認されるのがその境界上に現れる典型である。

国家こそが正統な存在の証明書の有効性を代行によって証明する権威諸アクトを、無限に繰り返し最終的に保証する。その国家的な社会制度は、人々を恣意性から救済する権力を有する恣意的存在である。社会的な意味づけをなし、そして、真実陳述と創

造的知覚の絶対的権力が国家には与えられている、とブルデューは言う。(MP, 288)

本質的な政治資本とは、〈私〉と国家との関係において、真実と知覚を含んだ本質的かつ歴史的に想像化作用している権力関係の力である。さらに、国家の「真実陳述」と「創造的知覚」の絶対的権力に対して、それを政治的に自覚して自分技術をはたす力能でもある。承認したり、反発したり、無関心でいたりなど、様々な関係において政治資本が対立的に働く、そこで象徴暴力的にまったく自覚されずに想幻化権力が、構造化的に作用して、同意や反発や無関心を生んでいるが、どこにおいても国家は疑われない。

マルクス主義的な国家論の支配・抑圧の概念空間から離脱してこそ、政治資本として機能している国家を自らへ批判了解できる。国家権力装置、イデオロギー的国家装置、国家の相対的自律性、階級支配の国家、などの概念空間に対する理論転移であるが、詳細は「国家資本論」❿において論じる。そして、国家が「一者」と「大文字の他者」の欲望構造として、規範性と規範化とを統合している想幻プラチックにおいて、〈私〉に関与していることをここまで見てきた。

すでにマルクス主義的国家論を脱している、ある概念／イデアが二つある。

一つは、国家を「共同幻想」とみなすもので、提唱者吉本本人は共同幻想は国家ではないと国家概念から切り離そうとしていたが、共同幻想論が意味を歴史的に有するのは「共同幻想の国家化」がなされていく過程・構造化と「場所の共同幻想」が消失させられていく次元との、対抗的違いとして出現していることである。ここを逃したとき、国家は政治資本から滑り落ち、意志論に絡めとられる。国家ではないという次元は、共同幻想が始原的に派生する民譚・神話の連続・非連続の穴に配備されている〈想幻〉で、これを「幻想」と本質論的に幻影疎外してしまうため見えなくなってしまう界閾である。「国家の無化」を想定しているゆえ共同幻想は国家ではないとしたのであろうが、本質論を非歴史的諸条件から分離していることに意味はないのだ。ここを、私は「幻想」概念を転じて、「想幻」として現実界と象徴界との疎外協働関係から考える回路を開き、常に歴史的に理論配置することをなしてきた。共同幻想概念の創始者でさえ失っている*、神話生成の多元性がある、そこから派生して社会と場所とを識別しえなくさせている想幻化権力作用がある。

もう一つは、ブルデューが提起した「国家資本」概念であるが、国家への諸関係の集約・統合が歴史的になされている近代歴史的な過程に関する論述である。だが、象徴資本が個人から官僚的世界へと歴史的に移行したため、それが官僚界の国家貴族へ還元されてしまい、資本概念作用が薄れてしまっている問題である。ブルデューに即した国家資

* 吉本隆明『共同幻想論』は、古事記と日本書紀とを同質に扱っている。神話構造は全く違う。古事記には、また書紀の「一書曰く」には、場所幻想が記述されている。これを一元化してはならない。
山本哲士『古事記と国つ神論』知の新書104、『吉本隆明と「共同幻想論」』晶文社。

本考察は、官僚論として卓越しているが国家論としてはあまり意味ない。ゆえ、こちらなりの国家資本界を固有に理論生産していくことだが、それは国家資本が「社会」を実定化していくことをもって、一つの「国民」を統一言語＝国家語として統合統治していくあり方である。しかもこの「国家語＝国語」への統合は、主語制言語様式の統合として近代ではなされる。日々話す言語の社会自然化である。そこでは実際に「本来の」述語制統率が言語思考様式から消失させられていく政治資本が想幻化作用している。

この共想幻と国家資本との関係をいかに理論生産するかが、政治資本の大きな配置になる。個人内化した国家と国家内化した個人との関係である。それは、国家の統治技術の歴史的編制として実際化されていることで、さらにフーコーが「統治性」において明らかにしたこと（国家理性／ポリス）を、そこへ組み込んでいく事だ。政治資本は実際には統治技術として構成的に行使されるが、そのように機能しうるのは規範化権力作用と制度化権力作用において想幻権力の関係作用が、言語と心的世界の関係において個的なものと共的なものを合致させているからだ。そこにおける一致とズレとに政治資本が働いている。産業社会の統治技術は、共想幻、対想幻、個想幻のあらゆる場において、場所を消して社会編制を実定化していくようになされる。その想幻化は、社会実定化において統治機能させられていく、そこがさらに「事幻化」されていく闘でもある。想幻が実際の物事として目に見えるように、つまり象徴化と逆に物質化として機能させられている。見えなくされたものを、当たり前の見えるものへと転じて構成させられている。でないと、ただ見えなくなったものを見えるよう認識すればそれは溶けるかのように、ブルデューが言ってしまう限界を超えることができない。想幻化は、異なる政治資本／知的資本に双方向的に相反作用しているのである。

国家については、すでに国家論五部作にて論じた*。それを踏まえて、政治資本の視座からの国家論をいかに配置するかを示しておく。そのとき、特に、私は国家をラカンのクロスキャップからヒントをえてトポロジー構造的に示したが、それが基本となる。その発展的考察である。概念言表はラカン自体から転じている。

クロスキャップ国家の構成

上から支配する国家像ではなく、総てを包含する国家像である。図1の上部は閉じられているのだが、どこが結合されて非分離関係になっているかを示すべく開けてある。国家の複雑さが論者それぞれによって多様に論じられるのは、この縫合的非分離を論者に

* 山本哲士国家論五部作は、
『吉本隆明と「共同幻想論」』晶文社、2016。

『フーコー国家論』2016、『ミシェル・フーコーの統治性と国家論』として増補新書化。

『ブルデュー国家資本論』2017。

『国家と再認・誤認する私の日常：ラカン理論の社会科学的活用』2017。

『〈私〉を再生産する共同幻想国家・国家資本』2017。

図1

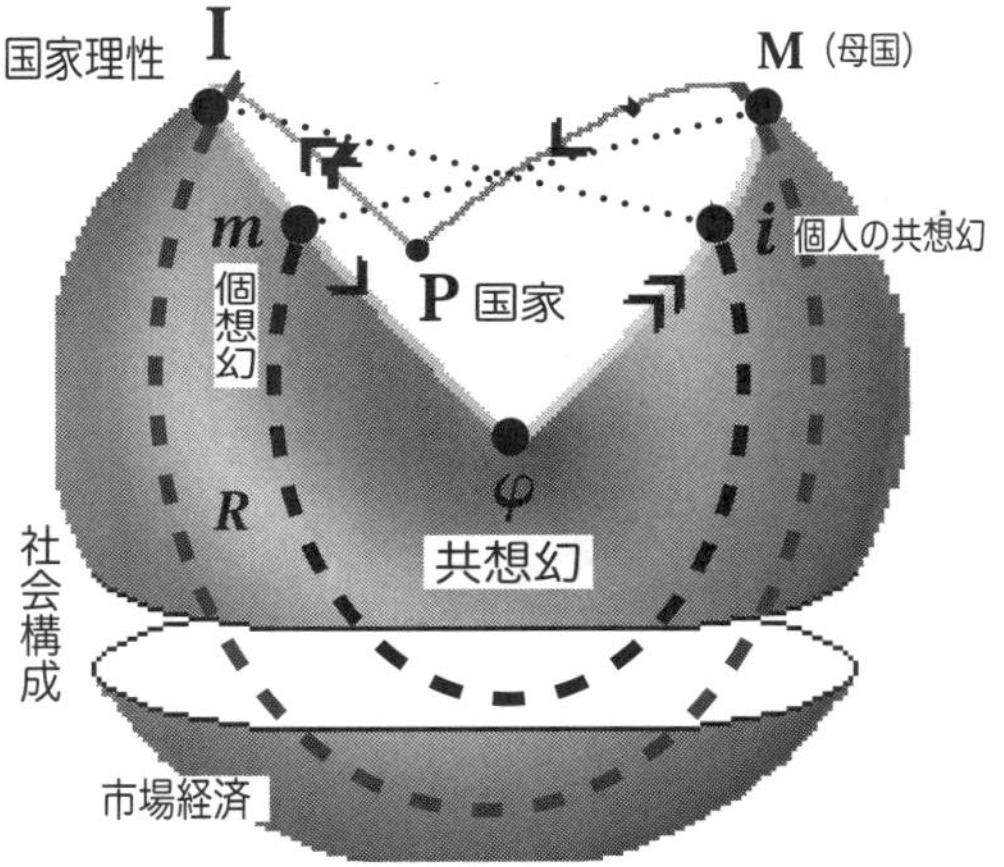

クロスキャップの国家配備

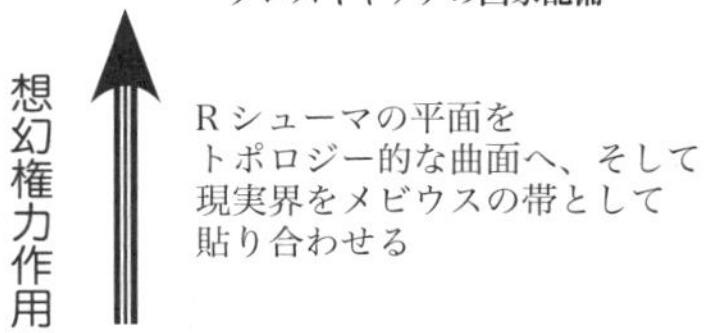

図2

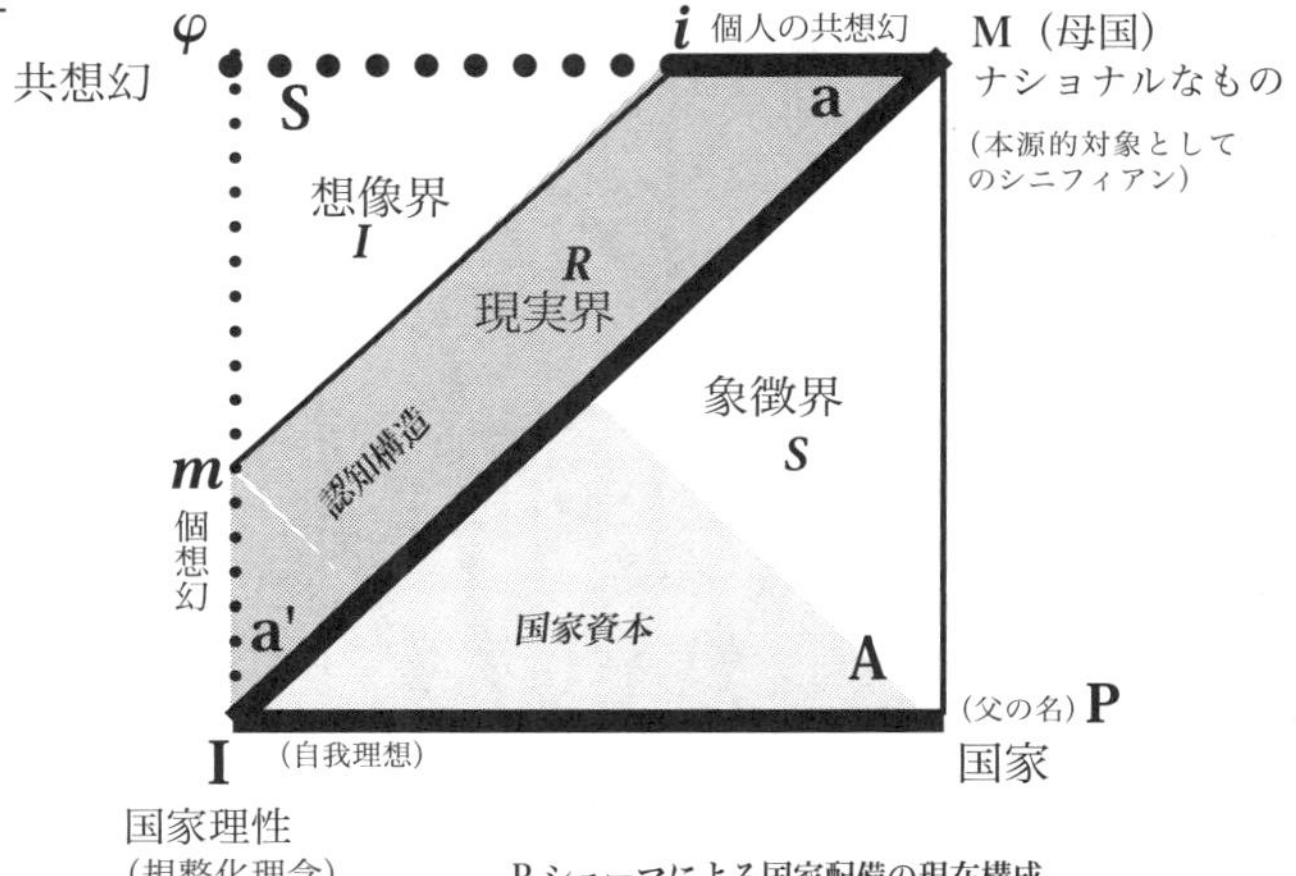

Rシェーマによる国家配備の現在構成

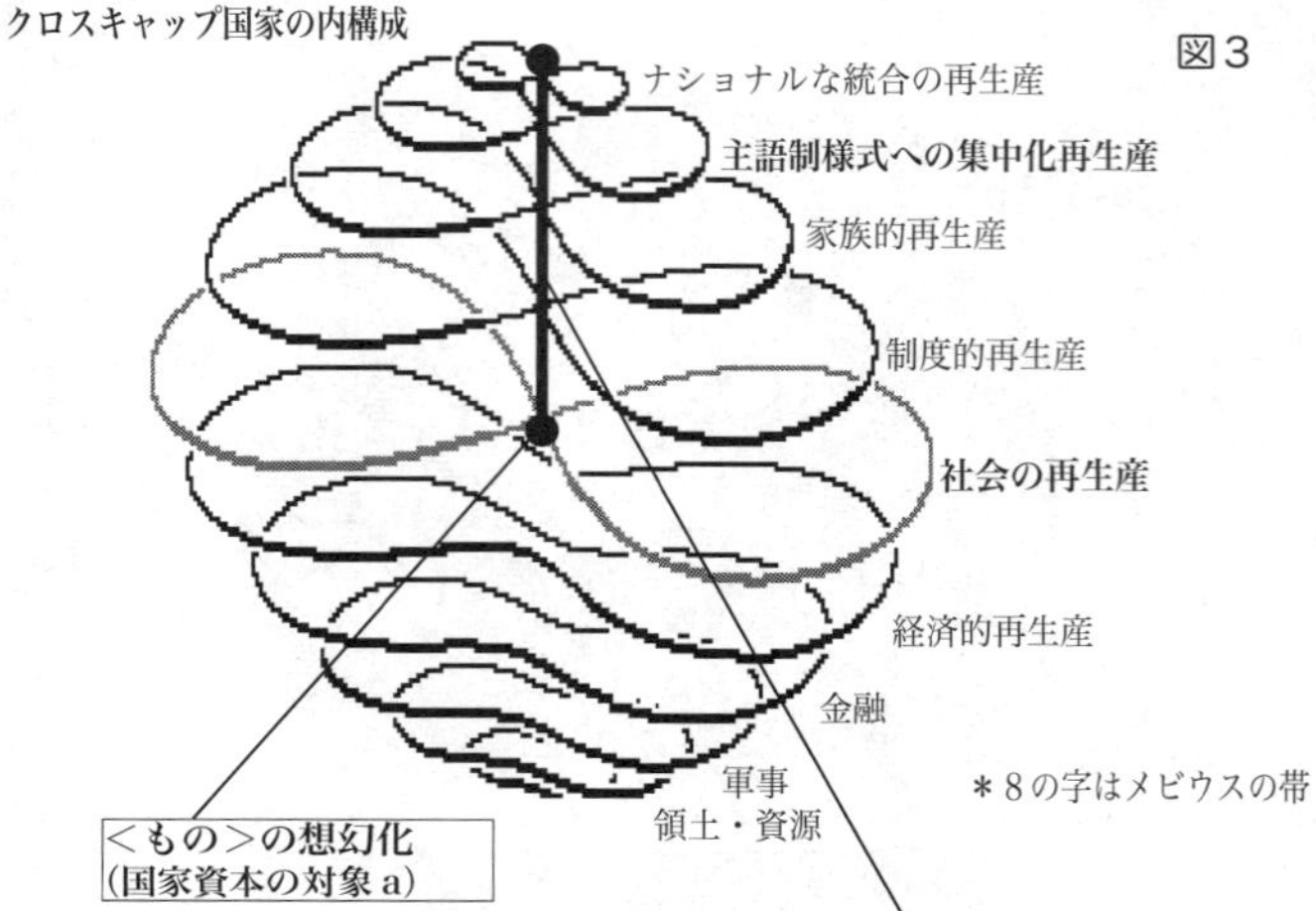

図3

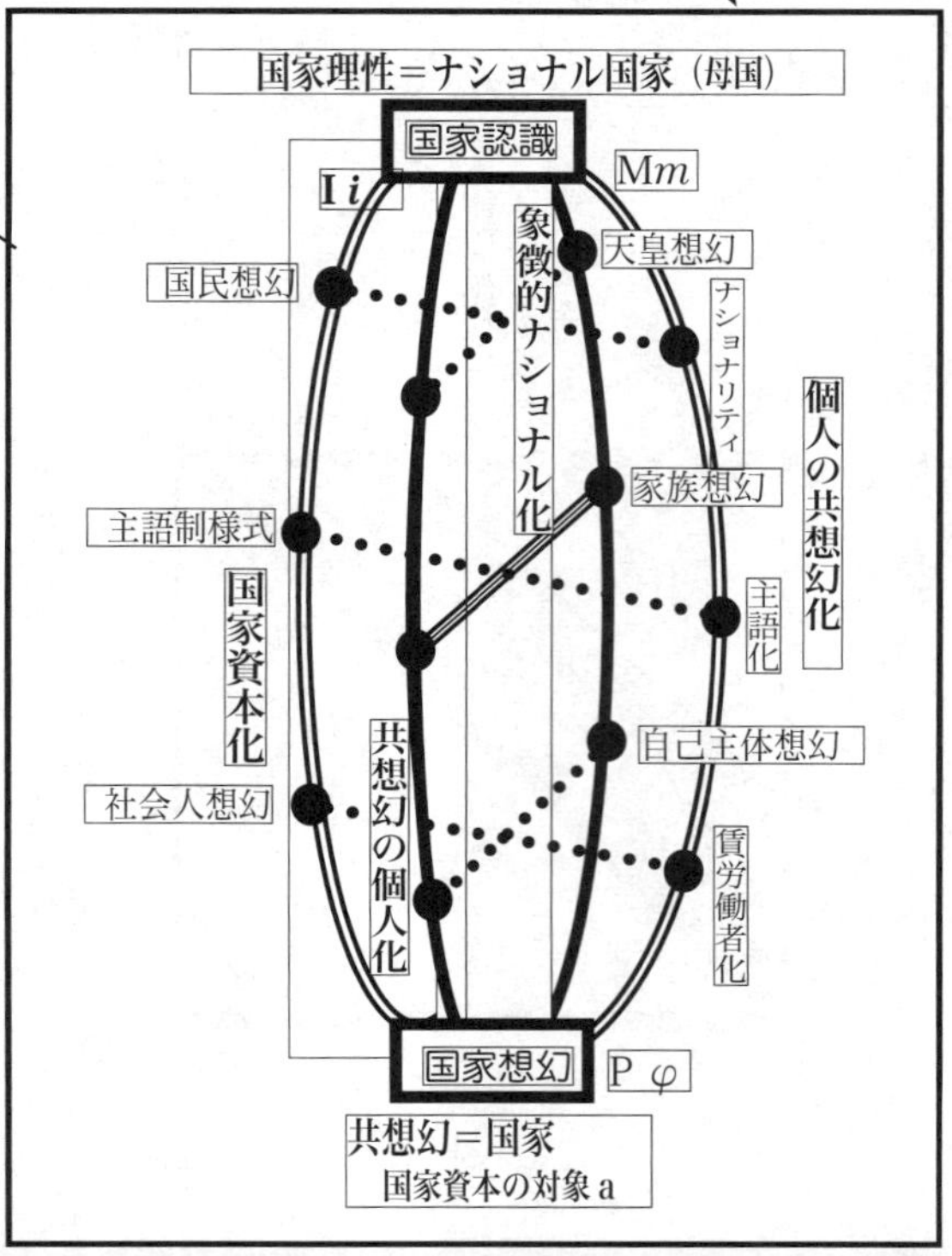

図4

前頁、図2の(4)(5)および図4の中軸の棒は、4本の柱からなっている。

図5

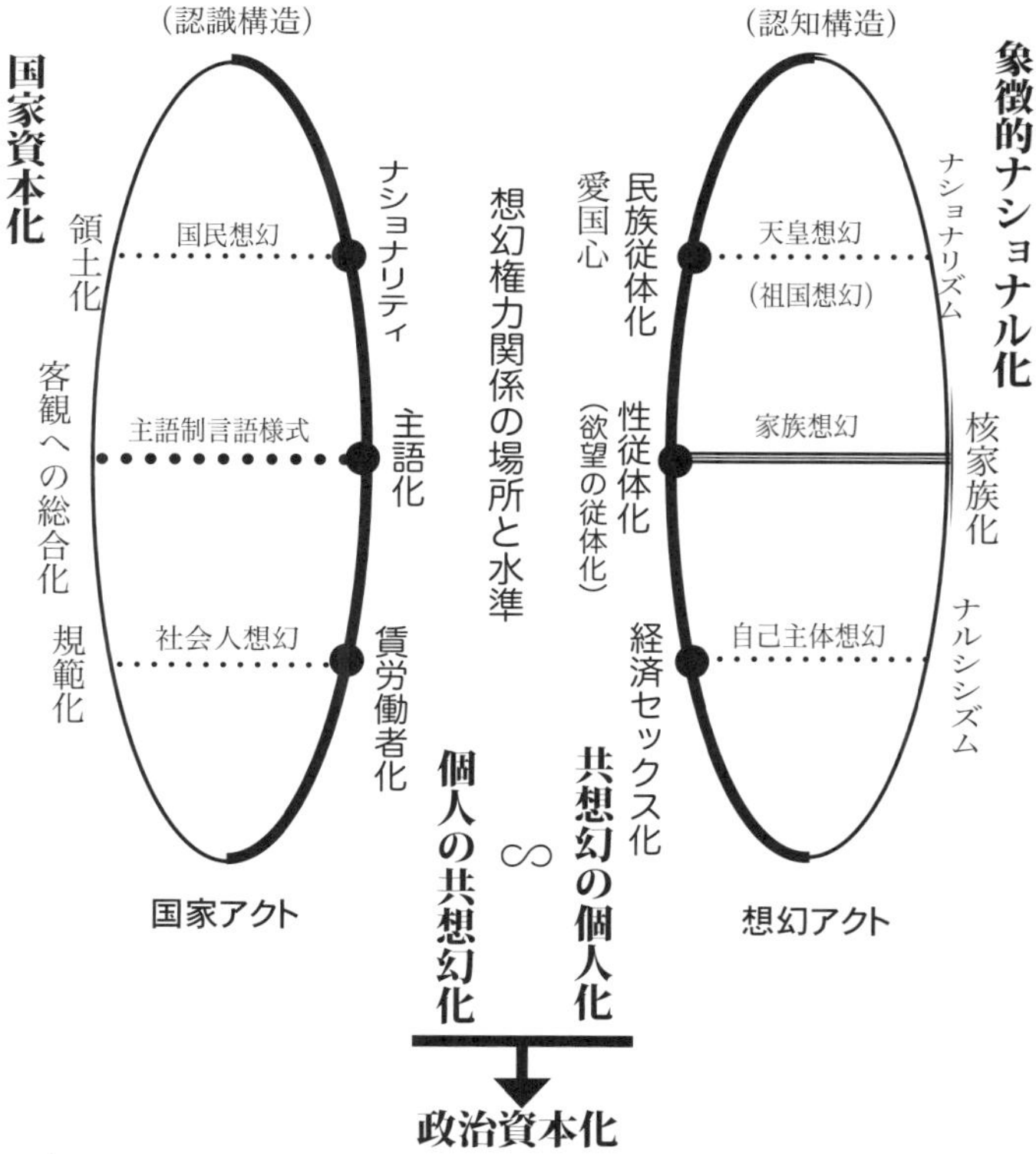

これらの構図は、国家が自己と一致していることの構造的な解析である。個人はそれを知らないし、国家はそれを教えても贈与もしていない。これを共世界と個世界の合致として考える。そこに、国家資本化と個人の共想幻化とが、言語様式を媒介にして構成され、種別的領域で権力関係作用している。政治資本は、本質的に個人の共想幻化と共想幻の個人化とから構成されている。ほんの小さな個人の政治的意見でさえ、これらの構造化においてなされているのであって、どこかの1要素において語られているのではない。個人は語っていること以上のことを語っているのだ。国家が個人を支配・抑圧しているなどの書記言語は、何ら政治的な認識ではない。

よって仕分けているからにすぎない。その元になっているのは、ラカンのRシェーマである。下図(図2)を上図(図1)へと構造化しているのが想幻権力作用である。平面図のトポロジー的立体図化、その媒介にメビウスの帯による概念配置がなされ、その実際は「社会作り」であるのだが、社会契約と官僚政治による再分配構造の形態化として長い歴史過程でなされてきたものだ(ブルデューの『国家貴族』論は、想幻権力の論述として読み返されるべき)。

このクロスキャップ構造は、象徴界／想像界／現実界の総体構造である。よじれの起点となっているのが、「共想幻」である。心的にはファルスである。国家はファルス的世界でしかない。それは、「母なるもの」と「個想幻」とを結びつけ(母国から生まれる個=国民)、そのよじれ編制として「大文字の他者」たるものを「国家P」として構成しえている。想幻化権力の働きである。この「国家P」は、国家資本と象徴界(象徴支配作用を発揮する)の表出である。「国家理性」として描き出されてきた言説を「個人の共想幻」と結びつけ、そのよじれ編

ブルデューは、国家は誤認・再認を再生産すると簡単に言うが、そのメカニズムは考察されていない。このクロスキャップの構造が、その組み立て関係を明らかにできる。心的構造と共構造とが同一に考察できるからだ。想幻化権力の働きとして読むこと。

この図から示されるのは、共想幻 φと国家Pとは、a—a’の想像関係によって断ち切

◉ Marc Darmon, *Essais sur la TOPOLOGIE lacanienne*, Éditions de l’Association Lcanienne Internationale, 2004.

られていることだ。大文字他者からの働き(規範化)が想像的関係によって、無意識を遮断する。そして、母なるものと自我との媒介によって「一者」化(規範性)へ転じられる。想像界と象徴界の間には現実界が双方からの規制を受けて不可能として国家的現実を切断的に包含している、という構成が示される。その境界は、a—a'とi—mによって区切られている(この二つは、経済的には労働と商品との関係になる)。シェーマLとシェーマRとの違いである。これは、個人は、想像界の想幻において、個人の共想幻と個想幻とを、つまり平板に言ってしまうと、自分個人と共世界を合体させている、という想幻化の作用が入っているのを意味する。制度や社会や国家といった共同界を自分に合致させていることが、その想幻化権力の効果である。つまり自分を去勢させている。国家に対して何もできない、という認知形式でもって自分へ受け入れているが、それは認識・意識にまで構造化される。「国家を認識しない／できない」という誤認と再認である。現実性への適用である。

例えば、この解析的考察を、自分には関係ない、難しくてわからない、ゆえどうでもいい、としている意識であるが、日本人として日本国家のもとで生活しているという意識はある。国家を知らずして、国家を意識している。国家アクトを自分でプラチックする。

これがクロスキャップによって上部で合致させられて閉じている界である。

次に確認されることは、下部の通常の皿状態の円盤で、それが市場経済になる。けだし、この円盤には点線で示された(M—I、i—m。これはメビウス帯状に結合される)、上部での関係世界が貫通していることを見失ってはならない。個人賃労働者でありながら、国民として共同界＝国家を負ってかつ受容している。賃金から差っ引かれる諸々の税金に対して何らの批判や抵抗もしない。現実性への適応だ。押し付けられているのにそう感じない。

第三に、この上部と下部とが切断的に示されているのは、これを結合的に構成するのが「社会」であるということだ。それは「社会想幻という想像界」と「制度関係という現実界」とを結びつけているもので、仮象世界が「社会制度」として制度機関に物質的に形成される根拠となっている。仮象は空虚ではない、関係によって物質化される。そうさせている想幻化権力作用がある。仮象の創設・配備とその物質化。私たちが解き明かすべきは、そのよじれの構成が、大文字他者のファルス去勢から成り立つ国家世界であるということだ。この世界を国家権力へ単純化して国家変革を起こそうとするなど虚妄であるのを示している。現に歴史的に社会主義国家はこの国家を溶くことはできないどころか、もっと去勢的な作用を徹底させる独裁専制を強化させた。

人はこれを、〈国家—社会—市場経済〉の「上部構造／土台」のマルクス主義図式ではないかと言おう。だがその建築的比喩の幾何学形式に対して、トポロジー的編制へと私は切り替えている。そうでないと、象徴的想幻と経済的物質関係や想像的社会関係の相互性を解き明かせない。構造化(放出)だけでは不十分で政治資本の関係機能作用(制止・規制)を構成せねばならない。さらには愛国心やナショナリズムなどの情動的世界も国家には絡んでくる。それが幾何学的に分節化されるだけだから、個々の論者による違いが、俺が正しいと主張される。国家は、全てを包含している現実界にある、象徴界ではない。その対象化は形を変えるトポロジー的思考形式からでないと掴めない。物体として実在していない国家を、固定的に考えること自体がもう粗雑なのだ。

これを既存の概念的な配置へとわかりやすく戻していくと、まず、再生産様式の種別性として図3のようになっている。再生産の多様な層である。けだし8の字は、それぞれメビウスの帯状態にある。想幻化権力が、それぞれのメビウス帯状で作用していると同時に、種別的再生産のそれぞれの次元を関係づけている。例えば、家族的再生産は、子どもの学校化によって学校化の制度的再生産に実際にリンクされかつ賃労働者になるべく配置されるが、そこに「学校へ行くのは当然」(かつ義務)という想幻化権力作用が働いている。そして、学校があるのは当然のことと想幻自然化されている。

想幻化権力の構造化

図4は、クロスキャップの上部の重ねられた線の中の配置である。再生産は再認と誤認とがよじれ状態でメビウスの帯関係に構成されている界である。それらを結びつけている軸の構成世界は、基本四つの軸の結合構成であって、図1の上部の重ねあいだが、

「国家資本化」―「個人の共想幻化」・・・・・・想幻権力作用1

「象徴的ナショナル化」―「共想幻の個人化」・・・想幻権力作用2

とが対応的に結合している(「共想幻の個人化」は「個想幻の個人化」ともなっている)。結合という表現をしているが、実際には非分離状態の関係であって、分節化すると相対応になっているという意味である。これはより詳細に要素分化されえていくであろうが、基本軸はこれで見ていけよう。これをより平面化して対応関係の分節化として示したのが図5である。情動的・情緒的なものを含んで分節化してある。

◉「**象徴的ナショナル化**」―「**共想幻の個人化**」は、個々人の認知 cognition 諸構造を構成しているものであって、「想幻アクト」として思考=行為されているのだが、その内的次元は、天皇想幻/家族想幻/自己主体想幻の三つの次元からなる想幻権力関係である。

「ナショナリズム―天皇想幻―民族従体化」を両極にして、祖国想幻や愛国心などを

派生させる。誤認を可能にしている基盤である。

「核家族化―家族想幻―性主体化（性従体化）」は、対想幻から「欲望主体化＝従体化」という個人化を疎外する。家庭へ性規範が閉じられている歴史上の「欲望の政治資本」の源。

「ナルシシズム―自己主体想幻―経済セックス化」は、自我理想が同着的にナルシシスティックとなりかつ賃労働者として物質的な社会生存せねばならない規制を被り、それが、民族化・国民化と欲望従体化とを引き受けて自我を主体＝従体確立させている。

その結果、自我理想と理想自我とが食い違って、個人的な苦悩となると同時に、それが象徴的ナショナル化へ疎外されるとウルトラ化へ安定化されてしまう。

共想幻が個人化されていくベクトル関係の想幻化権力作用である。個人内への国家化。

◉**「国家資本化」―「個人の共想幻化」**は、個々人の認識 connaissance 諸構造へ構成されているものであって、「国家アクト」として思考＝行為されている。その内的次元は、「国民想幻／主語制言語様式／社会人想幻」と、位相の異なる三つの次元から統合されていく想幻権力関係である。主体化ではない従体化としてエージェント化される個人。

「領土化―国民想幻―ナショナリティ」と国土と心性との両極を一体化させ、エスニシティやバナキュラーな場所を消していく。再認の基盤である。

「客観への総合化―主語制言語様式―主語化」は、物事の客観化が真理への思考であるとさせているものを正統化しているが、実際は主語制言語によって、主語に述語が従属する、この述語を客観化させる知の作用に過ぎない。言語様式が主語化され、述語制言語様式が見事に消されていくのも、主語制言語様式が国家資本化され、国家語がナショナリティを補償していくからである。言語編制は、想幻化権力の中軸である。

「規範化―社会人想幻―賃労働者化」は、社会空間が規範化され、その規範化が個人化へと領有されてこそ意味があるのであって、それをさらに物質的な賃金労働者として支える。労働の賃金労働者化は、資本と労働の分離をなす規範化＋制度化の象徴権力構成をへて、それが労働者人格へと物質化される、かかる想幻権力作用が機能している。

これらの重層的な個人化が、共想幻と合致されていくのだ。国家内への個人化である。

ここから、**政治資本とは、「共想幻の個人化」と「個人の共想幻化」との相互作用**から織りなされる権力諸関係作用であることが、本質的な視座からのおさえになる。それによって、象徴的なナショナル化と国家資本化とが保障されていく。つまり、政治資本は想幻化権力関係の作用において機能していく。それが社会統治と場所統治として相反配置される。選挙とか政党とか政治行動とか、政治界に関わる物事も、この四つの軸において国家なるものをクロスキャップ的に構成しているものである。想幻権力作用は相反的に機能する。

非政治界において個々人は、この共世界へ疎外されると同時に救出もされ、さらには社会人として生存が可能と保証されていく。国家から支配従属をさせられようと、それ

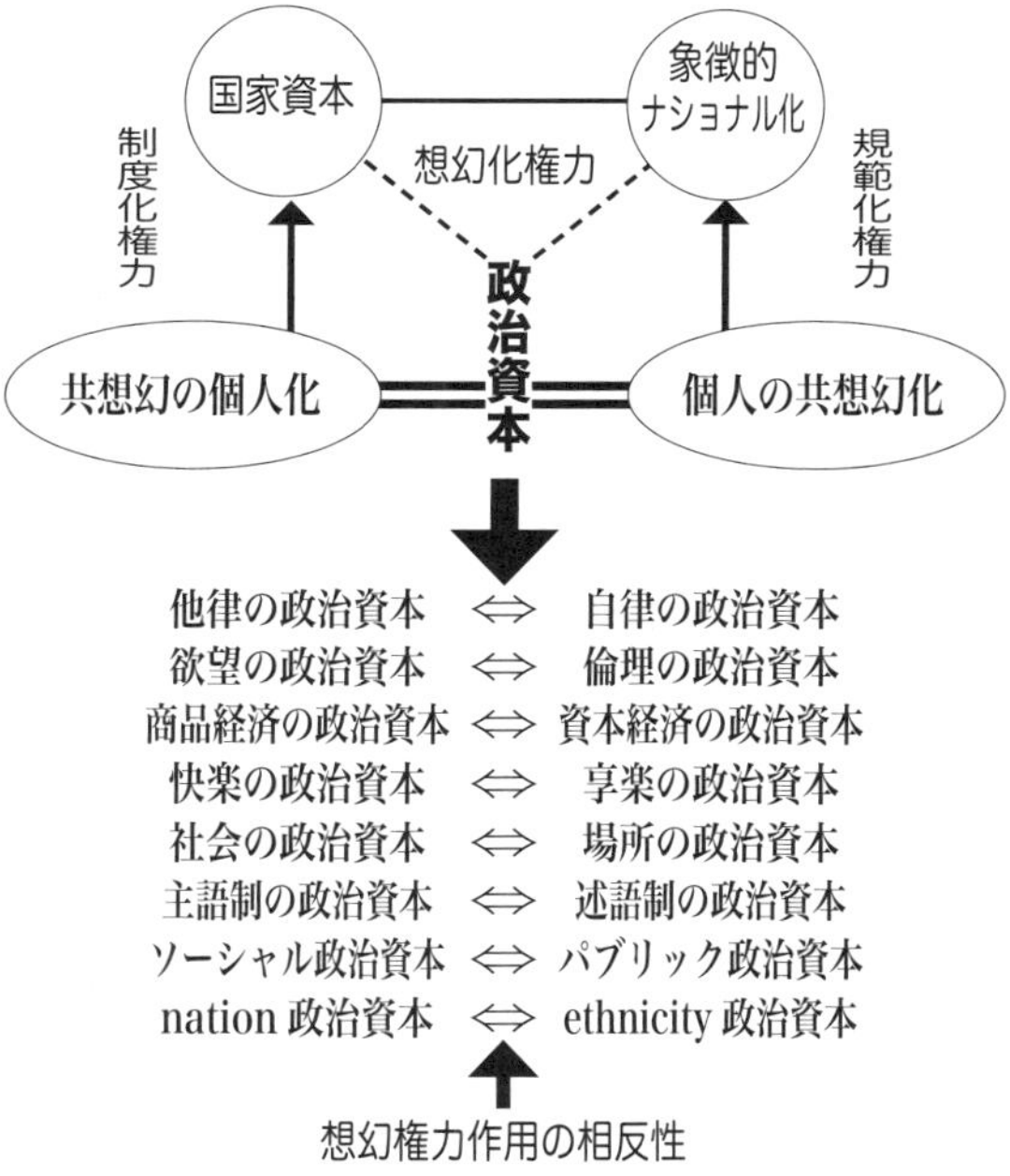

以上に、自ら共想幻を自分へ一致させて支え、日々実際行為している。
線と線の間の空間は、様々な従体化として、共関係／対関係／個関係として細分的に構成されている。個々人の環境に応じて構成されているとみなせる。個々人で違うが、構造化された構造は同質である。
これら総体は、統一体ではない、クロスキャップ的空間である。個々の国ごとの文化的な社会構成としてナショナルな種別化がなされている。

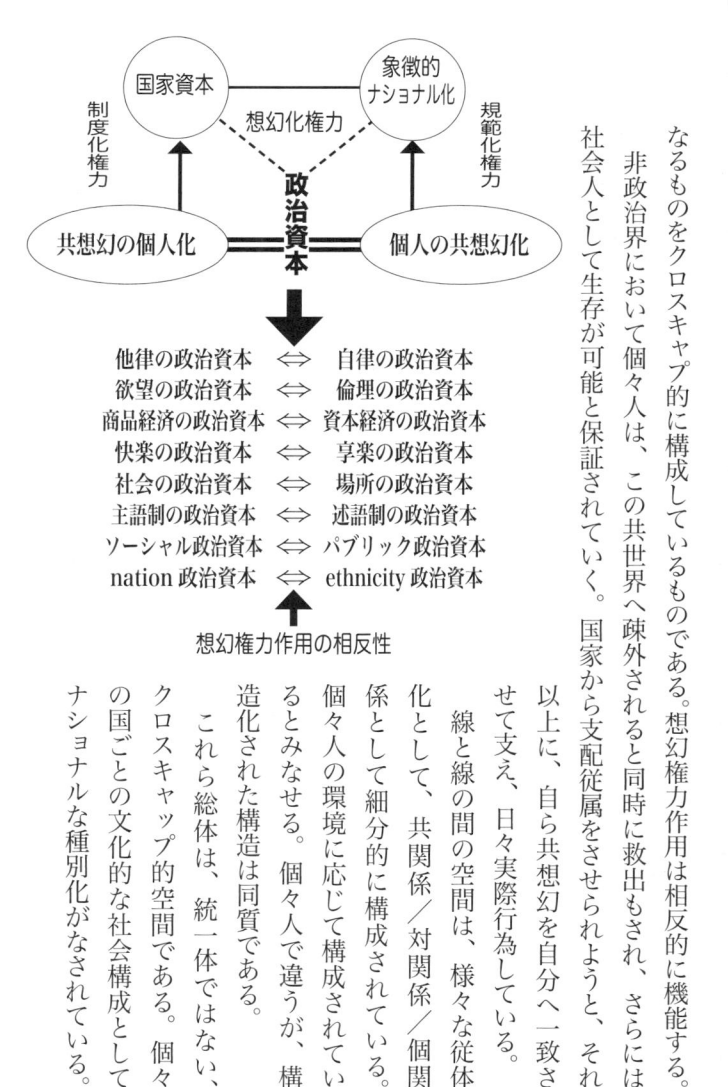

私たちが考えていくべき政治資本とは、この去勢的大文字他者の国家資本構成をいかに解体構築していくかの政治転換作用を見出していくことである。それは一言でいうと、言葉と物における大文字他者の界を「述語制界」へと転移することだ。権力奪取ではない。

国家資本を組み替える政治資本

いかにトポロジー的な編制を分析的に精密化しようとも、それは国家の実定化を進めていく政治資本の作用にしかならない。それこそ、マルクス主義国家論が言説の細分化によってなしてきた大学言説の精度を高めるだけの所業となってしまう。

それよりも、大文字他者として曖昧に配置されている界に対して、述語制のシニフィアンの宝庫を見つけ出していくことである。想幻権力の関係作用(象徴暴力)を転じることだ。つまり、意味連関を力関係へと再配置換えして、シニフィアン関係を転じ、新たな意味連関を構成していくことである。近代民族国家を超えていくには、その探究しかないといってもよいぐらい本質的で実際的なことである。それが、象徴界/想像界/現実界のボロメオの輪の構成の配置換えになる。国家資本の組み替えをなす政治資本はその穴にあり、そこで作用している想幻化権力作用の転移である。そのように政治資本シニフィアンを見つけ出し、新たな事幻化関係作用を作り出していくことである*。

実に、それをかつてなしたのが、神話構成である。日本では、古事記と日本書紀が言説化した世界である。近代憲法はそれをなしきれていない。理念は配置したが、想幻が事幻化をなすような編成になっていない。ゆえ、国家が意図的になしたことが、違法とされて逆に保障を要求されたりすることが起きていく。憲法に、〈もの〉〈タマ〉はないのだ。ゆえ、個々人の存在は国家の枠をはみ出しうる。共想幻のコアに配置された〈もの〉である。それが不在化されてしまっている。

どの国にも神話がある。それは、一種の国家的な機能を想幻配置している。しかも、必ず場所的な神話配置と統一的神話配置の二つがある（ギリシャ神話とローマ神話、ナウア神話とアステカ神話、古事記と日本書紀などなど）。ここに、民俗 folk と民族 nation とが分岐する本質がある。エスニックなものとナショナルなものとのズレである。それが、「場所なるもの」と「ソーシャルなもの」との対比に対応する。

現在的な言表で言う、〈ethnicity〉と〈nation〉との違いである。これを〈regional なもの〉〈regionalism〉とすると過つ。また〈local〉としてはならない。これらの用語は、アメリカ文明が人類学的に生み出した、文化差異をとり逃した文化帝国主義的な概念配置でし

* 山本『古事記と国つ神論』の appendix にて叙述。

かない。バナキュラーなものとインダストリアルなものに対抗的に分極化した軸上での政治的対抗の概念配備である。ブルデューがそこを批判しているが、イリイチはそうした傾向性が忍び込むゆえ、バナキュラーをローマ法から検証し直した。

日本では、坪井洋文が配置したクニブリとオホミタカラとの対比である*。多元的な場所文化と統一的配置の一民族化である。「クニ」が分極化する政治的な文化論になる。

この分極化は、神々の配置として、まったく異なる。それを示唆してくれたのが友人のメキシコ人類学者アルフレード・ロペス・アウスティンであった。彼は、インディオがナウア語で記述した神話とそのスペイン語で記述されたアステカ神話の根源的な違いを発見した**。それをもって、私は古事記と日本書紀との神々配置の違いの意味を見出した。神が、どこの場所にいるか、またスメラミコトがいかなる振る舞いをするかなどに、根源的な違いが記されている。

神話構造には、想幻権力関係（象徴界／想像界／現実界の関係）が巧妙に配備されているのだ。国家編制は、近代民族国家として歴史的に実際になされた現在にある。だが、現在の国家を現在のみにおいていかに考察しようとも、国家の存立根拠を明らかにすることはなしえず、国家は永久化されたままそこに残る。古代からの編制過程をおさえる視座

* 坪井洋文『民俗再考』日本エディタースクール出版部
**Alfred López Austin y Leonardo López Luján, *El pasado indigena*, FCE,

から国家は見ていかねばならないが、近代国家以前に国家はない。そこで国家へと装置化されていくことにおいて喪失させられてきたものが、「場所の共想幻」と「述語制様式」である——だが残滓している、消滅し切っていない。その代わりに、「社会」が実定化され、主語制言語様式に集合化され、規範化が制度化機能する統治技術の政治編制がなされた。政治資本は、これらの関係間で対立的に想幻化権力作用している。

場所の国つ神　古事記統治と日本書紀統治の二つの政治資本

『古事記と国つ神論』で詳細に論じてあるが、根本的ゆえ政治資本としてつかんでいこう。まず、場所と統治空間の配置である。古事記では、出雲、日向、倭とそれぞれ異なる場所があり、さらに高天原も黄泉国も水平的な異郷の場所として配置されている。高天原想幻を実定化するために、国つ神のいくつかを天つ神へ転じて、天へ上ると配置するが、黄泉国は地下ではなく、同水準の異なる場所として境界づけられる。つまり、イザナミは死んで黄泉国へ行ったとされるが、イザナキはそこを訪れイザナミと会話している。つまり、天孫系とは異なる異郷の国つ神の場所を訪れた。そこのおどろおどろしい姿をみた、ということはまったく異なる文化を見たということであり、そこから「逃げ帰って」、つまり敗北して、桃族に助けられて生還する。汚れたとして禊し、身につけていたものから諸神を産み＝国つ神系譜、さらにアマテラス、スサノヲ、月読みなどの神を産む。目、鼻の自らの「身体」から産むと表象されるのが天つ神系譜に属する。日本書紀、そして宣長や篤胤において、天と地と地下に垂直化される。宣長は古事記伝による古事記解読なのに、「五大考」を引用しながら書紀的に垂直化してしまっている「誤認」を正統化し始めていく。そして、出雲、日向、倭の場所は、「豊葦原中国」という一つの空間の中の地方というように空間化配置される。

ここに、**場所統治の政治資本と社会統治の政治資本**との違いが明示されている。日本には、この二つの政治統治資本が作用しているのだ。

すると、天孫系の神の系統において、古事記では大物主の娘が神武の后になるが、日本書紀では言代主の娘へと転じられる。想幻権力関係の転換である。神のプラチックの仕方が代わる。大物主は大三輪から出ない場所の大神であるが、言代主はどこにでも移動する、場所には固定されない神である。

天皇紀に入っても国つ神の力の強さが記述され続けるが、例えば雄略天皇において古事記では猪に襲われて木の上に逃げるが、日本書紀では弓矢を堂々と弾いて射殺す、というように配置換えされる。

細かい違いは多々あるが、要するに「場所／国つ神」の政治資本と、「社会／天つ神」の政治資本という異なる原理が作用していることだ。「社会」なる概念はないが、その源が「葦原中国」である。葦原中國を「社会空間」へと配置換えした象徴権力の作用が、近代民族国家の要にある。ただの西欧輸入ではない。場所神の力があまりに強いゆえ、明治政府は合祀によってその力を閉じ込め、解消的に見えなくさせていくのだが、完全排除はできない。

天照はもともと「海照」の国つ神であった。スサノヲは木の神とも水に関わる神とも言われているが、高天原に召された国つ神であるも、天つ神として機能できず地上へ「追放」され、出雲建設へと系譜化されるが、大国主が元々出雲神であって、そこを天孫系へ系譜づけるために再配置された。神話構成の巧みさには感服する。素朴な出雲神話は別途に出雲風土記にある。天孫系神話は、国つ神を天つ神へ疎外表出して、天つ神と国つ神との相互関係へと配置換えした。その犠牲者に配置換えされ、政治資本の不可能／可能を負ったのがスサノヲである。ただの姉弟ではない。祭事と政事の分担だけではない。吉本の神話解釈は、記紀の違いを了解し得ていないため、国家／社会と場所の政治資本対立が読みとれていない。どれが真実であるかではない、神話生成構成の見事さだ。

民族の政治資本とエスニシティの政治資本

キューバ研究においてエスニシティの問題は浮上してこなかったのだが、メキシコ研究においてエスニシティは前面的に根源的な課題として浮上してきた。多様なインディオの存在が、自分へ向けて実証研究の虚しさ、不可能さを決断することとなった。人種的問題よりも根源にあるエスニックな存在であり、「バナキュラーな場所」の存在である。

民族 nation を掲げた政治資本とエスニシティ ethnicity を掲げた政治資本は、本質的に異なる政治作用をなす。この両概念は、論者によって異なるほどに多様で曖昧になっているが、私は、メキシコを規準にして常に配置している。それは、メキシコ人はネイションであるが、メキシコおよびメソ・アメリカには固有の言語をもっている約五〇のエスニシティのインディオ、インディヘナの存在がある。後者は、バナキュラーな言語であり、主要にバナキュラーな場所に居住している。メキシコ人は、メキシコ社会としての空間に生活しスペイン語を国家語として語り書いている。インディヘニスモは、スペイン語を話したならもうインディヘナではないという排他的な力をもった集団さえいる。アウスティンは、アステカの神話世界とエスニシティであるナウアの神話世界とがまったく違うことを明証に示した。神の体系が根本的に違うのだ。国家的な創世神話はアステカ神話である。これをヒントに、私は古事記と日本書紀との神話体系の違いに気づいた。
エスニシティ：場所―バナキュラーなもの―場所言語……古事記：場所統治
ネイション：社会―ナショナルなもの―国家語……日本書紀：社会統治
という、系がまったく違うものが共存している。
民族の政治資本は、国家における社会統治技術を働かすことである。社会知が規範的に要される。（西欧では四〇〇年をかけて「社会契約」論の概念空間が形成された。）
エスニシティの政治資本は、場所における場所統治アートを働かすことである。場所知が環境的に要される。場所概念なきエスニシティ論は意味がない。
前者は、どこでも同じ社会均一・社会均質の統治技術を構成することになる。政治的近代は、諸個人の総体の優位性をもって国家行政を組織化し、政治体の独立をはかり、政治的正統性を王からネイションへ移行させ、市民はネイションとして構成され、平等な市民となった。「あらゆる主権の淵源は本質的にネイションに存し、いかなる集団も個人も、ネイションから明示的に発したものではない権力を行使することはできない」（人権宣言）とされたのだ。市民権を基礎づけるのは、市民社会の成員なる私人の特殊性と市民の普遍性との対立である。そこに政治資本が問われる事になるが、それは派生的形式である。これが「ソーシャルな政治資本」である。

場所の「パブリックな政治資本」は、場所ごとに違う多元的・多角的な統治アートを構成することになる。それは政治的古代・前古代をも負いながら、政治的近代を脱していく政治資本を要される。場所神(国つ神)想幻、述語制言語様式の下における場所言語(方言)、場所環境、場所文化技術、場所経済、における場所住民の直接参画である。*

社会統治の政治資本が、場所住民にとって十分な政治作用をもたらさないものごとがだんだんと露出し始めている。場所の統治は、「パブリック」な政治であって、均質・均一な「ソーシャル」政治では機能しなくなってきている。

国家と対峙するということは、国家と私とが合一されてしまっていることにおいて、国家内の自分と自分内の国家に対して、自分が自分と対峙する自分技術を働かせることである。

政治資本とは、対立の配置において、言葉と物に対する識別パワーの分類化と統制する枠組化の諸対立の権力諸関係のパワー作用を場所転移 déplacement《デプラスマン》し配置換え disposition する政治転換をなせる力と意味の行使のアクションであり、諸ツールの再配置を媒介に、諸界／諸領域の境界の穴に作用しているシニフィアンの連鎖の発見と組み替えの想幻化権力作用を心的・物的に働かすことである。

* テレビ番組で県民ショーなるものがあるが、何より食べ物、食べ方が場所によってまったく違う。日本ほど社会空間の規範的設定が画一された国はないと思うが、それでもおにぎりの作り方、豚まんの名称、肉じゃがに何を入れるかなど、県／場所ごとの違いは驚くほど残滓している。つまり、場所は消えていない。標準語としてみな話し書けて、交通できるゆえ、エスニシティなる括りはされないが、方言は薄れつつもいまだに残っている。場所商品さえ多様に作られている。味覚は場所感覚である。

II 政治表象の現在

1 市民性の次元

国家編制と国家存立の永久化のためには、「社会」空間の実定化が不可避である。「社会」世界へ諸関係を配備しないと、国家統治だけでは対処しきれない。つまり、国民や民間企業など、その個人的な営みがソーシャルに機能していくように配備せねばならない。

そのとき、統治アートとして、支配にまた統治側にただ従うだけの国民の在り方では、それは強固な地盤となりえない。国家を監視し、国家へ物申す、また国家へ抵抗する力の諸関係が政治資本として作用していないと、国家の社会秩序は存続しえない。それが、民主主義の建前の元に作用する「市民性」である。市民社会(国家資本論⑩にて論じる)における一つの政治性である。

「市民性」とは、citoyenneté /citizenship である。「市民権 civil right」ではない! 次元が違う。ネイションでも住民でもない。また「市民社会」論の曖昧な場に問題設定されてしまうことでもない。平田晴明が市民社会には、私的所有だけでない「個体的所有」があるのだと、概念化の実際の基盤もない思いつきの言葉だけによって弄ばされることではないのだ。市民性もまた、古代的な歴史過程を抱いた政治資本にある。ここを、理論的にクリアにしたのが、ドミニク・シュナペールである*。フーコー、ブルデューの社会科学的な政治理論が流布する中で、彼女は地道に、既存の「真理の試練」（ボルタンスキー）の場で、ここを緻密に考証した。これは、既存の政治資本に留まったままの思考に対して、深い省察をもたらしている。ブルデューの下で学んでいながら、そこと五月革命をはさんで決別した、その生産的な意味は、政治資本として考察しておかねばならない。ロールズの「正義論」の規範再解釈では、力不足である。市民性の政治資本は、「真理の試練」における不備さを埋め合わせんとする作用である。その限界にある。

まず、人間の権利と市民の権利、自然権と政治的権利の対立において、「市民の権利は、人間の権利が公布され、確定、承認、保障され、実効されたもの」とみなすか、「自然権は市民的権利の帰結であり、社会への参加から生まれる」とみなすか。これは、「原理の方が実定的な権力組織に優越する」と「無制限の自由でなく、法律によって限定づけられた自由の必要性」との対立となる。個人の自由から義務がおのずと演繹されるか、集団の制約からなされる義務をなしてこそ自由となるか。さらに、代表民主制か直接民主制かという対立が生まれる。

「市民」とは抽象的個人であり、諸制度や人物を通してしか主権を行使できない。責任ある

* すでに邦訳があるのでそれを読まれたい。
ドミニク・シュナペール『市民権とは何か』風行社、
『市民の共同体』法政大学出版局。

政治とは、社会的カテゴリーを代表するのではなく、政治体という抽象的総体を代表する、かかる政治様態において、先の諸対立が政治の場に発生する。つまり、市民性の政治資本は、この諸対立を抱えこんでいることにおいて健全に作用しているのだ。

かくしてモンテスキューの権力の分立と均衡、ルソーの一般意志を通した個人と社会の融合、という「イギリス型の市民」と「フランス型の市民」の、二種類の市民が形成されたとシュナペールは明示した。自由主義的多元主義と一元的民主主義である。

イギリスは、常に恣意的になる恐れのある権力に対して、真の人間の自由を保障するために、個々人の所属や愛着の多様性を尊重すべきだとして、国王の権力と議会の権力の均衡、国王と人民との均衡をなし、君主政治、貴族政治、民主政治をコモン・ローとして配置し、一般利益は特殊利益によって構成される、とする。

フランスは、不平等の厳選である人間同士の従属関係、個人=市民と国家との間に介在する中間団体は、人間が自由であることを妨げるゆえ破壊し、一般意志の直接表現としての市民は、あらゆる媒介から独立して、国家と緊密かつ直接的な関係を維持せねばならない。各市民の利益や意志は集団の利益・意志と一体であり、市民権は分割不可能なものであり、一般意志の表現であり、社会の生みの親である中央集権的国家によって組織され保障されねばならない、とする。

自由主義と民主主義の本源的な原理対立がここにはある。

イギリス型市民は、何よりまず自由主義的であり、人身の安全、思想の自由、発言の自由、行動の自由を要求し、政治的権利を市民全体へと拡大して民主化していった。法が許容していることは全て実行する権利がある。自由とは法を尊重することに存しており、それが人間の尊重をもたらす。

フランス型市民は、国王と臣民との直接的関係を築いた絶対王政を継承し、何よりまず民主主義者であることから、集合的主権に参加することによって政治的自由を行使する。約束は個人と政治体との同一性であり、各人は全員と結合するが、自分自身にしか従わない、自分の意志で共同体に服従する。人間が自由であるのは、法が彼自身の意思を表現しているからだ。

市民性批判の政治資本

抽象的・個人主義的・平等主義的な市民の抽象概念、政治的合理主義が、社会の多様性・階層性と自由の相続から批判される。自由を人権などに配置するな、政治は人間の合理的計画や意思の帰結ではありえない。社会の階層性は自然的なもので普遍的に必要なものであるのに、それを不正とみなすことで近代の平等社会は怪物的な階層性を回帰させてしまった。市民なる抽象的観念では、各人が完全に承認される可能性ある政治組織を基礎づけることはできない、という批判がなされる。第二の試練＝「現実の試練」からの批判と言えよう。

マルクス／マルクス主義は、自由主義的立憲国家が実質的民主主義を成し遂げていないことを批判し、権利の平等は経済的条件の平等を要求し、さらに生存条件が不平等でないことをなすべきとして、物質的諸条件が諸個人に対して自由を享受する本当の能力を民主主義は実質的になすべきだとした。市民の権利から区別された人間の権利は、利己的人間の権利、人間および共同体から切り離された人間の権利でしかない。自由、所有、平等、安全など、人権のどれも自分の個人的利益を気にかけて、私意に従う個人を超えるものではない、と批判する。

市民の平等と社会的不平等、具体的個人の実際の不平等との緊張関係を、いかに克服していくのか。ここに、市民に対して思想、表現、信仰、集会、労働、交易の自由などを保障する「自由権 droits-libertés」と、自由権を行使するために実質的な条件を保障しようとする、社会的保護、健康、教育、労働などへの権利、「信用権 droits-creances」が、併存する。前者は国家権力に対抗する市民の権利の保障であるが、後者は国家が自分達に便宜を図るよう義務を負わせる、つまり国家が個人のために介入することを前提にする。

ここに出現する問題は、経済的・社会的権利は、政治的権利といかに関わるのか、ということだ。理念と現実との食い違いに対する相互関係である。市民権が社会を組織できるのは、法的規則として、制度および社会慣行の総体として具体化されている場合であって、それゆえ制度は改変と発展をやめることなく、普遍性を志向し続けていく。

個人的民主主義

個人主義は思慮ある静かな感情であるが、市民を同胞全体から孤立させ、家族と友人と共に片隅に閉じこもる気にさせる、とトクヴィルは指摘した。個人主義は社会的紐帯を緩め解体的にさえ進行させる。社会統合がしかしそれによって弱体化するわけではない。権利は、統御や治安の道具であるばかりでなく、創設する機能も有しているのだが、市民権は社会的紐帯の源泉であった。だが、社会的なものの様々な正統化が規範化とともに制度拡充していくと、制度的に個人化された存在は、規範への判断力を喪失し、規範従順の真面目さへと個人化される。個の開花への欲求や自律的な判断による自分行動の正当化が機能しなくなる。そこへ個人主義が、消費商品文化の浸透の下に配置されていく。つまり、社会的紐帯は規範への順応ではなくなっていくのに、個人化された主体は集合的な社会規範の従属者となっていく。その結果、自らの自我を発達させようとする排他的配慮から生まれる孤独とナルシシズムの落とし穴に落ちこんでしまう。社会生活が可能な限り政治秩序の掲げる理念的世界に合致するように闘うことが、無力に感じられてしまう。自分技術を喪失させた「意見」だけに落下する。

市民性は、ネイションの中で保証されている。だが、市民性のある普遍的な理念性と実際性は、ネイションの心的・情動的な累積や歴史の記憶などとは異なる次元で機能する。つまり、市民性をネイションから切り離して稼働させるあり方が求められる。民主主義はナショナルな形式の下に生まれたが、その結びつきは論理的でも必然的でもない。市民性の政治資本はネイションの政治資本を超えていかねばならない。「ナショナリティを市民権の行使から引き離すことが必要」だという、そこに、民主主義のある可能性を見ていくシュナペールには、しかし、同時に市民性を守る武力・軍事の強調が併存している。それは、国家を防衛する論理の次元を出ていない。市民性を確保する暴力の歴史があったことから正当化されていくことではあるまい。対立という政治資本の本質を、物理的武力の抗争という次元から切り離しうる高度な政治資本こそが探究されることだ。つまり市民性は「社会」から脱せていないのだ。

支配／被支配の論理からすると被支配者は自らの肉体的生命の時間を超えることができない生活圏の範囲以上のことをなせない。だが、それはただ支配に受動的に生きるだけではない、行為者として現実の不確実性や矛盾を批判し他者との論争を調整していく能力を持ち得ている状態をボルタンスキーは詳細に示したが、それは市民性として制度的審級に批判的審級を対峙しうる存在の抽出である。社会規定の状態を批判社会学によって明らかにしつつプラグマチックな批判を規範性に対してとりうることの開示だ。市民性なる概念を使っていないが、社会代行者に治りきらない「行為者」のあり方を踏まえて考えねばならない。

事実を隠蔽する政治　事実と真実との関係に働く「正当化」の政治作用

政治上の関係において、「事実」を隠蔽していたことが暴露されたりするが、なぜ隠蔽するのか、されるのか？　それはある正当性の建前の下に、公にしえない非合法なことや非人道的なこと、さらにルールに反することがなされている、それを隠蔽するものであって、歪んだ政治作用として後に暴露される。

9・11後、アメリカ市民、アメリカの子どもたちをテロから守るのだと、CIAが疑わしきアラブ系を一〇〇人以上拷問にかけた。その拷問の告白から、ビン・ラディンの存在が突きとめられその殺害を可能にした成果だとCIAは主張した。だが実際は、拷問以前にCIAがつかんでいたことであり、拷問による成果ではないことが実証されていく。この拷問は、「科学」の名において人間を追い詰めれば自制心を失い真実を吐露すると前提にされたが、実際は何らの事実の把握もなく、効果など全くなかったことを、上院議員の下で調査に当たった議員スタッフが六千ページに及ぶ調査報告によって証明した。「拷問torture」ではないと正当化すべく、CIAによってenhanced interrogation techniques (EITs)とそれは名づけられたが、その資料がCIAによって隠蔽のため破棄されていた。

これを映画化したのが『ザ・レポート』(2019)である。この真実調査とCIAによる正当化と、政治家たちの思惑とのやりとりが、まさに政治界におけるいわゆる「政治作用」の表象だ。

アメリカ合衆国上院調査スタッフのダニエル・J・ジョーンズはダイアン・ファインスタイン上院議員によってCIAの勾留及び尋問に関するプログラムを調査するチームのリーダーに任命され、二〇〇九年、ジョーンズを入れた六人のチームはCIA職員との接触を禁じられながらも、六三〇万ページを超える文書を調査し、真実＝事実をつきとめる。

だが、この報告書が提出されるかどうかでの、CIAの妨害、そして議員たちとのやりとりがまさに「政治」作用だが、真実は事実とはなりえないし、事実は真実ともなりえない、そこに「政治作用」がなされている。「人間と政治の醜さがわかる」関係が現れる報告書となった。

正当性の対立がなされる。局面においてそれぞれが主張する正当性があるのだが、調査報告書の公開をめぐって立場の正当性がはっきりする。

●CIA拷問担当者たちの正当性の主張：相手は無差別テロを起こした連中、倫理は関係ない。爆弾やビルが破壊されないのを防ぐため、また子どもを二度とテロに合わせない。そのためには何をしてもかまわない、という正当性が立場で取られる。それは9・11の失敗を繰り返してはならないという自己保存からもなされている。「実行」正当化。

●CIA幹部たちの正当性主張：拷問は間違いだったと認めるが、拷問の成果がビン・ラディンの発見に成果として繋がったと主張し続ける。その拷問真実の調査報告書の公開は、世界の諜報員たちの安全を脅かすゆえ、揉み消すべく報告書を黒塗りにし、さらにジョーンズを訴追へとおいこもうと画策する。そこには、蟻の一穴もあったなら工作員全体に危険が及ぶという正当化の主張がなされる。「組織」正当化。

●大統領補佐官たちの正当性の主張：オバマ大統領は拷問があった事実を認め拷問にいっさい反対している。つまり、この件は終わった。文書を公開すれば局員たちの士気がおち、テロが繰り返される危険が高まり民主党政権が今後二十年持たない。対イスラム連合が壊れかねない。ブッシュ政権下での拷問事実を公にしたなら、共和党は健康保険法、移民法などに協力しない、民主主義の危機が訪れる。つまり、国家としての大局が重要、拷問などの些事の愚行に関わってなどいられない。政党政権が危うくなることはできない。「国家」正当化による「政党」正当化。

●民主党上院議員たちの正当性の主張：ナチスと同じことをしている、現政権はそんなことをしてはならない、党を超えて公表すべきだ。「政治倫理」正当化。

●ダイアン・ファインスタイン上院議員の正当性の主張：アメリカ人の価値観と歴史がCIAによって汚された。レポートで過ちを拭い去ることはできない、しかし、国民と世界の人々に、アメリカは悪は悪だと認める広い度量を有し、自らの間違いから学ぶ自信に満ちていることを示すべきだ。レポートの公開は価値観修復の第一歩であり、このアメリカが正義と法を遵守する国であることを世界に示す。世界統治を法に委ねようとした私たちの努力、醜い真実から目をそらさず二度となすまいと誓った強い意志を。「倫理」政治の正当化。

ここでさらにいちばん滑稽なのは、この拷問を「科学」として正当化した心理学者たちである。アラブ側の拷問への対策としてのSERE (survival/evasion/resistence/escape) に対して、３D (debility/dependence/dread) で対抗する。人間を痛めつけ追いこめば「真実を吐く」、という因果関係が「科学」だと主張した。実際には、首を締め付ける、壁に押し付ける、顔面を圧迫する、平手打ちする、大音響、明るい光で眠らせない、不自然な姿勢・吊るし、水ぜめ、箱に入れて虫づめ、棺桶の箱に入れる、など。生命危機以前でなせる身体圧迫は尋問技術としてなせるだけなす。だが水責め100回以上の拷問を繰り返すも何ら事実を掴めない。それをさすがCIAも効果を出せと責めるが、学者たちは、容疑者たちが「嘘を言っている」ということが明らかになったではないかと、主張する。大学言説の本性がそのまま描かれている。大学科学の正当化。

一方、調査を五年以上に渡って進めるスタッフも、こんな世界最低の連中らのしたことを追求する虚しさから離脱していく。「諦め」の正当化。

唯一、真実＝事実を見ているのが主人公のジョーンズだ。拷問の無効性は、一九七八年にラテンアメリカにおいてCIAによってすでに知られていた。なのに、頻発するテロに然るべき情報をえる手段を持たない無能化したCIAは、ただ組織の温存とその正当化に走る。共和党が徐々に議員数をましてくる。そこにおいてなされる政治的なやりとりの滑稽さをジョーンズは見抜いているが、その事実＝真実の真っ当さは政治的力とはなりえない。だがマスコミにリークせずに、上院議員たちのコンシアンスに委ねる。ジョーンズの立場は「市民性」の現れだ。政治関係に苦慮する上院議員の態度非決定に、彼は「怯んだなら、それは彼らと同じ拷問協力だ」と非難する、それに対して議員は、「私のためなのか報告書のためなのか、どっちか冷静に考えなさい」と立場位置を戒める。

「政治力をツールに権力を監視する」のが自分の役目だとファインスタイン上院議員は、報告の公開を実現し、共和党議員と協力して尋問法を修正・破棄できるところまで実行した。

正当性は、利害関係から組織の存在根拠を守るべくなされる。そこにおいて使用される「正当性」は、政治作用としての対立に置かれる。「隠蔽」は明らかに正当性の実行においてなされた不祥事・非規則などの「違反」を隠すためになされ、それを守るべく「醜い」政治が遂行される。

スパイ映画とは、事実の裏でなされる真実生産の工作を、外から観る映画であるから、面白い。事実が真実だと単純に一致しないのが現実界であり、それゆえ想像界の疎外表出が多様に成り立ちうる。ドキュメントと違って、実際事実に基づいて生産された「映画的真理」を、私たちは面白がり、また驚いたり、事実の悍ましさに想像同調しながら呆れたり怒りを覚えたりもしている。

米国は、この映画のように、ドラマであれ真実追求を徹底してやるが、日本は、ただ国会での茶番応答で終わってモヤモヤにされてしまう。裁判は自殺した官僚の家族からの訴追としてプライベートなマターへと政治場面からは切り離され消されていく。

2 ネット社会の政治的意見

国家と切り離されたかのように社会機能する市民社会の自由をよいことに、ネットでの個々人の自由な政治的意見が述べられる。市民社会とネット社会とが、社会的に構成されたのだが、個々人バラバラの政治的な感慨や感情は、多様なようでありながら、単純なスキームにハマったままだ。これを「自由の幻想」だ(ブルデュー)、商品へのアクセスが自由だと思い込まれている(イリイチ)、その派生としてデータへのアクセスが自由と思い込まれている、と言ってもはじまらない。権力諸関係における抵抗の表れだとも言えない。選挙もSNSの効果が無視できないとされる。

ネット上の政治的発言は、紋切り型の、相手を否定すれば自分は正当であり、しかも相手より優位に立っているという感情政治でしかないのがほとんどである。ふと目に入ったものだが、「脳無しゴリラと消えそうな幽霊の米大統領選！ 体は頑丈でも、無脳は怖い！ 我欲で走る心配も！ 心があっても体が不安定では、政治が動かない！ これを支持するアメリカ人って、阿呆じゃない！」と間違いではないが、かく風刺的に言っている実存的な自分が嘲笑対象と同レベルである自戒・自覚がどこにもないことに、政治資本の欠落がある――と指摘する私の方も、お前こそがアホだ、と言い返される論法をこの人は確実に持ちえている。「否定」が事実の掌握である、のみならず正義の遂行だ、という前提を崩さない仕方。ここで、誰しも感じる危うさは、「アメリカ人って阿呆じゃない」と一般化して括っている思考形式である。人種的・民族的な差別・逆差別の相互感情が、ほとんど深刻さなしに語られてしまう深刻な問題をはらんでいる。「現実性の現実性」に疑問を投げかけているのに、その場から真正の世界へ接近する手段がそこで放棄されてしまうからだ。否定は政治的作用であるが、ネット上でのそれは、同形の定型表現での否定性で、否定本来の実際効果を喪失している。つまり否認がただの再認に回収される。

（2チャネラーにみられたような知性は、その程度のことをいかにも裏を知ったかのように匿名で語る。実際場面で抵抗もできずに、裏で批判攻撃すれば自由だと思いこんで、他者より優れて物事を見ていると威張っている。不能人間の典型行為であり、政治作用に振り回されたままだ。我慢して忍従している者たちより遥かに劣った不能者であるから、知的ぶる疎外しかできないのも、重層的な権力作用に絡めとられている自分を知っていないことを知っていないからなされる。）

ネット上での政治的言動は、どのような立場であれ、政治資本の枯渇をもたらしていることの現れにしかならないのはなぜか？トランプによるバイデン批判などはその典型である。ヒトラーの「わが闘争」の大衆への心理的扇動が、ネットでは安価にいつでもなせるようになった。トランプ陣営は、それを最も狡猾になしえている。それを「脳無しのゴリラ」と呼び捨てるのは、どちらも同一であるという相互変容する等価関係次元がネット社会である。大統領と一塊の市民とが等価なのだが平等関係ではない。同じ全体性の囲いの中での侵犯儀礼作用であって、意味作用の及ぶ要素範囲がその内部にあるだけだ。さらにメタファーなるものは何事もいっていない。

ネット上では、どれもデータの要素でしかないことで、内容がどうあろうと等価である。ネット空間は、社会空間以上に「等価」空間を擬制配備している。しかも個人化の極限へ、それは構成されている。個人化の自己解体とならぬように、当事者のみにおいて個人統御されている。等価は平等を意味しない。匿名になると、「第二自己」*が真の自分であるかのような擬制が構成できるが、データとしては等価である。責任所在を隠匿している。いかに実際現実生活において日々自分の感情を押し殺して、自分を出さずに耐えているかの現れだ。世論の匿名性と多数者の順応主義から専制の可能性が生まれる危惧は、トクヴィルの時代から指摘されていた。世論調査なる擬似性は、誰もが政治的意見を持っているという前提でなされているからで、多くの市民はそれを持っていないという「政治的意見」にあり、それを政治的感情とともに有しているのが実際である。それに比して、ネット上での意見は、個人化されて一種の民主的個人主義であるかのように見えるが期待から逃れられているにすぎない。失敗しても炎上しても影響しても等価である。メディアに操作されるだけの存在ではなくなって、選択可能性と批判能力を保持してもいる。

一般化されたコミュニケーションなしに民主主義は存在しない。だがその単純化と人格表象性は、知的批判分析の高度さと無知とに対立している。民主主義の道具であるメディアへの不信が拡大しているが、それに代わるものがなく、ただ個人化されたSNSやYoutubeにアクセス数として閉塞拡散している。民主的社会における市民の批判的能力は理念的に重要な機能をな

* Sherry Turkle, *The Second Self* (TheMIT Press, 2005)、元は『インティメイト・マシン (1984)』講談社。タークルの情報生活における考察は多々あり翻訳もされている。シェリー・タークル『つながっているのに孤独 (2011)』ダイヤモンド社、『一緒にいてもスマホ (2015)』青土社、『接続された心 (1995)』早川書房。

しているが、情報ならざるデータ依存であって、表象されるあらゆる物事状態を同一の意味論的網が覆って、開放的であるように見えるが閉鎖性にある。浮動票状態にある選挙民は公衆化し、行動が不決定の不能化になっている分だけ自主的になっているのだが、そこに情報過多になっている分だけ、個別候補者への情報欠落がましていく。日常的経験として領有している社会世界と政治的／ジャーナリスト的さらに浮薄大学教師なるエリートの社会的世界とは、断絶している。後者は選挙民の社会的世界経験を一般化ないし部分化しているだけで、実際現実の把握になっていないゆえ信頼されない。その分SNSへの依存へ流れるが、意味されたことの、事実か虚偽か、大量か少量か、の判断規準しかないネット上での政治的意見でしかない。

ネット上での政治批判の個人意見の吐露は、正当性の主張の次元にまで至っていない欲求吐露、不満消化の情感次元での自己満足化であるが、ある共想幻への一致だと想像化されているゆえ、個人満足を正義化していると思いこまれうる。権力関係からすれば、何らの危険をもたらす力作用にもなり得ていないとみなされるが、量的多数が選挙の当選決定にまで至る。つまり政治機能をなせていない「意見」が、意味を理解していない者まで含んで、象徴暴力の意味連関を力関係へと逆流させている。内容ではなく、誹謗中傷という形式の力作用かただの同調表明である。理解すべき対象ではなく、破壊すべき障害とみなしている客観主義の誘惑だけなのだ。政治不能化の典型現象であるが、吐露する者には身体化された信念として情念欲動を働かせており、普遍主義が下す命令や非難には無感覚になって、感情的客観化をなすが、客観化を客観化する考察には排他的な無関心を示す。

政治的行動とは、他者否定でも応援同調でもなく、自分の自分に対する政治的行為が、他なるものとの「対立」を明確に実際行為としてパブリックに表明していくことにある。そこに自明性が隠している恣意性を明らかにしながら、文化的生産の界と社会空間の位置との相同性に対して文化資本の移転をなすことである。他者否定すれば自分は正しいというのは、稚拙なマルクス主義的な短絡理論効果でしかない。政治の権力諸関係も、自分のそこへの権力関係作用も考慮されていない「半可通な者」の見解であり、現実維持でしかない。「迷妄を打破するという意地の悪い快楽に突き動かされて、一時的な見方である民衆の健全な真理を分析の中に取りこむのを怠り、部分的見解に止まる」(ブルデュー)ことでしかない。目を覚まさせてやっている、仮面を剥いでやっているつもりの当の相手が、すでに知らしめようとしている真理を認識していると同時に拒否していることを無視している。主観的真理を我慢しその存続を守ろうとしている現実主義への回帰とそこへの制度の共犯的支えとを、分析に取りこんでいないのだ。そこにさらに、自己と他者に関する知覚と評価を曇らせるシニフィエだけの代償的満足と慰めを提供する大学言説の作用がそれを支え、知的ぶるポーズを自己満足愛させている。ネット上の意見は、この不能化において拡散している情報感情拡散だ*。それに対しファクトを正すという解析も、真偽は判別できるという大学言説でしかない。近代を超える情報技術が近代思考のままで使用されている。

* ネット上の誤認は、公開されたなら世界の誰でもが皆見れるという開かれている可能性と、実際に見る者しか見ていないという現実限界との隔たりを自覚していない。まして読む者、賛同する者などほんのわずかでしかない。

国家的な圏域のなかで場所間の戦争がなされていたことから近代国家は国家間の戦争へと外化され、その戦後平和とグローバル化の国家政治の中で、市民性が批判力を持たない不十分なまま社会規範従属の政治資本が社会機能している。そこでは情報データへの依存受容があるのみで、情報生成作用のシニフィアンを自らで問えないでいる。情報生成は本源的に場所からなされているのだが、浮遊した測定／記録可能なデータのみを事実だ嘘だと、政治資本喪失によって真面目に検証している。事実《ファクト》は真実と一致しない。トランプみたいに断言する者が強い、人は一度思い込んだその中で判断しがちになる、という旧態批判しかしていない。ネット社会での真偽区分けなど「善の権力」でしかない。データ情報が主語制言語様式へ統合されている国家資本からの客観化でしかない、その法的保証をなすことが解決策だと善意主唱される。述語制言語の情報様式とならない限り、また情報生成の場所統治アートが開拓されない限り、産業的情報世界の諸問題の解消はなされえない。情報表現の政治資本は、述語制言語様式の構成によって、国家・社会の政治資本とは異なる資本形成がなされていくことである。情報資本論❾にて論じる。

3 感情知性の政治資本：右傾化とポピュリズム

ポピュリズムはよくない、民主主義よし、ファシズムはノー。全体主義不気味、自由主義揺れてる、社会主義もう希望なし、専制主義いやだ……などなどと感情的な判断がそれぞれでなされている。表面的な知識でしかないし、また客観判断も確信ではなく、そこには「知らずとも知っている」「知っていると思い込んでいる」、エモーショナル・インテリジェンスが個々人の政治感覚として働いている。否定しえない情感知性だ。感情とは、確証 confirmation の位相における省察・反省性が個人レベルでなされる、意味の充足経験である。

これは危ういとも健全とも言える曖昧なものだが、「知らないことからの確信」は知っていることからの確信・確証よりも強固である。西欧民主主義から否定されている専制的体制の方から見れば、だらしない民主主義、自分勝手な無秩序の自由主義、となる。

つまり、「対立」があるゆえ、いかに稚拙であろうとも「政治的なもの」となっている判断である。ポピュリズムは、こうした政治統治の政治指導層たちの曖昧さや対立や強引さや不能さに対して、「大衆迎合」と一般化されて良くも悪くも作用する、と知ったかぶりの判断で、その影には、ある「怖れ」が、楽観的な批判感覚を伴って潜んでうごめいている。消費的な自由奔放の意見状況ではあるが、どこか危うさを感知しているのだ。欧米では物理的暴力のテロ的な行使になって、議員や活動行動が襲われたり互いに殴り合いになったりしている。日本でも起きた。身体なき装置が本来反省性を内在しているのに機能しなくなっている政治状況の揺らいでいる世界だ。

(1) 右傾的反動とファシズムへの見解　アドルノ

一九六七年、アドルノの講演はその旧態の概念と思考のためか、学生たち若者から嘲笑と非難を浴びたが、その後の西欧情勢の右傾化の中で、その右傾化指摘の現実味がまし、二〇一九年の書の刊行時には逆に大反響をよんだ。『新たな極右主義の諸側面』(橋本紘樹訳、堀之内出版)である。皮肉なものだが、マルクス主義思考を脱していくものがはっきりしていないためである。

どこからともなく湧き出す横暴な権力行使のはびこりに対して、自分を問わないが他者批判で卓越するマルクス主義知性が効果を持つ状態を、社会構築学は超えでていないのも、暗黙に社会を実定化してしまっているからだが、ミクロ世界とマクロ世界を区分する折り合いが理論的についていないままであるためだ。またブルジョア階級に中産階級が同化し、労働者階級も自分の賃労働の利益を守ろうとして、互いに、自分たちの既得益を守り失いたくないとしたとき、そこに湧き出す「政治的なもの」がある。階級論はともかくとして、大衆が自己利益を守る力の作用は強い。それは、資本集中の利益を守るブルジョアや権力所有をなしていると思いこんでいる者たちと、対立ではなく共同していく。民主政治の中に、ファシズムが内部から腐食を進行させていく。リンゴの中から腐っていく姿を、外部の目からは見えないという喩えでアドルノは語った。比喩が何事をも意味しないことを知っている学生たちに、それは嘲笑の対象にしかならなかったのも分かる。論証的装置は、すでに別次元へと移行していたためだ。

だが、移民や難民が押し寄せ、その異文化の振る舞いや実際の職の獲得による侵蝕で、自分たちの生活が脅かされる関係に抗議の声が上がるのを、どう見たらよいのか。他者を認め受け入れる良き民主主義が、国民に害をもたらす悪しき自国統治になっていく、その隙間の穴に、不気味な動きが胚胎していく。国民とよそ者との、互いの「恐れ」がそこに構造化される。スイスに永住する日本人が、身の回りに移民が増え居住してきた状態に、非常に嫌悪を表明していた。自分が移民であることを棚上げにしている。自分は「良い」移民であるが、彼らは「悪しき」移民だというとき、自分を彼らと区別して自分を守っているのだが、嫌悪が「恐れ」にならないことを同時に期待している。承認的な確証における不確実性が生活圏へ侵犯してきたのだ。

極端な政治的ファシズムとブルジョア資本主義の日常の社会的病理との間に明確な線引きがなされていないことが、初期フランクフルト学派の課題テーマであった。ファシズムは明白な形に描きえない体制であり、民主主義の枠内で働くプラグマチックな方向性とイデアの一群、という傾向性でしか捉えられていなかった。制度の質化の識別が曖昧であったのだ。

アドルノの言述

「ファシズムの社会的諸前提」とは、「資本の集中化傾向が支配的」であること、「ブルジョア的階層」による「特権・社会的地位の保持・強固さ」が「没落の可能性」にあること、その根拠を、自分たちへの批判的対峙のせいであって、自分の装置が原因ではない、とみなす。

　ケインズ主義的な拡張主義が、インフレーションを巻き起こし、完全雇用を実現しながらも「技術発展による失業」を徘徊させている。他方、大グループの集団的利害を表明するナショナリズムが機能し、民族国家の巨大同盟の中で、「自分の考えを信じることができない」契機を病的に果たしている。ここから、「社会全体の発展の帰結に対する恐れ」が生まれ、「新旧のファシズム信奉者が全住民の中に散在」し、小売業や解決できない農業問題の中で燻り続ける。さらに若者たちの中にも。民主主義の概念が完全に実現されていない実状において、「社会的な破局の感情」に対して、「世界滅亡なる空想から活力をえる」、カタストロフィーへの無意識の願いや自分自身の集団の没落のみならず世界全体の没落を望む、歪んだ虚偽意識がうごめく。

「ファシズムは、基幹となる経済的利害から常に自立しようとする装置を作動させる」ことで、「ドイツは再びトップにたたねばならないという感情」が、社会的な破局の感情に対する非常に複雑かつ難しい「歪められた虚偽意識の中で」生じているものだ。プロパガンダは、合理的な手段と非合理的な目的とを合体させて、現実の利害関係と見せかけだけの目的との間に、妄想じみた契機を構成して、「権威主義的パーソナリティ」の「操作タイプ」を作動させ、「冷酷で無関心、厳格に技術的に考えるが、気の狂った人間」として妄想システムと技術的な完全性とを統一させる。大衆の動員、大衆心理的な技術、「みんなに何かを約束している」ものであり、反知識人主義、意識していないものを意識することへの恐れ、権威主義的性格、というプロパガンダ技術である。そこでは、「知性と呼ばれているものと、感情と呼ばれているものの分離が物象化され」ており、合理的な議論、対話的思考が拒絶され、反ユダヤ主義のように、「何か原因があるに違いない。そうでなかったら殺されたりなんかしないはずだ」という罪意識の合理化や、「いつも真の民主主義に依拠しつつ、他者を反民主主義的にけなす」ことがなされる。

ナチ・イデオロギーの「ヨーロッパ国民」なるものは、「統合の内部で自己主張を試みるナショナリズムが原因」であり、「反アメリカ主義」が作用しており、「大国同盟によって、政治的意思決定の完全な自由が差し控えられている」という思いであり、そこには「正しい観察を文脈から切り離し、孤立化させ」る「非真理のために真理までも誤用してしまうこと」がなされている。そこに「自由な決定可能性、自発性をもう一度手にできるといった感情」が、自由を廃棄する運動とともに働いていた。このイデオロギーの本質は、断片的であり、仄めかしであり、権力や概念なき実践、「明日には全世界が私たちのものになる」絶対的支配が目論まれている。「ある複雑な集合体から一部だけを切り取り、さらに一つ一つと続けていく方法」であり、「公的な立場に守られて後押しされているかのように振る舞う」トリックをなす。それは「人は理念を持たねばならない」ということにおいて、理念や観念の概念が実用的観点によって反対へと置き換えられる、内容は関係ない、実用的に効果的な代用品として扱われる。「ナチスは初めは健全だったが、あとあと常軌を逸した」、総じてその核は健全であったという主張がなされる。

存在すべきことと現に存在するものとの差異の指摘によって、価値判断と事実判断との差異が派生させられている、その「現実性の現実性」への質化で生起して事態を問いただそうとしている、非常に散逸的なアドルノの論述であるが、それほどファシズムは捉えどころがない対象ゆえ、多様な出来事網羅の現象的な説明的解析からの指摘にしかなっていない。どこにもファシズムは忍びこむというお決まり指摘には、不確実性を吸収できない真理枠が揺らぐ中で、諸存在を直接理解できないものとしたまま対象に仕切れないゆえ、行為によって解消できない宙ずりになっている。「民主主義の中にナチズムが生き延びていることは、民主主義に敵対するファシズム的傾向が生き延びていること以上に危険である」としか言えないアドルノは、アーレントやヤスパースから似非ものだと徹底非難されたが、客観的な考察の不十分さと社会心理学的な表層還元の結びつきが鼻についたからであろう。この「良心的」なフランクフルト派的限界に対して、プーランザスはもっとはっきりとファシズムを資本主義の特別な形態であると限定づける（これは理論と歴史分析の根源に関わるゆえ、「国家資本論」⑩において述べる）。つまり根拠を資本主義に配置する。資本主義の全体性の中の不確実性に対して胚胎した規範的なものの間の矛盾が、その枠を超えた外部において忘れ去られていた別の価値に光をあて、秩序構成されるものの妥当性の主張を確証していく現実を作り始める。

なぜ極右が勢力を拡大するのか

軍事クーデタの抑圧暴力政権と違って、民主主義国家と言われる世界の中で、極右の台頭があちこちで起きてくるのはなぜか？　ドイツ、フランスで顕著だが、米国のトランプ支持層もその一つだ。移民への排斥的言動に顕著にでる。日本ではヘイト表示次元でまだ抑えられているが、労働力不足への移民補充が自分たちの害に転じたとき、いずれ潜在していたエモーションが強固に露出するであろう。コンビニ店員はもうほとんど移民になっている。

かつてのファシズム、ナチズム、スペインのフランコ主義という体制に現れたものは、今や一般的に、ネオ・ファシズム、ネオナチ、第三の位置、オルタナ右翼、人種至上主義、超国家主義、排外主義、外国人嫌悪、神権主義、人種差別主義、同性愛嫌悪、トランスフォビア、などがあげられ、反動的な見解主張を特徴とするイデオロギーや組織となって、それがフランスの「国民連合」やドイツの「祖国」など政党化し拡大しつつある。そこへの政治学的考察はいかようにもなされる。問題は、なぜ、そのような動きが「拡大」し支持されるのか？

個人感情と集団感情とが合体しているのが民族感情である（本書197頁参照）。他民族を識別している規準が曖昧であるのに、曖昧であるからこそ強固に作用する。他者了解の曖昧さは自己了解の曖昧さをもたらしている。そこに〈了解のエモーション〉が作用している。「他なるもの」の欲望の裏返しである。感情にも知性の働きはあるのだ。

多分に近代国家において秩序化されてきたものを普遍化しようとする時に極右化する*。共想幻が社会空間配置されて、感情が集団表象するエモーショナルな知性である。

良識ある市民（エージェント）であることよりも、自分自身でいられると思い込まれているのが極右的行動でなされる。不満や不安、さらには思い込んだ意志を極右的行動は集団的・共同的に正当化してくれる。疎外された一人のテロ行動であっても、無差別的殺人行為と違って、極右的行動には何らかの正当性の観念が作用している。攻撃する相手や対象は、何らかの「悪しき」不正義であるとみなされるゆえ、それを攻撃する。この批判規準は、歴史的なものとして、ある意味で常態化されたものを絶対普遍化するロジックで構成される。（例えば、「ドイツ家族」は、女性が主婦であり母親でなければならない、それが最も価値ある生き方であって、この主婦の活動を職業として法的に認識すべき。産業的な男女分割の社会秩序をイデオロギー的に構成するだけだが、普遍であると絶対化する）。

身体なき存在が諸身体の世界で具現化され、自分たちの主張を妥当と正当化し、それが裁定する不正を事実的に他者へ認めさせようとする。この極右の台頭とその実定化は、もはやイデオロギー的な観念ではなく、経済利害、とくに労働利害と結びついた民族感情であって、国民労働市場とナショナル感情とが合体した「国家的」な欲望政治となっているものの現れである。つまり、既存秩序の社会病理を自らで治癒しようとする政治的医療化の表現形態である。左翼小児病とされたものと同様に、国家的な次元での反政府の集団称揚行動となって正当化さ

* 自国・自民族の結束基礎となる権威崇拝（権威主義・国粋主義）、自国・自民族の絶対的優越の信条（自民族至上主義・民族差別・選民思想・排外主義・外国人嫌悪・極端な愛国心）、社会改革を目的とする暴力的手段肯定（テロリズム・過激主義・急進主義）、自国・自民族を主体とする武力行使の積極的肯定（軍国主義）、男権主義（男尊女卑・ミソジニー）、社会的少数者の排除（優生思想・反同性愛主義） など

れる。より良い国家を作るのだという正当疎外である。自分の不満が、「強いアメリカ」と合体される。トランプのレトリックは、私情の情動感情へ「共同的に」訴える。自分を生かせない民主党的な「社会」的綺麗事に同調できない感情である。統一の主張が国家を分断する「逆生産」作用となっている「政治的なもの」となる。真理の試練を超えた現実の試練の次元で、既成のものへの不満／批判を確証へ転じて、存在試練の台頭を許さないようにする。

ナショナリズムのパッション

ナショナリズム論の多様さについては『哲学の政治 政治の哲学』において整理しておいたが、基本概念である nation/natinality//ethinicity の混同と不明瞭さからもたらされている。それは、民族差別、人種差別・人種主義の感情として拡散される。バナキュラーな場所と国家形成との関係の歴史的な違いから差異化される多様さは、理論的な混乱のままにあるが、ブルデューによる「自然化 naturalisation」に関する見解を一つの規準にもちながら再考への回路をしめせよう。

ナショナリストのパッションとして、当事者たちがしがみついている「主要なる真理」は、民族・人種・アイデンティティが、経済的・空間的な事実の隔離という客観的構造の下での諸事物 choses の中に書きこまれており、さらに身体の中に、内臓的な好き／嫌い、共感／反感、魅力／反発として書き込まれている。これは、パッションと盲目の単純な幻想という主要な誤謬だ、とみなされるような単純なものではない。客観的批判は、地域や民族を自然な諸境界とか言語的諸結合として自然化する見解を告発し、これらの副在的諸実体 entités substantielles は、社会的構築物であり、歴史的人造物に他ならないと、簡単に告発する。だが、ナショナリスト的本質主義への批判は、共通パッションへの距離を安易に示す手段でしかなく、まったく無効であり、他の諸動機に従っていると疑われるものでしかない。告発され、弾劾され、烙印を押されようとも、エスニック、性、階級のすべての人種主義の道徳的パッションが永続化されていくのも、配置換え形態のもとで、身体に楔で打ち込まれているからだ。それを生み出した支配関係が客観性の中に永続化され、批判的切断がない限り、支配層においても被支配層においても、それを受け入れる傾向 propension が絶えず強化されているからである。(MP, p215-6) つまり、社会的なものは二重の自然化として、諸々の事物と身体の中に、書きこまれて、その結果として象徴的暴力の諸効果をもたらしている。この象徴的秩序の維持の最も強力なメカニズムを忘却してはならない。自然化の効果は、思考される思考自体に作用し、身体化されているがため、意識の外部に埋め込まれている諸前提と諸限界を思考へ課している。認知諸構造が身体化され、その身体が認知諸構造を社会空間構造へと適用する。ナショナリズム熱情は、そうして自然化されてしまって、当事者に考えられ得ないでいる。ボルタンスキー的概念でいうと、不正や屈辱を存在試練へ配備させずに、調整する現実試練を批判してナショナルな自分だけの真理試練の整合的な枠へ無理やり押し込める。

(2) ポピュリズムのエモーショナルな言動政治

ファシズムとナショナリズムに潜む本質的な試練関係は、ポピュリズムへと現在変容しているが、それ自体ファシズムではないゆえ言表が異なるも、概念がしっかりと確定されているわけではない、しかし政治的領野に圧力をかけるという線に沿って見れば、抑圧的傾向性と反民主的な「前配置変え predispositions」へと向いているゆえ、ファシスト的傾向性 fascist tendency にあるとされる。前配置換えとは、前もってその方向性への配置換えが配備されている、という意味だ。まだそうなっていないが、そのように配置換えすることをすでに配置している。前提ではない。

*例えば、わかりやすく本棚で言うと、ここには新書をおこう、ここは四六版、A5版、と棚の大きさと場所を定めて本棚を作る。分類範疇も、ここは哲学、ここは芸術をおこうと前もって考えている。分類化と配置換えは、物の形態だけでなく社会世界の分類化、分割=見方に規制されしかも前もって配置されている。さらに、いつでも入れ替えられ、その境界は揺らぐ。などなど。

ファシズム同様にポピュリズムの概念は定義不可能にあるが、それは政治なるものの客観化の難しさであるが、しかし政治学・政治理論の限界を物語るものでもある。様々な諸現象が取り上げされている。そのある共通性は、反エリートだがカリスマを求める、ある民衆的集団による平等や正義を要求する動き、既存のカテゴリーに当てはまらない政治的な圧力的な動き、人種主義的差別感情を発する、などとぼんやりまず把握しておいて、この概念的な範疇の吟味から考察するのではなく、ある規準的な手法からその現象的対象を少しでも明らかにしていく他ない。人民主義や大衆主義、群集心理、などに仕分けられない政治的な情動と活動であり、かつてはアルゼンチンのペロン主義（人民対オリガルキー、勤労大衆対搾取者、という二分法から大衆支持を獲得）、現在では米国投票人口の半分近い数を得るトランプ言動に共鳴し支持する群衆的行動がその典型、と現象を仮定的に見ていくことだろうか。イスラエルのネタニヤフがそこにさらに出現してきた。レーニンのナロードニキやアメリカ人民党などを入れ込む論者もでてくる始末ゆえ、数多の研究さえ信用できない状態であるが、私はイローズの考察をラクラウの考察に重ねながらおさえていく仕方をとる。曖昧さ、不正確さ、単純化、知的貧困さ、などをもって裁断しても意味ない。イローズもラクラウも「鱗状」というメタファーを使う。具体的な社会諸状況に反応しているエモーションと社会思考とを有しているのに、分析側が捉える手立てをもっていないだけだ。それは、現在の社会環境での社会諸経験が現実における「現実性の現実性」として生み出しているものであることだけは確かである。だが、理論的にクリアにされないと、ただ多様な事象と出来事が羅列されるだけになってしまう、それは現実ではない、見かけの現実性でしかない。

ポピュリズムは、巨大な想像的諸空間 imaginative spaces として、多様なエモーションを回収して、現実界へ無感覚になっている状態だ。それは社会的・政治的生活のパラノイア的解釈に傾きがちなエモーショナル・プロジェクトとシナリオによって満たされている諸空間である（イローズ）。この「エモーショナルな想像的諸空間」は、復讐されきれていない傷と敵たちを通じて、社会内部に矛盾を精力的に補給し、真の人々であると想定した原初的・真正的な定義を誇張拡大強化する。国情によって違う多元的なものであるが、そのコアには、ファシズムがなしたような破壊的デモクラシーではなく、非自由なデモクラシーでありながらしかしデモクラシーであるとしている。しかし、デモクラシーとは、震源地に、リーダーや民衆ではなく、フェアな諸制度を配置する政治的ドクトリンと体制である。そこから見て、ポピュリズムは現実的に民主的であると主張する権利はない。ポピュリズムは男性主義的であり、反コスモポリタン、反グローバル主義者、反ヨーロッパである。宗教やナショナリズムが、原初的な文化的・エスニック的アイデンティティの肯定の鍵となり、エリート、裁判、規範の国際的法を頼らずに、正反対のナショナルな態度になる。そして、もはや左翼は抵抗言説を中心においていないため、ポピュリズムの方が反乱言説を内在化している。反乱や侵犯は右翼へとシフトしている。(ELP, p.164-5) *

このように説くイローズが抽出したエモーション emotions ／情動 affects は、「恐れ fear ／嫌悪 disgust ／恨怒 ressentiment ／愛国主義 patriotism」の四つである。

(1) **恐れ** fear

恐れは、繰り返し敵を名付け発明する強制的な動機を提供する。この敵は固定され変わる

* Eva Illouz, *The Emotional Life of Populism* (Polity, 2023)

ことがない、政治を、衝突の解決から「脅えを永久的に監視する状態」へとシフトさせ、法の規則さえ留保する犠牲をなす。少数者たちが国民を脅かすことに、焦点を合わせる。ハマスのテロがイスラエル国民全体を脅かすとして、ハマス撲滅の名の下にガザ全体が温床だと攻撃をガザ住民全体へなす。一部の実在を特定しえないため、全体へと恐怖を拡張させる。病院をテロの隠れ家だとミサイル攻撃するなどは、その「恐怖」を巻き起こす典型である。

⑵**嫌悪** disgust

嫌悪は、汚染や悪影響の恐れを通じて社会集団間に距離をもたらすダイナミックさを創り出し維持する。それは、エスニックな宗教的な少数者たちを切り離し、悪影響の論理によって、少数者たちを支えるかそれとも対立するかの政治的集団の分割を生み出していく。

⑶**怒り** anger/ressentiment

ressentiment は、自己犠牲化のキイとなる過程である。そのレトリックは一般化され、あらゆる集団、多数者と少数者に、他者が自分たちへいかに関係しているかを喚起させ、政治的自己を傷ついた形で再定義する。左翼エリートに対して自分たちは犠牲者であるという共通感覚で結合される。全ての集団は互いの犠牲者だとすることで、敵意が作り出され、正義の通常の範疇が転じられる。そして、復讐の想幻が作り出される。

⑷**愛国感情**

排他的な愛国主義は、他者を犠牲にして内部集団の連帯を約束する。その他者は、国民にとっての余分で危険なメンバーとして再定義される。

これらはトランプの言動そのものに表現されていることであるが、トランプ支持者たちの感情を把握し、それを言語化する知的集団が、トランプに語らせて、投票支持者として囲い込んでいる。イスラエル右派の行動ではもっと怨念的に表現され、ガザ住民たちを四万人以上殺戮しても辞めようとしない、テロ＝ハマスやアラブへの強迫怨念としか言いようがない。特殊なユダヤ的強迫観念とも言えないではないが、自分たちが犠牲者でありその恨みの怒りで復讐する。ポピュリズムが、敵・味方双方に、一般化して波及していく、その根底にある情動・感情が、主人言説の中に大学言説によるシニフィエの正統化をもって知的判断だとされて世界で動き始めている。

これは擬似ナショナリズムとも言える妄念的想幻が、帝国的感覚をもってファシズムとの間で、新たに創り出した感情政治である。国家内の不安定さを、少数者たちのせいにして、自分たちの集団的利益を国家的なものへと練り上げる。その本質的な根っこには、エスニックなものがネイションへと構成される時に、過程的に被った犠牲への歴史的感情の集積が蠢いている。記憶の無意識化において歴史資本の誤った回路が不可避的に作られている。つまり、場所の存在が移動との関係で潜在している。敵が移動して侵入してくる恐れと設定される。

自身や身内が爆撃的攻撃で傷を負ったり殺されたりしたことへの、怒りは消えることはない。だが、戦争末期に日本へなされた空襲爆撃の痛手への怒りを、戦後世代の私たちは大きく耳にしたことはなかったのはなぜか？　沖縄人たちが持ち続けた悲惨への悲しみや怒りを、本土の国民たちが他なる出来事のようにしか感じていかない状況とはいったいなんであるのか？　唯一の原爆投下国であるのに、そのあまりの悲惨に言葉を失いながらも、国民の多くは政治的な怒りとして反原爆へと表現されていかないのはどうしてか？　直接の被害を忘却させていく、この情感的な抑制は、ポピュリズムを噴出させる作用へと転化されていくものではないのか？

ポピュリズムは、直接性の被害を歴史背後においていながらも、しかしその直接性がない次元で働いていく、根拠が薄らいだ不気味な蠢きであると言えるのではないか。おぞましい汚れを浄化させるかのように正当化されていくゆえ、大衆的な広がりをもたらしていくが、根拠がはっきりしないゆえ対処が明白に取りえないゆえ、消滅させることが難しいものとさえなっていく。政治的対立への「感情の政治」として、そこを把握することを試行してみる。

ポピュリズムは、自国を閉鎖的に構成するため、人工中絶の禁止、エスニックな移民の排除、トランスジェンダーの排斥、など身近な「異なるもの」として禁止・排除して、自分たちの純潔さや富を守ろうとする保守主義にある。つまり、性的なヘテロセクシュアリズムとして対想幻次元を排他的に確保し、共想幻において他民族を排斥してナショナリズムを純潔化し、自己こそが最優位であると個想幻を画定して、意見がころころ変わろうとも自分は変わらないと思いこんでいる自己愛着にある。知的資本の水準は低いが集団化されて普遍であると思いこんでいる。この「思いこみ」は感情的に強固で、かつ自然化されて溶けない。なぜ、強固でいられるのか？ そこに感情資本主義が感情専制主義と裏表に結合して構成されている*。

4 感情資本主義と感情専制主義の言説政治資本

感情資本主義と感情専制主義とが、合体したのがポピュリズムである、と私は配置する。自由主義と専制主義との間の穴に出現したものだ。トランプの言説は、共和党の次元を超えて、米国の国民半数の支持を得ている。巧みな言説が駆使されているそれはトランプ個人の知性ではない。彼に代言させている米国ポピュリズムの政治資本が作用している。それは、かつてアメリカ帝国主義として世界覇権で作用していたものの変奏、「強いアメリカ」である。国民の感情を巧みに掌握している。アカデミー賞の授賞式で、ロバート・デ・ニーロがFuck, Trump! と何度も呼称したが、そうした情動的反応を対照的に招くものだ。感情対立が、国を真っ二つに政治的に割っていく。イスラエルが、それを先取り的なモデルとして表象している。イローズのポピュリズム考察は、イスラエルを特殊だとしながらも範例的次元で明らかにしたものだ。

* 本書を書いている最中、2024年12月4日、韓国の尹大統領が「非常戒厳」を発令した。自由民主主義を守るため、彼の政権を批判妨害してきた反国家勢力たちは犯罪だ、親北朝鮮反国家勢力だ、それを一斉に根絶し、自由憲法秩序を守る、と感情資本主義が感情専制主義となるロジックをそのまま実行、しかし6時間後に撤回した。民主主義のために反勢力を殲滅すべく、政治活動やメディア、司法、国会全てを停止する、また反戒厳令の民衆は大統領を逮捕しろと叫ぶ。

感情諸構造 structures of feeling

イローズはレイモンド・ウィリアムズからとった「感情構造」の概念を自分のエモーション論に当てはめて、その政治的な物語化を示す。構造に潜んで横たわっているもので、公的規則性に対する民衆の反応や文学テクストに見られる、諸制度のヘゲモニーの間に出現する感情形式がある。それが個人や集団のアイデンティティ形成に重要な役割を果たし、政治は感情構造を形成しかつそれによって形成される。政治的行為者は、社会諸経験にエモーショナルな意味を与えて語り口を形成することでパワフルになれる。感情は物質的な社会経済利害を維持したり、また社会経済的利害がエモーションによって覆われたりもする。エモーションは選挙パターンや市民の政治的選択に大きな影響を与える。

エモーションは情感・情動 affects へ転換され、感情への意識様態は薄れる。かかる情動は、社会経験の社会的地位に基礎をおき、私的空間、イメージ、物語の社会的紐帯に囲まれ、自己覚醒の下ないし彼方でパブリックな雰囲気を作り出す。経験の非認知、前認知のレベルにあるとされた。

だがエモーションは合理的でも非合理的でもなく、与えられた状況における良き状態の自身の知覚を表現している。真実でも事実でもないが、「本当らしく感じる」ような政治言動に顕著である。ある社会集団のメンバーにおいて時間をかけて形成された社会経験の共有は、政治的言説の一部となっていく。例えば社会的羨望が、意見の状態や公的雰囲気を擬似的に構成していく。社会経験から由来し、意識的に作り上げられ、認知的で情動的な意味が、社会世界の理解の仕方にまでなっていく。（情動／情感などは「情緒資本論」❷にて克明に論じる）

感情構造は、共通の経済的、文化的社会的な経験を有した人たちによって共有されている社会的経験であり、また、この経験が、多様な集団によって名づけられ枠づけられる仕方でもある。感情の政治的構造はこの二つがうまく噛み合っていることで成功する。政治的に関連づけ操作的になることは、不快をイデアとエモーションの特別なセットに再コード化して意味の枠組みを身体化することである。ポピュリズムとは、社会的不快を再コード化する仕方である。

ポピュリストの政治は、集団的なトラウマ（恐れ）、領土の征服（嫌悪からの領土確保）、怒りの強いエモーション、の三つの強固な社会経験から再コードを、「国を愛す」「守る」としてなしたものだ。この社会経験を物語化し、政治領域へ操作的に配置し、このエモーションが公的領域で動くことによって「剰余的想像情動 surplus imaginary affects」が浸透していける。それが、想像的対象である現実性へと対応していく。

言説の想幻化権力

資本主義も独裁国家も、感情構造を内在化して、政治的な営みをなしている。その感情の動きは、知的な言説とともに、想幻権力を働かせて、強固な構造をなしている。

性的資本論❶および知的資本論❸において、四つの言説が社会的な言説へ転じられる構成を示した。主人言説は資本主義言説へ。その事例をもって、分析言説が専制主義言説へと転じられる転成を示せる。そこでのベクトルの反転が、実は想幻化権力の作用の仕方を意味している。$\$ \to S_1$の下から上へのベクトルが、$\$$とS_1との位置が入れ替わって、上から下へのベクトルになる。$S_1 \to S_2$の人格ペア・ベクトルが主要な位置から消され、この位置の転移が、想幻権力の作用である。主要なシニフィアンの位置が、S_1から$\$$へと配置換えされたことである。

つまり、主人言説が科学者言説の配置に主要なものとして入れ替えられた。ところが、対象としてのS_1へ向かうのではなく、真理の位置にあるS_1へと向かうこと。問題ある状態$\$$に潜んでいる真理なるシニフィアンS_1を探し選択して、その対象であるS_2へと向かう回路$\$ \to S_1 \to S_2$を配置換えしているのが想幻化権力である。言説要素の位置が転じられることは、意味連鎖の中で起きている*。資本主義言説は、S_1であるシニフィアンを「資本家」の資本作用として知っている。つまり経済課題をもって、それを引き受けた資本家機能として、経済的にシニフィエされる「商品」を対象に設定して、生産物a＝商品を生産する。経済問題は見えないのではなく、そこを課題にしてから出発する。想幻権力とは、問題を最初に踏まえることとして稼働し始め、それを担う経営を設定して、それが対象を商品として描き出して、実際に商品＝生産物を作り出す。主人が強引に奴隷＝労働者に強制して生産物を作らせるのではない。こ

* 基本言説は、意味するもの→対象→生産物の場所の回路を経る。だが、資本主義言説は、意味するもの→真理→対象→生産物の場所を経る。つまり、真理を隠さずに拾い上げていく。それは問題となっているものが何であるかを、その真理の内部で知っている。それをへて対象が定められる。

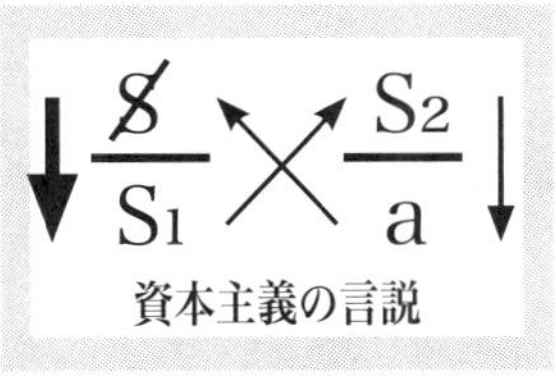

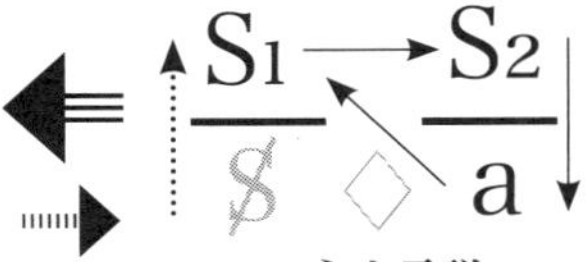

主人言説

意味するもの	対象
真理	生産物

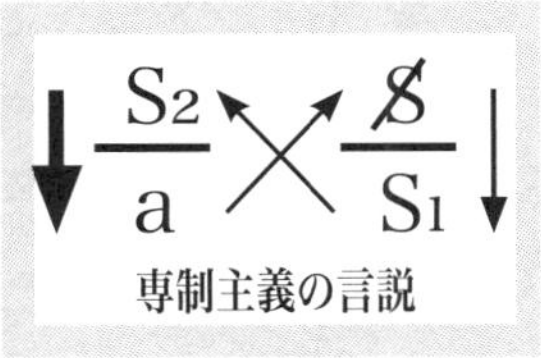

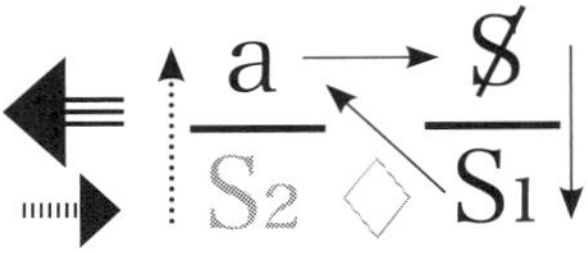

分析言説

れは、労働者S_2が、ただ隷従する奴隷ではなく、経済課題＝問題を知っている存在として機能配置されているのを意味する。つまり労働主体化＝従体化されている。ゆえ賃金を獲得する主体＝従体として受け入れ動きうるゆえ、権利や賃上げを要求することもできる。想幻権力によって、そのように可能化されている。$\not{S}$も、見えるものとして明証に設定されている。従って、商品生産で問題・課題となっていることがはっきり掴まれ（あるいは取り損なって）、それが経営課題として循環させられていく。

専制主義言説では、意味されたもの、つまり国民や大衆は、支配されたもの＝抑圧されたものとして、支配・抑圧が主要なシニフィアンとされ、その対象が明証に示され、そこにおける課題・問題をクリアにして、支配する＝抑圧するというシニフィアンS_1を作り出す。つまり、専制主義は自分がしていることを知っている。国民も支配され抑圧されていることを知っているゆえ、その恐怖に黙って従

社会言説の構成

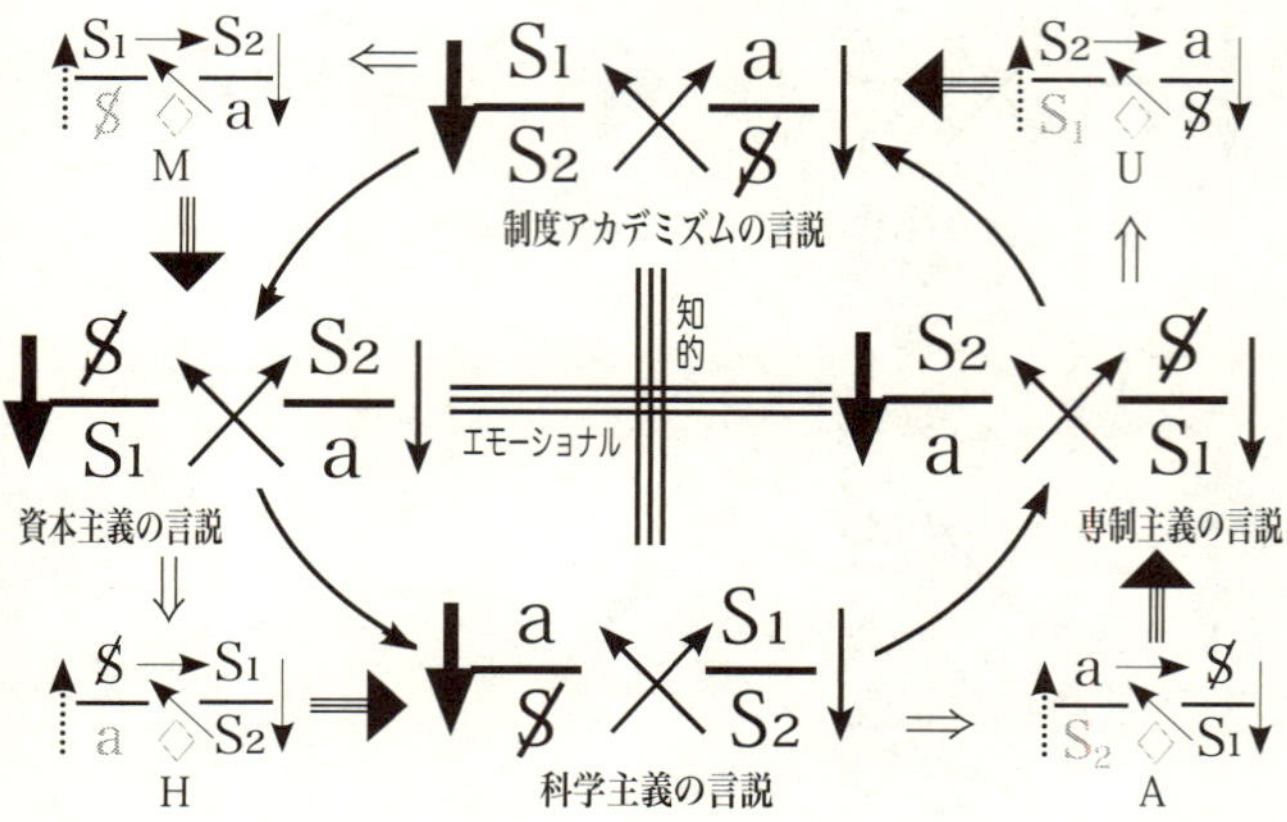

属する。この想幻化権力は、意味された抑圧が自分へ加害することを自覚させて支配可能を作っている。

資本主義と専制主義とにおいて、労働者は自分が従属疎外されていることを知っており、国民は支配・抑圧が自分へ加害することを知っている。その上で権利を求め自由であると自己承認している。そうした想幻権力の作用になっている。その意味連関の想幻化権力の効果は、かかる循環は溶けない、転移できないと知覚・認識させることにある。疎外されていれば、抑圧されていれば、自分への利益が保証されるということ、を知っているのだ。エモーショナルに同意している様態だ。だが真正の自分はいない。この想幻化権力において二つの言説世界は表裏する。感情的なものを知的なものよりも優位化させる感情資本主義／感情専制主義となる。物質的な意味関係世界であるが、その利益保証へのエモーショナルな同意である。現実界は不可

【註】四つの基本言説間の循環が、真理を隠す＝考えない構造であることに比して、社会言説空間においては「真理」は露出されるが、その言説内における真理であってその真理の試練がなされているにすぎない。基本言説循環と社会言説循環との次元転移において真理の生産が意味作用としてなされている。それが想幻化権力作用である。これによって、制度権力と規範権力との意味関連も転じられる。

能として動かされず、想像界の想幻が情動・感情を固定させる。象徴支配がようやく固定される。制度化権力や規範化権力は、この社会空間を実際化して、物質的にも実際作用をなしている。

想幻化権力とは、言説の意味作用の位置を配置換えする作用である。分析言説といえど、関係は危うい規制を受けていくゆえ注意せねばならない。制度アカデミズム言説と科学主義言説が知的に支える。四つの言説が、想幻化権力作用によって、「社会言説」の総体宇宙を作り上げている。それがさらに再び、それぞれ四つの言説へと突き返されて、各言説が機能していく。図で、太めのベクトルは、すべて想幻化権力の作用である。⇑の矢印は、逆・想幻権力作用である。社会言説が、元の言説へではなく、ずれて種別の言説へと再規定をなしていく。これが、実際の言説権力の関係総体である。重層循環している。社会円環から外部へ出れない。人格設定するとわかりやすいのだが、その人格が為している物事関係として理解すべきである。政治資本は、各言説ごとに、および相互関係において作用していると言える。

結語　政治資本なき社会政治情況

ラクラウ（「国家資本論」⓾にて論じる）もまたイローズも脱マルクス主義的なマルクス主義のため、論理スキームが固定しており、分析的に明快だが、同時に考えられえていないものを多く残している。決定的なことは民族国家なる国家論の不在である。その共想幻から社会経験へのエモーションが規制的に自己想幻していく、これは共疎外のナショナリズム次元とは異なる働きをなす。強いアメリカの国家の中で「弱い自分」となっている相反性から疎外されて合致する個想幻化構造だ。自由民主主義が包摂できない想幻が、社会主義でも回収できず、ファシズムへ傾向性として疎外されていく。つまり〈民主主義-社会主義-ファシズム〉の円環からはみ出す、それらの間の穴から出現する、ゆえポピュリズムと別範疇で称されたものと言える。国家体制に回収されきれないエモーショナルなものだ。場所から疎外され浮遊したものが社会経験の社会空間にも定在する場を見出せず、場所へ回帰もできずに浮遊しているのは、社会疎外と国家疎外とが共作用しているからである。見えないところに想幻化権力作用が象徴化以前に働いている。

つまり、ポピュリズムに対峙できる政治資本は、ポピュリズム自体への対峙ではなく、「国家」や「社会」そのものへ対峙しうる批判言説を領有していることだ。そこが曖昧であったりぶれているとポピュリズムへ足を掬われる。見えない権力作用が概念化されていないため把握されない。

国情の違いを実証的に多様に詳細化しても溶けない次元がある。国情の対象化はその自国の者たちがなせばいいことで、またそれでしか当事者性の政治的な意味がないのだが、ある理論的な批判規準を自分へしっかり了解領有しておくことだ。私が、バカ・プーチンと呼び捨てて憎悪的批判をなすのは正義や善意や戦争反対の真正性からではなく、ウクライナの友人たちが何人もいる、その彼・彼女らを殺すことへの怒りの政治感覚からである。反戦争への知性は、戦争を否応なく引き受け抵抗戦争し続けるゼレンスキーの言説に限界含めよく表現されている。

●社会イズムなる表象

「社会的なるもの」は、イデオロギーを伴った「社会主義 socialism」ではなく、イデオロギーのない規範化=制度化の「社会イズム Society-ism」の空間となって、ポスト・モダニズムの歴史状況においてポストモダン・ファシズムのソフト状態を個々人へ生み出している。「社会」の一元支配空間が最上位に配置されて、そこへ全ての物事と諸個人が社会エージェントとして従順に従属されている状態であるが、個人化されており、何かを知っていると思い込んで、自発的にプロ選手や何らかのプロフェッショナル人を罵倒的に批判し否定している様態にすでに顕著に出ている。競技に失敗しただけで、その選手を人格否定し、死ね！とまで言うような雰囲気である。プロ的行動など出来もしないのに、そのプレーを知っているかのような上目線から偉そうに選手を否定する。この感情専制感覚は、自由主義にくっついている情動であるが知的であるかのように振る舞うゆえ、ポストモダン・ファシズムだと、時評的に私は名づけた。論理的には、物象化の構造が心的に取られていることを分析してみせた*。群衆の中の孤立存在で、論争の対話へといかない態度だ。

だが、〈decent society〉という概念で社会規定しているものがある。礼儀にかなっている、上品な、みだらでない、きちんとした「社会」だというもので、社会実定性を永続化している。

* 山本哲士『日本〈社会〉イズムとポストモダン・ファシスト』EHESC 出版局

●上品な「社会」の擬制

マーサ・ヌスバウムは、愛と共感が、良き政治的紐帯の形成には求められるべきだと「政治的エモーション」で論じた。しかし、アーレントは、政治的物事における愛＝アガペーの役割に反発している。もし愛が政治における役割をなしたなら、許しや判断のパワーは決してえられないであろうと主張している。

社会の実際的な矛盾や葛藤・衝突に対して、社会なるものを作ってきたそのイデアやビジョン(平等、博愛、自由、権利などなど)が、否定し難いものでありながら何ら現実化・具体化を実現しえないとき、「良き」社会を想定しての、連帯や友愛が新たな可能性を開くかのように綺麗事で述べられるだけでない、それを「社会的共通資本」として一切合切を含んでの曖昧概念によって、社会資本概念をいかにも物資的で象徴的な作用であるかのように配置して、社会的な罠が仕掛けられていく。空洞がそこに配置されているが、「社会」なるものはトーラスであり、真ん中にぽっかりと穴が空いているのだ。この社会のトポロジー構造(『知的資本論』にて叙述)をしっかり踏まえていかないと、騙すつもりなく騙すというペテンの自然化があちこちで作用していく。ラカンはよく「騙す」と述べる。実質のない見立て状態だ。それは贈与の二重性と労働の二重性によって、資本作用が見えなくなっているところに象徴暴力作用している「社会の実定化」である。連帯や友愛を設定しても、社会へ配置されているかぎり同様である。*

* デリダ『友愛のポリティーク』みすず書房

社会は不備・不確実性の塊なるがゆえに、あたかも可能性が開けるかのような誤認を持って、負的なものを否認して擬似的な象徴支配を確立していることを、前配置においてはならない。資本主義言説／科学主義言説／専制主義言説／制度アカデミズム言説の円環によって構成化された「社会言説」が感情構造を内在化して社会知性的に永続化されてしまっている。

●「社会」ではなく、バナキュラーな場所とエスニック

国家の社会化／社会の国家化の相互作用が、国家＝社会の相互補完構造をなしている。それをなしているのも想幻化権力である。次元の異なるものを合同化する。国家が引き受けられない諸関係を社会が代行為し、社会がなせない統治作用を国家が代行為する。そこに制度化権力を働かせて実定化し、規範化権力で運営する。この相互構造を可能にしているシニフィアンは、想幻作用であり、言語作用であり、イデオロギー的プラチック作用である。共想幻と個想幻とを合致させ、主語制言語様式を集中統合し、大文字他者と想像的自己／一者とを合致させる想幻作用である。国家は、政治権力機構として、社会は制度権力機構として、相互に補完し合う。教育基本法や学習指導要領、教科書検定などは国家が担うが、学校運営や教育遂行は社会の学校制度が担う。その公的配置を社会統治するとき、「公的なもの《パブリック》」を「社会的なもの《ソーシャル》」へと編制転移している。ここが、隠れた政治資本の作用である。想幻化権力が働いている。

これらのあらゆる場面に権力諸関係が作用している。教師や子どもの振る舞いに、授業や科目や教科書や時間割、さらに試験や検査や身体訓練、儀礼儀式などが張り巡らされている。

医療体制においても同様である。医師の国家検定、医薬品、病院認可など国家が担うが、実際の医療行為は社会の病院制度が担う。コロナ禍で、感染対策は国家が担い全国民を統御したが、病院では過剰患者を受け入れられず、病人の受け入れ拒否をなした。逆生産が露出社会的なものとしての機能秩序は遂行された。予防接種が強要的に要請されたが、のように拒否する存在を許容してのことで成り立つが、いずれ強制される事態になる。中国では、強制的監禁徹底がなされたが、政府や統治者たちへの不満を解消はしえない。

つまり、このように、国家＝社会として統治徹底をなすが、穴を埋め切ることができない。その穴に作用しているのが政治的自律性の政治資本である。個人のことではないのだ。

政治資本は、対抗的であることで作用しているものである。そのときに、対抗的なものを極限的に押さえこむのが、専制主義でありファシズムであるが、中途半端に浮遊した圧力をおぞましくしかけてくるのがポピュリズムである。つまり、ポピュリズムは自由主義の感情的抑圧作用として、専制主義の一歩手前で機能していく感情的専制主義の対抗的な政治資本である。トランプ支持派による国会乱入を引き起こしてしまう作用さえなすが、組織だっていない。

民主党が包摂しきれえない黒人の不平不満を、共和党トランプが支持層へと巻き込みながらメキシコ／ラテン系の移民流入への人種差別へ代行排除し、差別された者が差別する人種差別・民族差別を疎外機能させる。これは、西部劇によく表現されるのだが、西部においてメキシコ人系が経営するホテルやショップでインディアンを排除差別する構図に現れていたことの転移現象だ。利害関係が、メキシコ人とインディアンとの対立で起きていたことの方が、白人とインディアンとの対立、白人とメキシコ人との対立よりも大きかったからである。白人の側からしか見ていない西部劇。利害だけでない感情的対立も含んで。そもそも西部の領土はスペイン植民地的統治でメキシコ領土であった。地名のほとんどはロサンジェルスやサンフランシスコをはじめスペイン語であることとして残滓しており、イスパニック系の住民が多くいるが、同じ民族でありながら塀の向こう側とこちら側の自分たち自身が対立構造へと追い込まれていく。

人種や民族が政治資本作用している、この問題は根深い。納得のいく論述に出会ったことがない。特に欧米のそれは、私たちアジア的なものにある文化存在から見て、あまりに偏曲的である(だが太平洋戦時下でなした民族差別は同様)。つまり、文明史的にいうとアジア的なものがヨーロッパ的なものへと近代編制されていく時に構造化されたものが強い水準で機能されている。アフリカ的なものとアジア的なものとの間に起きる亀裂以上に生物主義的な作用が入りこむ。

文明史的に、アフリカ的段階、アジア的段階、ヨーロッパ的段階、そしてアメリカ的段階として、その相互の段階の推移・転移で何が起きていくのかを自覚しながら考えていく手法を働かせていくことだ。その時の規準は、民族＝nationではなく、「エスニック」なものである。エスニックなもののバナキュラーな場所である。つまり、民族《ネイション》の政治資本とエスニシティの政治資本は対抗的である。民族間の対立の根底には、その対立が本源的にある。アントニー・スミスによる「エスニシティの政治」論は、民族とエスニシティとが反転混同していくように*、ヨーロッパ的段階において、その混同が生成していくのも外部者の目で歴史や現実を見ているためだ。民族誌と人類学との間の混在をへて、人類学と民俗学との言説および調査研究の差異として出現しているが、理論的には難しい問題が潜在している。「社会理論」によってではそれは解かれない。

政治的諸現象は多様である。その個別の解析・考察はいかようにもなされるが、政治的なものにたいする諸概念があまりにない。ゆえ把捉されないまま穴ボコだらけで、政治なるものがすり抜けてしまっている。対立を回避することが人間コミュニケーションに大切だという、善行の権力関係が通常化している。その分、関係だけ持てばいいという社会関係資本における空洞化が進行する。政治資本に重要なのは、実質のある文化資本と知的資本の高度化である。これが貧相だと、現在の日本の政治界のだらしない政治状態に結果する。

補足しておくが、欲動シニフィアンが、欲望の政治資本と倫理の政治資本とを相反的に作用させる。社会の政治資本は欲望政治資本を稼働させている。場所のバナキュラー政治資本はエスニック慣習の倫理資本が文化作用している。この実際世界は、それぞれの場所で歴史考証されることだ。

* アントニー・スミス『ネイションとエスニシティ』名古屋大学出版会

III 文化政治と政治資本

政治が文化に絡むとき、文化を抑圧する仕方で絡むとみなされることが多い。文学書の発禁や検閲〔『チャタレー夫人の恋人』裁判、深沢七郎『風流夢譚』、大江健三郎「政治少年死す」など〕。映画の検閲やハリウッドで起きた赤狩り、美術の表現への検閲・禁止など、性的表現を猥褻とみなして検閲する場合や政治的行動や表現への弾圧などがある。また、子どもへの影響としてふさわしくないと、過激な表現への反対運動が親の側からなされたりする。だがこれらは、外からの政治性だ。ある類の芸術的表現を、秩序・風紀を乱す、不健全だ、害悪だ、政治的に危険だ、などとする道徳的判断がそこに絡んでいる。

しかし、例えばディズニーのアニメや漫画に込められている政治性には気づいていないどころか、子どもに積極的に関与するように仕向けてさえいる。「無垢さの政治」としてわたしはマッテラルトたちの『ドナルドダックを読む』を踏まえて自分なりにディズニー批判解析をなしたが、ラテンアメリカの多国籍企業と独裁政権にディズニーが協力的に絡んだだけではない、アニメや漫画表現そのものに政治的表現がなされ、さらに、労働と性現象を消している「無垢さ」

を子どもへの良き純真さだと思い込んでいる親たちの政治感覚を示した。ドナルドダックに親がいないこと、その家族構成は「叔父―オイ」関係でしか表現されていないことをどう思うのか？またアンデルセン童話や人種・民族に関わる主人公設定などで、童話や伝承をいかにディズニーが変形しているかに気づく親はいない。知らないことも政治的作用である。

「みにくいアヒルの子」の原作を読んでから、そのディズニーのアニメを観てみれば、そのあまりの違いに即座に気づくことであるのだが、見事に改作されて、それは新帝国主義と属国という政治的従属関係のメタファーとして織り込まれている。第二次世界対戦時のファシズムや日本天皇に対してはストレートな反の政治表現さえなした。

文化政治「への／による」政治的な行使を「隠れた政治」だとは言いたくない。はっきりと表示されているからだ。それは表現の自由だ、そこへの抑圧だ、という論調で示されるものではない。

ヘンリー・フォンダによるワイアット・アープの名作西部劇『荒野の決闘』映画は、連合軍（＝アープたち）とナチス（＝クラントン・ファミリー）との戦いのメタファーである。私はジョン・フォード映画が好きではないのはあまりに政治的であるからだ。インディアンやメキシコ人に対してのヒューマニズムの反映擬制が背後に配置されて実は露骨である。逆に、メキシコ側はメキシコ人を差別するなと逆検閲する。『荒野の七人』の貧しい村のメキシコ農民設定で、小綺麗な服装をさせられている。ナチス＝ドイツを小バカにするハリウッド映画がいかにたくさん制作されたことか。ドイツ人の友人はうんざりすると呆れていた。映画の政治について、あまりにたくさんあるゆえここでは論じない。最も非政治的で純粋芸術だと思いこまれている絵画を中心にして、ブルデューの論点を活用しながらも、それを政治資本の視座から考えるにとどめる。

社会的諸関係は、政治的諸関係と経済的諸関係を必ずともなう。無償の贈与でさえ、経済的計算がなされているように、物事の二重性は一方が見えずとも作用している。逆に、絵画はすべてそこに見えている。見えているのに見えていない表象や作用がある。そこに、政治資本が機能している。画家たちの環境をめぐる政治的な互いの競合関係のことではない。

絵画の政治学

ドラクロア（1798-1863）の「**民衆を導く自由の女神**（1830）」*（次頁）は、七月革命を描いた政治的な芸術表現のもっとも典型的なものと象徴化されるが、真ん中の胸をはだけている女性はフランスの自由を象徴するマリアンヌであるが、実在の女性ではない架空の女神ゆえヌード表現が許される。かつての宗教的政治性**は、自然風景画をへて、市民的政治性と実際の生活環境の出来事・情景など、古典主義に対する政治的な表象を描くものへと変じていく。芸術作品のテーマは、芸術家自身のテーマ、芸術家が自分の芸を自由に使いこなす手法と様式の確立である。

* 原題は、La Liberté guidant le peuple で、「自由が民衆を導く」。「女神」とは記していない。自由の擬人像である。

** シンボル、寓意、帰属など絵画表象のシーニュが描かれ、神話や宗教的物語が描かれ隠されている。それが現実的・実際的な世界を描いたものに転じられていく。寓意がなくなるのではなく界の所属において転じられる。

だがそこへの媒介となった風景画は、客観的な自然風景を描いただけに止まらない。歴史事件や庶民の生活光景を描いたものまで、その写実主義、自然主義、リアリズムは、ただの客観的描写ではない。芸術視線の全能性の自覚的主張が極限まで推し進められる。

リンダ・ノックリンの『絵画の政治学』は、美術史の絵画規範ないし芸術規範を転じることの意味を明示している。そこで、主張されている政治的視点とはいかなるものを示しているのか?

クールベのリアリズムの政治

ギュスターヴ・クールベ(1819-1877)は写実主義と称されるが、その「**画家のアトリエ**」(1854-55)(次頁)は、奇妙な政治的絵画である。階級的な差異が画面の左右に対比的に描かれている。ドラクロアのような明確な政治的象徴はないが、真ん中にまたヌードの女性が描かれている。真ん中で座って絵を描いているのが本人であり、右端で本を読んでいるのがボードレール、プルードンもいる。「舞台はパリの私のアトリエです。画面は二つの部分に分かれています。

一八三〇年七月革命(ブルジョア革命)を描いたものだが、半ヌードの中央の女性は「マリアンヌ:自由の象徴」という女神的擬人像であり、左に山高帽を被り銃を手にしているのはドラクロア自身。アングルらの古典派に対抗して革命を起こすという寓意でもあろう。宗教画ではもはやないが、史実の客観描写でもない。ピストルを掲げる少年は未来の希望であろうか、こちら真正面を向いている。

真ん中で私が描いています。右側は株主たちすべて、つまり友人たち、労働者たち、芸術界の愛好家たちです。左側は野卑な生活の別の世界で、民衆、悲惨、貧困、富、搾取者、被搾取者、死によって生きる人々です。」これをアレゴリーだとクールべは言う。そこには、作家の自分の生産行為に対する反省的・批判的な自己回帰が、固有の原理と独自の前提とを抽出させている。

クールべといえば「波」(1870) そして、後にモネも描く「エトルタの崖、嵐のあと」(1870) の自然風景がよく知られているが、この「画家のアトリエ」や「オルナンの埋葬」(1849)、また「プルードンと子供たち」(1865) と、世俗の民衆たちをあえて描くという、政治的なものを何気ない光景として描いており、消失してしまった「石割人夫」といった労働者や農民を描く。

民衆や地域性を描くことや、支配階層の堕落ぶりを描き出すことが、政治的な表象だと言えるのであろうか？ それは画面そのものの政治的表象ではなく、前時代の既存絵画表現が描き出してきたものとは異質の画像や対象存在を絵のテーマに据えることで、既存の絵画権力界に対しての対抗をなしたことの政治性が、表現によって出現させられる。系譜的に比較したときに出現する政治的関係だ。つまり、美術館や画廊でしか見れない絵画界における政治的な出来事、物事でしかないのだが、その時代の政治的・社会的環境からの規制を受けて、そこへ意識的に関与して描いている。芸術作品の意味と価値を、対立的競争関係へ引き出しながら、そこに協力している人々を芸術作品の生産へと関わらせている。しかし、人々の暮らしやある

真ん中にヌードの女性が立っている。女神であるが世俗的である。キャンバスの前で画家＝クールベを見上げるように見つめている少年はやはり未来の希望である。「クーピッド」は「少年」へとドラクロアでもクールベでも転じられた。忠誠を象徴する犬は、左側の集団へ追いやられ、代わりに猫が従属儀礼の格好で中央に配置される。中央の画家は、社会集団構成世界に囲まれても、そこに関わりなく自然風景を固有に描き続ける。

「オルナンの埋葬」
1849
世俗の村人の暮らしを描く。

「画家のアトリエ」1855

クールベ

「寝床の女性」1862。マネ以前に女神ではないヌードを描いている。

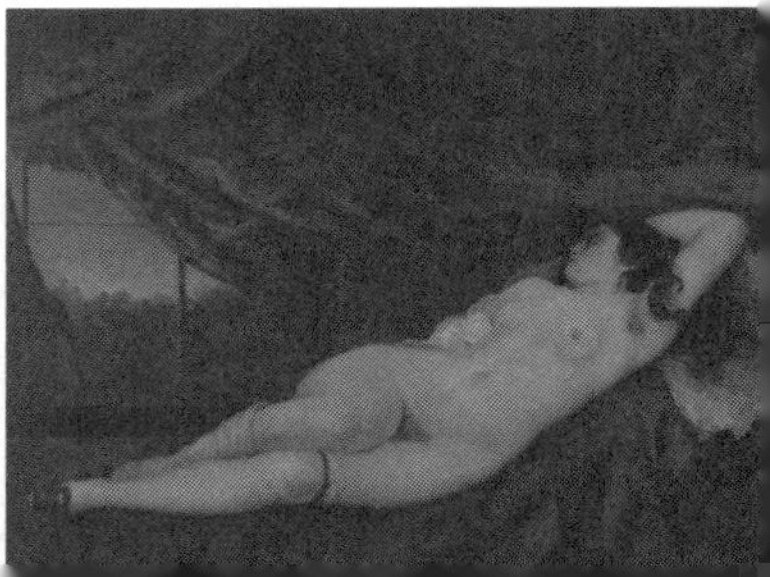

「石割人夫」1848
労働する者を描いていた。

いは感覚が、それによって揺さぶられたり変じられたりしているわけではない。前時代の神話や聖書に関する宗教的な絵画のイコンや古典絵画の表象力がそれによって崩壊や瓦解をしているわけでもない。界の伝統にそれは結びついているのだ。

モナリザにスープがかけられても、人々はモナリザの絵を偉大であると見続けている。ダリは、モナリザを「非常に暴力的かつ様々な攻撃を誘発する力を持つ、美術史の中でも稀有な作品だ」と述べたことがあるが、美術品への破損行為は多々起きているのもなぜか？ 絵画の芸術的表現とはなんであるのか、それはいかなる政治的作用をもたらしているのか。絵画は絵画であること以上の何を表現しているのか？ ノックリンは美術史の流れに沿いながら、絵画が描いているのに語られていないものの語りを、系譜的変遷から明らかにしていく。

フランスに二人の風景画の大家がいる。

ミレー（Jean-François Mille, 1814-1875）の「種蒔く人」「**落穂拾い**」は、農民をそのまま描いた自然画家のように見えるが、その絵は農民の「悲惨さ」を訴える政治的メッセージだと論議になった。農民画家、風景画など、ただそのままを描いたように思われているが、フランス革命期・帝政期、普仏戦争、パリ・コミューンという激動期とともにあった画家である。そして、農婦たちに暮

「落穂拾い」1857
ミレーも生活のために裸体画をたくさん描いた。

らしの生存をはかるべく落穂を拾うのを許す宗教的な救済もそこには表象されている。

コロー（Jean-Baptiste Camille Corot 1796-1875）は、イタリアやフランスのありふれた風景を描いたが、その美しい色調は、印象派に大きな影響を与えた。風景の中に民族衣装を着た想像的人物を配置した叙情的風景である。（イギリスでは風景画のターナー 1775-1851 が歴史的事件を空想的に写実画にする。）

この二人は、バルビゾン派と呼ばれる中にある。パリ郊外のバルビゾンに住んで絵を描いた。私も一度、バルビゾンを訪れたが、今なおどこか印象深く残る静かな小さな村である。

自然風景のようでいながら今まで宗教画や人物画に描かれたことのない農民たち・村人たちの存在が出現させられている、そういう現実を掴む政治性だ。民衆たちの政治的行動や戦いを描いているのではない。社会的な歴史現実に規制されながら、しかし、芸術界の生命と運動による脱歴史化がなされて、純粋な読みがなされるのを制度的に文化生産として残している。

絵画の現実主義・写実主義

自然景色を描いたようでいて、そこに現実の生活世界が寓意的に描かれていく。客観観察による表現でいながら、その現実主義、写実主義には、対象それ自体へ迫るようでいながら、政治的な作用が不可避に取られていくことをノックリンは明らかにした。

これは人物自体を描くことにおいて変容していく。光景に「人」が社会表象として取り上げられて配置されていく。もはや、王や貴族ではないが、ただの民衆でもない。ある階層の日常ながら異様な光景においてである。

芸術的創造が、卑近で通俗的な対象に適用するだけでなく、意味のない対象にも適用されていくことで、生産の場が閉じられ、生産消費関係の循環性と可逆性の条件が満たされ、芸術作品の生産・評価原理の自律性が形成され、生産者の生産の場が自律性へと進化していく。

ジャン・レオン・ジェロームのオリエントを描いた「美しい」作品は、西洋人が観た植民地主義の視覚世界として、東方世界が「変化のない世界、時間のない、永遠の習慣と儀式の世界」として「歴史の不在」において描かれている。精密な細部の真正性を過剰に不必要と言えるものまで強調しながら、「蛇使い」する裸の少年の後ろ姿や、女性の裸体が無垢の姿で甘味な屈辱として、誘惑ではなくむしろ目をそらすように描かれた「**奴隷市場**」では、淫らな商売の正当な支配が優位的に描かれている。美的ながら東方世界が文化的に劣っていることが他者として確証されている一連の絵画である。だがオリエントだけではないジェロームはローマの場面においても裸の女性の

「奴隷市場」1860年代

奴隷売買を描いている。絵画的に純粋化しようとしたのだ。

ピサロは現代の静かな農園、市場の中の農婦、そして都市の生き生きしたイメージを自然で受け入れやすく描き出す。

マネの象徴革命

フーコーもブルデューもマネについて突っ込んだ論述をなしている。なぜ、取り上げられるのか？ それは、マネの描いた対象や画法が、かなり意図的な表現をクリティカルになして絵画表現に象徴革命を起こしているからだ。写実主義の現実主義は、「社交の場」の現実主義の象徴性へと高められる。いわば絵画の「界」を新たに創始した。

「**オペラ座の仮面舞踏会**」は、「野蛮と肉欲」との混在が見事な洗練さのうちに粗暴さを示す仕方で、「ロココ時代の仮面舞踏会のノスタルジックな軽薄さを、当世風で現実的な伊達男、売春婦、相場師」に置き換えている。都市における人々の月並みな世界を取り上げ、その権威性を攻撃して

「オペラ座の仮面舞踏会」1873

363 年のサロンで、上のアレクサンドル・
バネル「ヴィーナスの誕生」は女神ゆえ絶
されたが、マネ「草上の昼食」(右)は世
の裸婦ゆえ俗悪趣味だと酷評された(ラ
モンディとティツィアーノの古典が下敷き)。

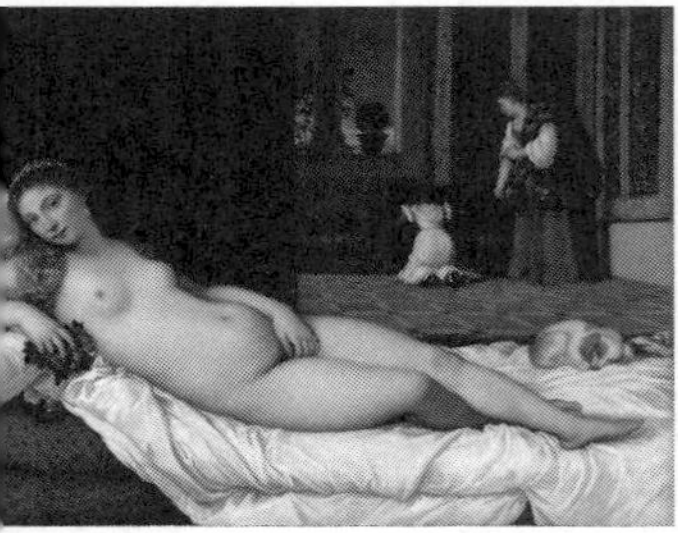

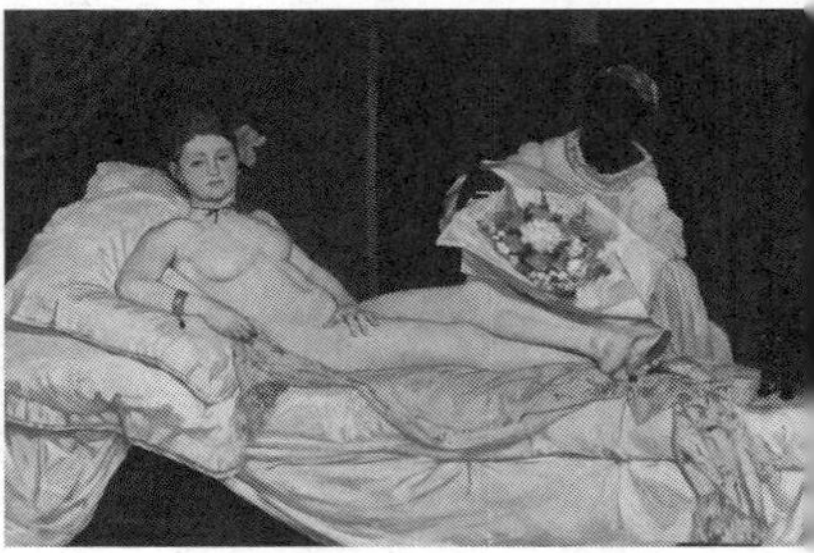

ティツィアーノ『ウルビーノのヴィーナス』左を参照にしたマネ「オランピア」1865(右)は娼婦を描き、ブルジョア社会の裏を暴いたゆえ非難された。左は貞節の犬、右は肉欲の猫がいる。

マネ「フォリー・ベルジェール劇場のバー」1881-2。右側の紳士と女性は鏡像、位置が回転させられて描かれている。フーコー『マネの絵画』で分析されている。

いる。類型化しながらありのままの生の現実を描く。「全体より断片、言い過ぎより暗示、明快な筋書きより束の間の現実、物語性より雰囲気、流行より同時代性の感覚」を伝えている。男性にとって快楽、女性にとって利益(娼婦)、そこに道徳的秩序への反体制的意味を示す。「この世の出来事に内在する現実の力の構造の性質」を示している。裸体は女神としてこれまでたくさん描かれているのに、実在の女性ヌードのサロン出典ゆえ非難された(右頁)。(フーコーのマネ論(『マネの絵画』筑摩書房)は、マネの手法が、手の込んだ回転をなしていることを明示したもので、政治性を解析したものではない。ブルデューは、分厚い講義録でマネを論じている*。これらは、いつか機会があればのんびり楽しみながら論じたい。)

国家の絵画、アカデミーの絵画は、庶民を対象にした絵画へと転じていく。

ゴッホと労働者

ポール・ルヌアールの素描画、とくにリヨンの織工の素描画(『リヨンの産業危機 失業』)に固執したゴッホを、ノックリンは強調する。それは、失業した労働者のありのままの姿を描いたもので、階級意識や政治闘争などの意識的実践や認識においてではなく、素朴な人々の失望の中の尊厳、非挑発的な個人、単独で状況に我慢したまま耐えている姿である。それが、ゴッホの「**ジャガイモを食べる人々**」での「圧倒的に孤立的な感覚」における技法的な熟達に対応している。「本当に自然の現実に則して描くこと」「自然の現実と戦うこと」、その現実生活への対決において「現実の中にいわゆる「創造」を見出す」というゴッホである。

* マネの象徴革命とは、界への新参者が界への所属原理を変革する結果、これまで界に所属していた者がいなくなり、所属していなかった者が所属する。見方 / 分割の原理が革命され、可視的世界の表象の正統性を決める原理の革命、だとブルデューは言う。Bourdieu, Manet: *une révolution symbolique* (Seuil, 2013), 1998-2000 年の講義録。

国際的競争からの機械化の増大、ずさんな地域開発、野蛮な報道措置、あからさまな窮乏という産業危機の中で、「長い間苦しみ、抑圧されてはいるが元気のある手織り機の織工」、「独立した熟練技術で慎ましい生計の維持」を誇りにもって生きる姿を、そのままに描く芸術だ。「ジャガイモを食べる人々」では、農民が手でジャガイモを掘ったことがわかるように描いたと自分で述べている。いくつかの習作がある。「身寄りのない人々」などから、「タンギー爺さん」「郵便配達人ジョゼフ・ルーラン」「パシアンス・エスカリエ」「プロヴァンスの羊飼い」といった人物画へと昇華されていく。

労働者の描き方

十九世紀は労働環境が大きく変わり、貧しい労働者の存在が社会的にも目立ってきた。その労働者の実際をどう描くかに、絵画の政治が読みとれる。

フォード・マドック・ブラウン(1821-1893)の「**労働**」(1852-65年)は、現世的で、「現代の労働とその社会的条件の倫理的な寓意を道徳的に扱っている」もので、「働く人」を、「働けない人」と「働く必要のない人」と厳密に同等配列させ、「労働者の問題について知的分析が視覚的に表現され」、社会的解釈も加えられている。この絵が、レオン・フレデリック(1865-1940)の三連画「**労働者の人生の段階**」(1895年頃)に霊感を与えたといえる。

労働者の描き方

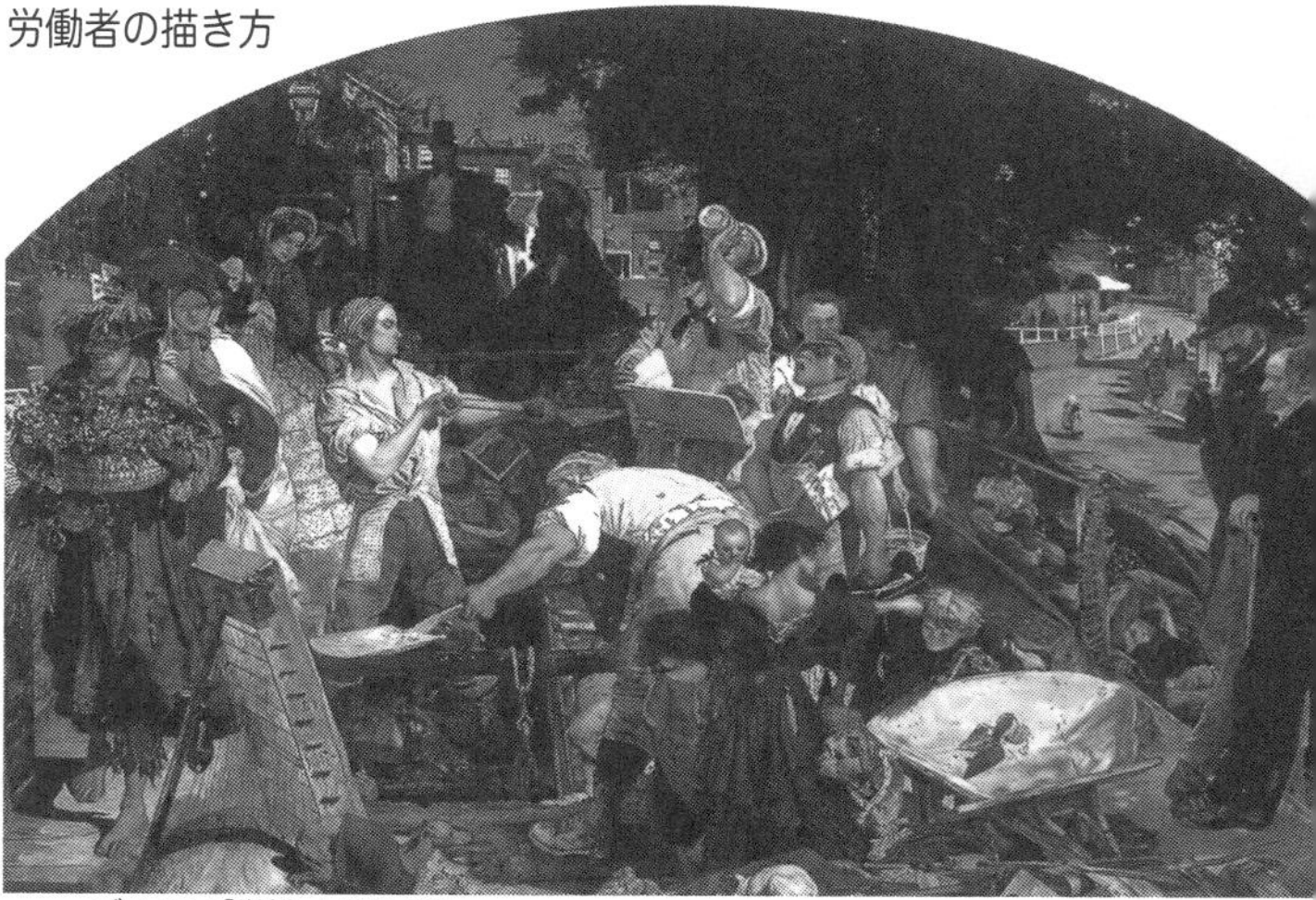

ブラウン「労働」1852-65

フレデリック「労働者の人生の段階」1865 頃

コルヴィッツ「ベルリンの織工たちの行進」1897

ゴッホ「ジャガイモを食べる人々」1885

これがさらに、ケーテ・コルヴィッツ (Käthe Schmidt Kollwitz, 1867-1945) の描く農民や工場労働者の、虐げられた、陥った「自然のサイクルから踏み出して判断し、挑戦する」、激しい非難に満ちた絵へと転じていく。死した子を抱き抱える母親、集団的な闘いの姿や生活の悲惨さの絵である。

ドガの人物画

ドガが何気なく描いている風俗画の人物像に、ユダヤ人たちがいる。彼らが経済的に、何か陰謀を企んでいるかのような描き方で、反ユダヤ主義の人種差別的な表現だとされる。ユダヤ人のドレフュスがスパイ容疑で捉えられたドレフュス事件 (1894) が直接に絡んでいる。画家たちの立場が交叉して表明される。モネ、ピサロはドレフュス側、セザンヌ、ロダン、ルノワール、ドガは反ドレフュス側であった。かつて、オリエンタリズムにおいてジェロームが、アラブ世界を写実的に描いていたようでいて、そこに民族差別・人種差別が描かれることになっていた、その延長に、反ユダヤ主義の表現が系譜づけられる、という政治性だと言えよう。

印象派の非政治的政治とプチブル階級

モネがベル=イル島の奇岩やエトルタの断崖を描き、セザンヌが印象派から離れて、地質学的土台を踏まえてサント・ヴィクトワール山を描き続けた。マティスがコルシカ島の赤や緑の岩に太陽とともに光を感じとった。ターナーの光を受けての印象自然が磨かれていく。

こうした「自然そのもの」を客観ではなく心象としての自然として描き出した時に、近代が始まっているのだが、同時にそれは近代政治に絡めとられない対象の本性へと迫ってもいる。

これらの自然風景画は、ミレーの自然的農民風景とは異なる「自然そのもの」、その「地質」自体へ肉薄している「対象」であるが、ただの客観物ではなく心象でもある。一億年、七五〇〇万年前の、ユーラシア大陸がアフリカ・プレートに押されて出来上がった地質の存在を畏敬して、明証に描きとめた心象だ。日本の版画の影響も入り込んでいく。

セザンヌのサント・ヴィクトワール山の景色も、実際に見える形状とは違って描かれている。セザンヌは、もはや客観物それ自体として描かない。近代の枠を脱している。

マネやルノアールは、都市にとどまって、不可避に小ブルジョアジーの生活様態に規制された非政治的政治の絵画を描くが、それはそのように社会的に表象された政治作用の結果でもある。

つまり「対象」が配置される「場所」によって、政治的なものは否応なく入り込んでくるのだが、その規制を見えないように外すことであって、自然を分離し客観化することによってではない。モネたちが、日本の浮世絵に共鳴していくのは、非分離の述語表現への驚異的な画法への気づきとその技術の領有であるが、モネの「積みわら」から「睡蓮」への移行は、ジヴェルニーの庭園と水の配置を巡って村人たちとの対立へ政治的強制を行使したとしても、絵画も庭園も、それ自体は政治的なものではない。


【註】印象派の諸系譜については山田五郎『めちゃくちゃわかるよ！ 印象派』ダイヤモンド社、と Youtube での「オトナの教養講座」が美術史家たちより明確に把捉している。ただ人ウケするためスキャンダル話のオチになってしまうが、基本は驚くほどしっかり捉えられて明晰である。

スーラの反ユートピア？

スーラの有名な「**グランド・ジャット島の日曜日の午後**」(1886年頃)は実に奇妙な絵である(左頁)。ブロッホは「無為の楽しみ」の矛盾と失望を表した傑作で、中産階級の人々が軽蔑的な視点から冥府のように楽しくもないレジャーとして描かれ、「小市民の地獄のようなユートピア」であると指摘した。ここには作品の絵画的構造を通して「反ユートピア」が寓意されているとノックリンは言う。人物同士は相互に関連を持たず、個としての全人間的な存在の感覚も観られない。擬似科学的色彩論と言われるが、点描が加法混色(加色混合)として機械的な技法でなされ、芸術家の創造的役割を排除し、卑俗な日常世界を描けるとしているが、動きのない、また異様に明るい、図形的なものになっている。左手の中段の傘を刺して座っている男の横に丸と四角の奇妙な図形があるが、それは乳母の表象である。「人間性を喪失させ、人間の個性を社会的不安の批判的指針へと変容させるために形を純化したもの」だ。

ユートピアの自然性、牧歌性、田園性などを過去としてあるいは未来の希望として描いたユートピア絵画に対して、明らかにスーラは今の社会背景を感じさせる疎外された世界を反ユートピアとして描いた。だが、そこに、右三分割ぐらいの中断やや上に跳ねている少女が小さく描かれ、右下の茶色の犬とやや真ん中の中央下あたりに小さく翔ぶ蝶*の三角形にははっきりしないが「希望」へ向かうものが描かれている。反ユートピア一色ではないとノックリンは言う。

* 蝶は、魂の化身、生・死・復活の象徴という神話的・宗教的なシーニュであり、希望へのシンボルであった。それを現代画に描きこんでいる。ドレの『ニューゲート監獄ー運動場』の監獄の壁の上に蝶が小さく描かれている。ゴッホが『刑務所の中庭』で模写し、やはり蝶を描いた。中野京子『西洋絵画のお約束』(中央新書ラクレ、69頁)。

次頁にあげた、アングルの過去への願望のユートピア、ドミニク・パプティのフーリエ主義からの未来のユートピア、ピエール・ピュヴィ・ド・シャバンヌの「聖なる森」「夏」など、は社会的な主題は持たず、地域性・時間性を無化している。それらに描かれた母親の優しさ、子どもへの愛情、男女の愛、こうしたものがスーラにおいてはいっさい排除されている。スーラの弟子で新印象派のポール・シニャックは、牧歌的で田園的なものにおいて資本主義の退廃的快楽、不調和の時代を逆射するかのような光景を点描で描く(次頁下)。

ノックリンの考察は、自然形式の描写において宗教的寓意がなくなり、変わって画家が生きている「今」の社会情景が寓意的に、伝統表象形式の系譜上で転移されていく、そこにただ対象を描いているだけではない絵画の政治的な作用が資本主義批判として垣間見られることを浮き出させた*。(ここではポイントを

部分

ユートピアの絵画

アングル「黄金時代」1862
左手で手を挙げているのはアングル。
過去のユートピア。

パプティ「幸福の夢」1843
フーリエ主義の未来のユートピア。

シャヴァンヌ「夏」1873
人間社会一般における真実を描いたユートピアのヴィジョン。

シニャック「調和の時代」1895-6
牧歌的・田園的な連帯、相互扶助のユートピア。スーラにはない要素。

私自身へへはっきりさせるべく述べているだけゆえ、実際にその書を読まれたい。)

　これは、純粋絵画が純粋芸術としてあるのだという絵画界を固有に閉じていく、観る者との共犯を作り出していくこととして、非社会的、非政治的な固有の界があると信じ込ませる政治資本作用でもある。女神としての女性の裸体がクールベにもジェロームにもマネにも、スーラにも描かれていながら、女神の象徴物を喪失させて、世俗の娼婦にまで還元されていく。日本でも春画がたくさん描かれたが、西欧でも裸体画生産で生計を立てる画家たちがたくさんいた。そこに絵画史上の傑作さえ生み出されていくのも、固有の「界」が純粋にあるのだとしていく政治作用がある。

　絵画という表現形態には、いかに写実主義、自然主義であろうとも、ただ純粋美学的な表象が描き出されるのではなく、対象自体が持っている社会的・歴史的な表象や、そこへの画家の解釈と表現の意図の社会的規制が、不可避に介在していることを、ノックリンは示した。何気ない肖像のようなものでも、ドガやピサロは、反ユダヤの人種主義感覚をもって資本主義の歪みを感知して描いたし、スーラは中産階級の死んだような快楽の世界を描いた。景色・光景に社会的なものを組み込むのが絵画の政治資本として美的表現を創造する。政治的なものは、意図してもまた無意識であっても、表現の中に介入してくる。それは、政治的なものを極力排除するという政治的なものとしても機能していく。*

　逆にはっきりと現代の政治性を前面に打ち出す絵画も描かれていく。メキシコの壁画運動だ。

* ベンヤミンは、近代資本主義の形成を直接的に示す群衆の美学が生まれたのは1850年代だとしている。絵画のみならず、文学も。真理は、社会的な底辺にある考えが共通概念となり、言説や美術の対象をしめ、規範として作用していく。

メキシコの壁画運動の政治パワー

メキシコの壁画運動は、絵画のキャンバスという枠組みを脱して、壁一面に表現表象するという動きをなした。メキシコ革命と連動している一九二〇〜三〇年代が主であるが、その後も描かれ、シケイロスは六〇年代の学生運動に呼応もしてきた〔メキシコ資料館は刑務所を改造したのだが、政治活動で収監されていたシケイロスの描いた大きな絵が財産だと飾られていた〕。これは、人々が公の場所で、政治的に訴えてくる表現を見れる＝感じとれるという表現形態であり、明らかに政治的な絵画である。シケイロスの革命を表象するど迫力の、画面からはみ出てくるような訴えかけ、リベラのメキシコの歴史を描いた静態的な壁画。オロスコの独立運動の教会天井画や革命画。さらにタマヨのおとなしい絵でさえ、闘いの神話的表現をなしている。画風がまったく異なる彼らの固有な表現は、民衆生活やインディオ文化を描き出し、字の読み書きができない民衆にメキシコ民族世界を感知できるように革命情動を克明に描き出している。今は亡き、友人のリウスはマンガによって、メキシコの政治的世界や思想・哲学を伝えた。ポサダの骸骨以来の系譜である。岡村太郎は明らかにメキシコ壁画を模倣しているが、文化的な深みがないのも、政治性がはるかに希薄である日本の状態をそのまま抱えているからだ。独立と革命の政治性を見事に芸術表現したメキシコ壁画である。

リベラやフリーダ・カロが亡命中のトロツキーと深く交流していたことが政治的なのではない。リベラが、メキシコの文化・歴史に政治的に立ち向かったことの政治的な芸術表現が明ら

註：メキシコ留学時代に、メキシコを訪れていた画家の松本晴也氏から、メキシコ壁画に関するセミナーを私たちは受けた。目から鱗の明晰な考察は、今でもわすれられない。

シケイロスの壁画。下はレストラン。

シケイロスの裸体は虐げられながら力強い女性(上)、オロスコの裸体は娼婦(下)。ベジャス・アルテスで向かいあってある。

オロスコ：大学美術館の天井と
に、支配者と被支配者との対立

リベラのメキシコ宮殿壁画。スペイン侵略、独立戦争、革命を描く。右はアステカ時代。

タマヨの寓意的壁画

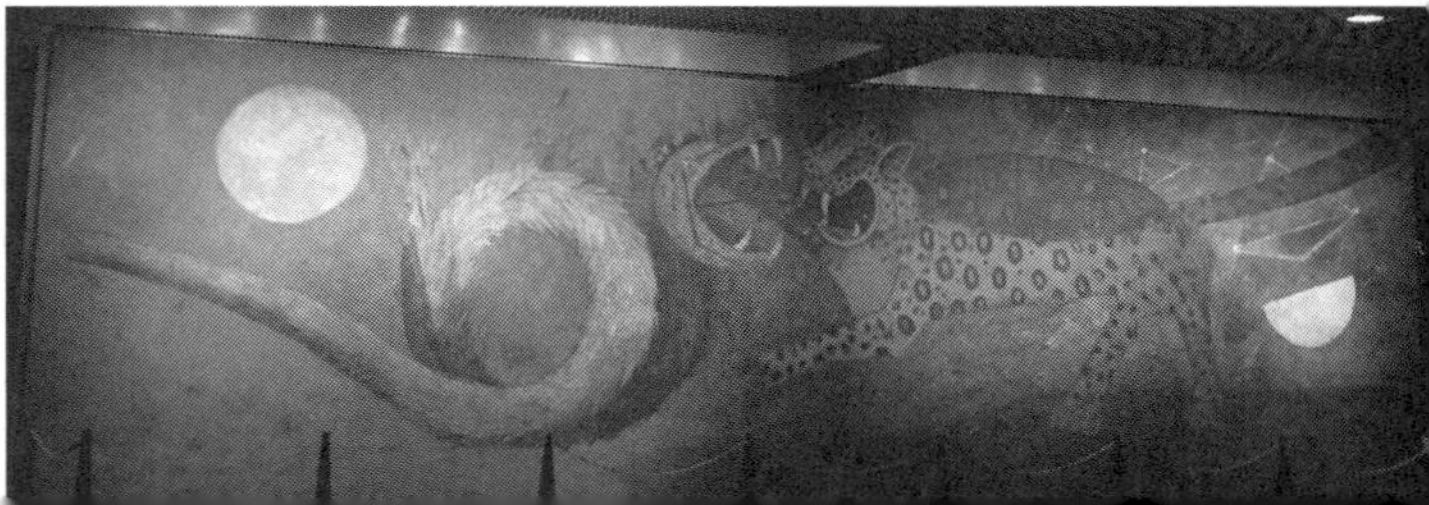

かにある。それは、インディオへの共鳴として強く示されながら、淡々と革命の中心人物たちを並列して描く仕方になっている。そして、メキシコ特有の死者の表象である「骸骨」が描かれる。タマヨは、政治的表象からもっとも遠のく形で、神話的な政治性を寓意的に表現した。シケイロスはストレートに政治的表現であるが、叛乱・革命の力強さを誇張的に描き出した。だが、政治性を突き抜けていく見事な芸術表現が固有にそれぞれ開かれている。

美術愛好の政治性と「純粋美学批判」批判

ブルデューは、最初、教育と美術鑑賞の実際行為を分析していた。いかなる階層が、美術館へどのくらい足を運ばせるか、またどんな絵画を好むか、その愛好に純粋美学主義ではない社会的で政治的な働きを読みとった。「芸術作品の空間的・時間的に位置付けられた個別的経験を、あらゆる芸術知覚の超歴史的な規範にしたてあげてしまう」純粋美学への批判である。芸術作品を思考する諸概念が、「ジャンル概念」(詩、悲劇、喜劇、ドラマ、小説など)、形式概念(バラード、ロンド、ソナタ、アレクサンドラン、自由詩など)、時代概念・様式概念(ゴシック、バロック、古典など)、運動概念(印象主義、象徴主義、写実主義、自然主義など)、と「すべて極度の不明確さによって特徴づけられ」、「芸術経験を構造化する一連の形容詞の組み合わせ」がなされている(RA,179-180頁)。

ポサダの「マデリスタ」
マデロ大統領の顔だとメキシコ人ならすぐわかる。

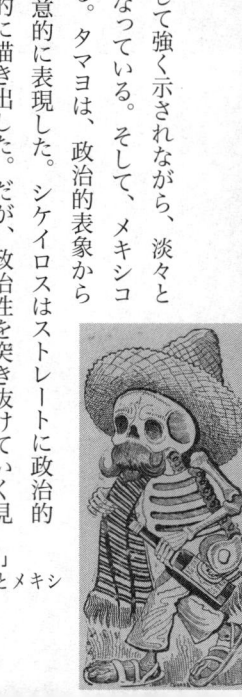

芸術を創造するのは才能ある芸術家の美的視点・能力であり、また美的経験を引き起こすのは芸術作品に内在する固有の特性だ、とされ、しかもその趣味判断のカテゴリーは共通言語に記入され、美学的領域を超えて適用され、全ての人々に共有されている、とブルデューは指摘する。天才的創造も純粋美術も、社会的にあり得ないという純粋美学批判だ。

だが、そこを突き抜けて美学的に美しいものは美しい。この情動は対象を超えて、対象aなる〈もの〉の次元で動いている。私は〈もの〉表出として示す考察をもって、客観表現と述語表現との文化資本上の違いから〈もの〉の非分離表現*の本質差異を、遥かに根源的なものとして純粋美学批判の先に開く。蘆雪や若冲などに政治的なものはない、超絶した絶対無にある。政治的・社会的考察を突き抜けた先に、〈もの〉の情緒資本があると考えたい。純粋美学批判は、「対象」の歴史還元に止まっている。そこは回避してはならないが、とどまるべきではない。

光源が明らかに外部にあって、近代絵画では影が描かれていくが、西欧画でさえ元は日本画のように影はなかった。モネは、その光の作用に固執し、日本画から多くを学んだが、逆輸入的に横山大観たちは「朦朧体」として光が対象それ自体から出てくるように描く試行をなした。相互変容的に、「対象」次元を超えて客観表現と述語表現とは対象aを巡って移動表出している。社会還元しえない美的技術表出次元がありうる。それが美的表出史として述語シニフィアンの歴史を示していく。形容詞と動詞の区別は日本語にはない、その美的〈動き〉の表出がある。

* 山本哲士『〈もの〉の日本心性』EHESC出版局、参照。

文学の政治　断片メモ

●文学の政治は、別の一書以上のものを要する。ここは断片メモとして自分の問題関心のみ記録しておくのも、文化の政治として最も大きな問題であるからだ。

文学の政治について論じるのは、文学の本質に近づくようでいて、文学批評の次元からも実は離れてしまう。文学的真理は、政治には還元されないからだが、しかし、幻想と「本当らしい」イルーシオとの関係は、象徴的領有の信仰形態として政治的な根源を照射している。政治が「ほんとらしく」振る舞いえているその本質的な根源は、文学世界にあると言えるものがあるからだ。文学が文学として成立しえている文学的イルーシオは、政治が政治として成立しえていることと相同的な照応関係にあると言えるのも、権力界の内部に文学界が配置されているためである。

ブルデューがいうように、作家とは画家、哲学者、学者などに、また文学的ということは芸術的、哲学的、科学的などに置き換えて構わないという、相同性である。文学者が文学者たりえる、文学が文学たり得るということは、いかにしてそうなりえたのか、その社会的・歴史的な形成・生成が、文学生産をなしえた政治資本の生成として考察しうるからである。文学の本質と歴史的生成において政治的なものが機能している、その意味はなんであるのか？

三つの関係場が設定されうる。⑴権力界の中の文学界、⑵文学界の固有な内的構造、⑶文学界と社会的軌道との相互関係、である。

●藤原道長が紫式部の源氏物語において、一二歳で後宮にいれた実娘・彰子を一条天皇から寵愛されるべく登場させるよう要請し、紫の上が書かれたという。相手にされなかった彰子は、寵愛されるようになり、物語の中で紫の上は女御と同じ存在へとなっていく。物語が、政治関係の現実を作り出す。だが物語はその現実を超克して、今なお読まれ続けている。物語の政治資本機能は、文化資本の永続的な力に比して一時的なものでしかない資本シニフィアンにすぎないが強く作用する。

政治資本を無視しない、しかし、そこに従属させはしない文学資本の文化資本作用。つまり、物語はただの虚構ではないこと、また政治自体でもないこと。そのリアリティの「文学的真理」は、人間的情愛・情動や人間関係のおどろおどろしさだけを描き出しているだけでなく、政治資本の文化作用を物語的に構成し得ていることで、政治資本を超えて文化資本としての永続性を構成表出できる。

現代でそれを意図的に描き出した作家たちが何人もいるが、私たちの世代は高橋和巳に共感した。大江健三郎にもそれを見てはいるが、その進歩主義的政治性に共鳴はしていないのも、政治資本自体が深くないからだ。深沢七郎の風流夢譚が、トピックにもなった。先に、井上光晴や野間宏などがいた。政治と文学が、純文学論争も絡んで問題にされた。何を、文学の政治として、今、政治資本の視座から考えていくべきことであるのか?!

文学理論、批評理論の方から考え直していく必要がある。プロレタリア文学批判の次元を超えて。
●ランシエールの『文学の政治』は、何をもって「文学の政治」としているのか。それは、文学に対して外在する政治権力や政治支配の作用のことでも、また政治イデオロギーの表明のことでもない、文学自体に内在している政治的な働きであり、それが「感性のパルタージュ」のあり方を変えると概念化している。感性が、境界線によって分割されることだが、対象、言語、行為主体として把捉されるものだ。
文学を語ると、どうして饒舌になってしまうのか、正直辟易してしまうことにおいてランシエールは、実は単純なことしか言っていない。ランシエールの理論的言説の概念空間が、つまり文学外的な概念装置が何も変わらずに適用されているだけである。政治論的に彼は、民主主義論者の政治思考である。三つの「文学の民主主義」があると言う。①諸主体の平等性、②物の民主主義、③理性なき諸物状態の分子的民主主義。可視的なものの光景、それを解読する諸様式、そこで個人・集団がなすことへの診断、という三つの緊張関係の政治だと。
●ポストコロニアリズムとスピヴァックの問題や、フェミニズム文学および文学批評を、男思考からはどうしても捉えきれないが、そこから学ばずしてすますこともできない。とくに、シクスーとコフマンだ。バトラーやイリガライは男言説に対抗しているゆえ、その閾から出ていない。クリステヴァの理論言説が境界的であろうか。リンダ・ハッチオンにはトロント大学で会った、聡明だ。女性言説は、ミシェル・ル・ドフさんだ。パリでじっくりと対話した。女哲学が歴史的に在る。ポストコロニアル文学に女性が絡んでいく。
●文学批評は、ランシエールとマシュレが主要に重要で、ポール・ド・マンが無視できない。また、バフチンも。イーグルトンのマルクス主義次元を脱していかねばならない。ブルデューの文学論もフーコーの文学論も面白くないし、意味あるとは思えない。なぜか？　は明らかにせねばならない。文学は言説を超えてしまうものがある。

「哲学の真実は、文学の中に見出せる」とマシュレは言う。だが哲学と文学は分離し、「倫理や政治や哲学は芸術を濫用」し始める。人間の社会的底辺が、芸術において対象となり表現されていく。

文化の政治は、知的な働きかけ以上に、感覚・情感へ働きかけている。プロパガンダは、イデオロギー的であるが知的な働きかけでなく感覚的・情感的な作用があってこそ機能する。ヒトラーの演説はその典型であったが、アートにおける政治作用はアレゴリーが込められていても感覚的・情感的である。文化資本が芸術資本へ転化される。

「物にゆく道」の政治資本、古道と治道
宣長と徂徠

荻生徂徠の、先王・聖人の政治に対して、漢意を徹底して排除する宣長は、「物にゆく道」を言説化した。野口武彦が明示したように、「徂徠学はいちじるしく政治家された儒学」であり、「道なる者は統名なり。礼楽刑政凡そ先王の建つる所の者を挙げて、合せてこれに命くるなり」（『弁道』）と

統治術の体系を言説化した。

それに対して宣長は老荘の「天地自然の道」と聖人が制作した道とを否定し、「神の道」を示す。制作されたのではなく「道」を創始した「皇国の神」、つまり「皇祖神」であり、上古の事跡・習俗すべての「古伝の趣」がある。

「天地のおのづからなる道にもあらず。／人の作れる道にもあらず。」、「道アルガ故ニ道テフ事ナク、道テフ事ナケレド道アリシ也」という、言挙げされた「道」だ。このシニフィアンが、言説でシニフィエされて「皇国神」とイデオロギー化してしまうが、宣長の政治嫌いは、「物にゆく道」を示していく。

統治の学知としての儒学に対する、この二人の対立的対抗は、現代政治の背後に流れている日本的な精神資本である。心性の精神への転移。ただ、徂徠の先哲への従体化は、西欧近代制度への従体化となり、宣長の皇国心性は日本民族国家の背後に潜むナショナリズムとなっている。体裁が近代化現象となろうが、根源に作用する心性は、自らにないものを外部に求め正鵠に習うこととして世を治めるか、自らに有る古代からの神性を人為的に極大化して共想幻するか、国家的な政治資本としての文化資本作用である。

宣長は、古事記に書いてあることは事実であり、神＝〈実物の神〉＝体言だとする。体言に執拗にこだわっている宣長である。これが、実は宣長言説の限界であり、活用も「紐」の繋がりと理解してしまう。これを、「体言の政治資本」と名付けたい。体言が概念世界のコアになっている。

それに対して富士谷成章は、あゆひの「活用」の方に主眼を置く。これは「述語の政治資本」ないし「活用する政治資本」である。

徂徠の言説も「体言の政治資本」であって、宣長と裏表である。しかし、皆川淇園の漢学は、助字の考察、つまり「述語の政治資本」である。松下大三郎の漢文法がクリテリアになるか。

言語論とは政治論であるのだが、この古道・治道の二つのながれが、言語＝政治資本の界にあることは重要である。

先のリベラの壁画の続き。マルクスが労働者へ指針を示している。その下では政治家や資本家たちや教会人や軍人の秘密主義や堕落が、そして虐げられた労働者や農民のストライキ、反乱、警官隊。左では社会主義を煽動する知識人、資本論を持っている活動家、など。

政治は文化に染みこんでくる。いや、文化なるものは必ず政治的なものを吸引する。この政治を、意図的な形態へと押し出すか、暗黙に融解させるかの違いがあろうとも、政治と文化は非連続的関係に有るゆえ、政治資本となりうる。それは自分領有されている政治なき政治資本である。いかなる文学を好み、いかなる絵画を好んでいるか、そこに政治資本は作用しているが、対象考察である純粋美学批判の次元を脱する、対象aのシニフィアンにこそ美の意味がある。好きな絵画、文学、音楽は、〈わたし〉の美的文化資本である。〈わたし〉の情緒シニフィアンである。宗教的政治、社会的政治の規制を脱する美の閾は否定しがたい。

文化を論じるとき、おしゃべりの誘惑に堕しないよう注意せねばならない。

IV 反権力から非権力への政治資本

闘争の政治資本　制度化された日常への闘い

——山本さんが学生時代に闘争リーダーだったことは、当時の人たちはよく知っていますが、今は、直接的な政治行動をいっさいされていない理論家だと思われています。代わりに「ほっといてくれ」というイリイチの自律的行為を主張され、フーコーの自己技術を「自分技術」と言い換えられて自分の自分へのあり方を強調されている。知識人たちの署名活動や共同意見公開などの政治的行動へはいっさい同調されていません。しかし、山本理論は、教育の政治性を徹底追求していましたし、フーコーが文化主義的にしか理解されていなかったことに対して本格的にフーコーの権力関係論を強調導入されましたし、また雑誌「actes」ではブルデューの象徴権力論を初めとしてブルデュー社会学の政治的な意味を紹介しながら強調されてきました。現代思想は社会科学を転移したのだと、その政治性を強調されていたのも山本さんです。最初の頃は、イリイチ、フーコー、ブルデューを『ディスクールの政治学』1987としてまとめられていた。

また、一五〇〇頁の分厚い書は『哲学の政治　政治の哲学』2006と題されて現代思想を〈哲学政治〉として総括されています。文化資本やホスピタリティを論じられてから政治理論から遠のいたと思ったなら、国家論を三部作にとどまらず五部作にまで拡張して、ラカンの欲望構造を国家論的に配置された。そして、日本文化を論じながら述語制として日本語を考証していたなら、国家資本として主語制様式が構造化されていると言語政治を論じられている。
つまり、一貫して、山本理論は新たな政治理論、哲学的な政治であると言えます。ここで、あえて問いたいのですが、山本さん自身にとって政治とは何であるのか？です。

山本　学生時代の大学闘争は、私の原点です。自分としてはやり抜いたと思いますが、結果は敗北です。局面では勝つのですが、総体として何らの変革はなされないという意味での敗北です。しかし、政治的自由はいかようにも取りうるということは学びとり、自分への技術として領有しえていると思いますし、必要なときには政治的に行為し、その軌跡が残らないように消去させてしまいますが、いつでも必要ならやってやるというところは少しも変わってないと思います。その後でも、憤怒として私が表現している姿をみた人たちは身近にいたと思いますが、絶対に不正なものが自分へ降りかかってきた時に妥協をしていません。相手がいかに権威者であろうが名誉ある人であろうが、そうしたものに一切屈服していない私を見た人たちは身近にいると思います。後始末が大変だとも失笑されますが、絶対におかしいと思ったなら妥協しないし容赦しませんね。しかし、政治行使をするほどのことにならないゆえ、どこかでもやもやっと沈静させてしまいますね。政治をするほどの物事は身の回りで起きなかった。人事で、そっと見えないように操作したりはしましたが、間違ったことへであり、痕跡は絶対に残しません。

大学教師となって、学生叛乱がもし起きたなら、そのときは、進退を決して学生側に立つと覚悟を決めて大学教師になっていますが、何にも起きなかった。それどころか、かつて学生の時に自分が大学教師たちを批判し引き摺り下ろした、そういう批判対象が学生たちの存在の方になってしまった、敵が学生たちになる、正確には学生たちが制度現実に従順に従属してしまっている物事や事態です。これはもう大学にいてもまったく意味ないと、大学は定年前にやめてしまってますが、私はただひたすら自分が大学闘争でなしたこと、そこで直面した現実を明らかにする作業を進めてきただけです。なぜなら、本質的な物事に直面したからです。

もう寿命的に死ぬだけですから、吐露してしまいますが、私が挑戦してきたことは産業社会経済を転換すること、国家を無化すること、社会を消し去ること、それだけです。徹底した批判考察からその可能条件を開くことです。代わって資本者の文化資本による健全で高度な資本経済と場所統治がなせるように。理論言説としてはかなり開いたと思います。資本主義が悪だという理論効果しているだけのマルクス主義がしえないことです。大学とマルクス主義はともに、人類にとって、私自身にとって許容し難い未熟さと不届きさにあります。また産業社会は、なんでこんな未熟なものに、人々は同調して我慢してしまうのか、自分がそこに対して何をしうるのか、またし得ないのはどうしてなのか、それを考えてきた。そのときポストモダン的な相対主義や合理的絶対主義=理想主義のどちらも自分には馴染めないのも、構造論的かつ私が強調してきた実際行為《プラチック》的な思考成果を日本では作用させ得ていないことへの憤りと苛立ちです。安っぽい唯物論と軟弱な観念論と浅薄なプラグマチズム、そして自己慰みの実存主義のままに動いていることへの対峙です。

根源的な問題は二十世紀が解決できなかった、「全てが政治である」ことと「全てが経済である」こととの間に編制されているいろんな物事の穴を明るみに出すことです。部分が全体的になり、支配が偏在化して細分化された界が多様になって、そこに複雑な複合的支配が巧妙に構成されているのですが、支配とは「されている」のではなく自分たちがそれを作っている。それらの独自な利害の中に権力諸関係の抵抗の自由プラチックがいかようにも取りうるのに、それがなされないで、規則化・規範化が機能するだけになっていく。これは、ブルデューのように、「自由は幻想だ」と暴き出そうがノイズをかき立てようが解けない。人々は感知しているのに、特に若者たちは感覚的に見抜いてさえいるのに、手持ちの知的資本の言説が自分と対象とを結びつけえていないから、新たな転換──変革ではない──へと進んでいかない。すると、知識人たちは大学教師次元での劣等な資本をもって社会理解をしているだけのものがはびこり、また、運動への参加の見せびらかしという「反順応の順応」が独立性を喪失して旧態のままなされることが自己正当化される。これは、政治的なものの不能化です。ありのままの現実の必然性が、それ以外にあり得ないという傾向の常態化です。

旧左翼系もまた新左翼の諸党派の政治運動も私は馴染めなかった。そんなことよりも、自分へ強要される講義内容や試験判定という、学ぶことにおいて何の意味もない制度装置が現実を持続させていることへの拒否です。そこへの私たちが叛乱したことは、彼ら党派的活動をしていた人たちにとっては邪魔なものだったと思いますが、彼らが動員する社会主義や共産主義への理念への投企行動や実践など糞食らえでしかたから。しかし、私たちの行動は一般学生からも支持されました。共鳴された土壌がまだあった。これは、私たちが正義であったからではない、制度の支配効果が疑われる政治的な〈対立〉がまだ機能していたからです。闘争がだんだん終息して最後にほとんど私一人になりましたが、もうその時には、私の大学教師への批判は受講者たちから拒否されるようになっていきます。黙ってくだらない講義を聞いて理不尽な試験を受けていく方がいいんですね。

これは大学教官になって大学改革をなしたときに同じような局面に合います。環境学部・環境大学院へ組み替えしようと最初は学部間を超えてたくさんの賛同者がおられたのですが、物事が実際化していくにつれ参画者が半分になっていくのです。リアリティが出てくると自分利益を計算するんだと思いますが、自分の専門枠を守ることへの危うさを感じるのでしょう、最後は数人です。私が反対されているのではない、「山本さんの言っていることは正しい、しかし、自分はできない」と言われました。エピステーメ、ディシプリンの組み替えが感知されたんだと思います。新たなことへの自由へ開かれるのに、負担としか感じられないようでした。

私は、教育学がとりあえず学歴資格ですが、教育学教官としては非常勤でさせられましたが常任としてはことごとく拒否され、社会学教官として受け入れられ、最後やめる前は環境学の教官です。私の改革は早すぎたと言われましたが、私には遅すぎる。また、最後に私一人です。このとき、またおんなじだ、もう大学やめようと決断した。文部省からの協力を得てしていたことなのに、一人になる。細かいことは多々ありますが、政治的対抗にならなかったということです。専門を活用するのではなく、専門を守る方にいく、その既存の大学依存の方が安泰でいいんですね、皆は。残っても毎日が闘争になる、それは不毛だ、「ほっといてくれ」に切り替えました。

私は、共想幻を新たな規範性に作ることに政治感覚として強い拒否反応を持っています。実際行為を転じない限り何事も進まないからです。それは全てを失う危険を伴う。しかし、そこをやり抜かないと開けないし、なしうることなのですが、私ひとりの可能なこととされてしまう。つまり、胡散臭い政治を働かせない真正の政治プラチックをなすことです。規則や規範に対峙的な距離をとって抵抗的な関わりを持ち続けることの批判力です。そのレギュレーションの隙間はいくつもあります。自律の政治行為を一度たりとも自分へ向けて放棄したことはありません。それを理解してくださる方たちがいて、私は支えられ研究生産の理想的状態を構築しましたが、制度化できないのは、そこへ身を投じる学者たちがいない。フランスの社会科学高等研究院はブローデルが指導的に立って、ブルデューやゴドリエたちや私と同世代のボルタンスキーたちが協働して行ったわけですが、私では小粒すぎたんでしょう。でも、自分のことなんですがね。

制度変革は、根源から転換されない限り意味はない。それは単純です、大学から単位と試験を無くすことです。教官たちは学生が選択し任命することです。そして何より、世界に意味のある学問を大学言説を捨てて分析言説から真摯に探究することです。私は、学問が重要であること、新たな言説生産が社会を転じることを主張し実際行為してきました。思考が旧態のままでの実践の政治行動に意味があるとみなしていません。そこが、私の政治的な対抗です。

政治的なものの力は、最も政治ではない物事において働いています。そして、最終的決着づけで政治的政治を機能させることが必要ですが、それは通過的な最終手段です。その通過の厳しさは逃げてはいけない。その機がついに私には訪れなかった、そういう政治的敗北ですね。

――学生時代に大学教師たちを批判した、それはどのようなこととしてですか？　その批判の意味はいかなることですか？　どのようになされたのですか？

山本　大学教師たちが、講義内容、試験評価、単位認定権を持っています。それは制度的な権力の政治行為であって、学問内容の実質的なこととは別ごとです。なのに、学問内容の評価だと見せかけの偽りをなしています。例えば、教育学であるとすると、その教育学講義の担当教官の狭い専門性が講義され、その理解が試験評価されますが、ルソーやデューイをきちんと踏まえている学者が一人もいない。ましてマルクスやヘーゲルなど専門外となる。ヴェーバーやデュルケームは社会学だ、ピアジェやワロンは心理学だ、教育学ではない。そこで、教育において「教育学理論と教育実践との一致はどうありうるのか?」という問いを投げかけますと、まともにこたえられる教師は一人もいない。まして、資本主義においての教育とその批判をなす社会主義の教育との違いはなんだ、と問いかけようものなら完全に皆無になります。つまり、「教育なるもの」は議論されないままになっている、しかもその無思考の概念の前提が問われることなく流通している。見せかけの普遍性として、教育学のテクストが生み出された歴史条件や現在条件など何も考えられていません。彼らの都合で構成されている概念形成が偽りの切り取りをもって、種別性を消されて一般化されているか個別専門へ特化されているだけです。「今、ここで、その学問はどんな意味を、この資本主義日本に対して持つのか」に誰も答えられない。世界の諸関係を排除している。そこで学問へ絞って古典理解を問いますと、古典を読めていない。どれだけ大学教師の学問がいいかげんかが露呈します。社会学教官だとするとヴェーバーのことを問うても答えられない。マルクスやフロイトなどなどまったくわかっていない。まして、フーコーなど全然理解していない。個別専門性からの排除がまかりとおっているだけです。学問と世界との繋がりがなく、制度権力の必要が機能していることへの自覚がない。

通俗的な認識が普遍的な常識であるかのように、問題や概念の歴史的根拠や現在的な意味関係を外して、見せかけの論理的必然性として誤魔化しで学問されているのがすぐ問いかけで露呈します。つまりラカン的に言うと「教えることは知への障害を作り出すべくなされている」のですよ。教員になる必修の教職科目など、もっとひどい。目玉焼きのカロリーが半熟と完熟でどう違うかとか、はたきの掛け方が何度だとゴミの落ち具合が何%になるかとかが、科学だと言って講義され、試験される。音楽だと、お決まりのベートーベンだモーツァルトだなどのクラシック、そこでストラヴィンスキー、メシアンは？　など問うと聴いたことも無い、メシアンて誰だ？　には呆れましたが、ひどいもんです。ロックだ、ポップだなどにいったら全く対応できないとか。知ってるかどうかのことでなく、音楽教育において音楽理論や音楽表現はどういう意味があるかを問うたのです。哲学に対してなど、もっとひどい低次元です。近代二元論への批判認識など皆無でした。

大学という閉じられた世界だけに人為的に限定されているだけでなく、その個別専門とある暗黙の規範性に閉じていて、そのくせ見かけ上の体系的学説が一般論で語られ、さらには見かけ上の専門用語でもっともらしく語られている。それが、個人と社会に対して学問だと暗黙に伝達される、その政治的な婉曲が、国家や政治や主体を問わない作用として機能していることを、私たちは暴露させ、そんな質から評価などされる言われはないと明らかにしていって、評価権などを彼らから剥奪していったのです。大学教師は、諸関係の総体をほんとに見ていない。

これを私は、未熟で素朴な学生の不知からの問いかけだとは思いません。社会問題や政治問題を大学講義が脱政治化している、その誤った切り取りや普遍化偽装へ、本質的に問うたと思います。単位をよこせとも拒否もしていない、制度規範の改善を問うたのではない、学問内容そのものを問うた。しかも、専門性に厳密ささえ無いことも暴き出しました。当時、我々学生が廣松渉のマルクス研究を自主ゼミで勉強していましたが、マルクスの疎外と物象化の違いとその意味について答えられたマルクス主義教官たちは一人もいない。そこで、我々は廣松渉や平田清明を自主講座に招いて話してもらう、とやった。私たちは初期マルクスやっていた梅沢謙蔵さんを非常勤講師として制度的に認めさせました。非常勤講師も大学教官たちが都合よく決めていたことに対する叛逆です。この時は物理的圧力を教授会へかけた。制度に付随する平定装置に暴力が隠れていますから、制度による確証作業へ暴力として対抗させた。氏は学部長に呼ばれて何か言われたようでしたが、跳ね返したと言ってました。労働運動の講師でしたから抵抗された。私は彼からマルクスの勉強の仕方を学んだ、半端な仕方ではないです。中卒の労働者たちにマルクスを学ばせる方でした。大学でのほほんとしている自分が恥ずかしかったですね。私は以来常にマルクスの文庫をポケットに入れておいて、デモの時であろうと電車に乗って移動している時であろうと、五分、十分あればマルクスを必ず読んでいました。お前はいつも俺たちと一緒にいるのに、どこで勉強してるんだと不思議がられましたが、大学教官たちを学問的に糾弾するんですから中途半端な読みではなせないですよね。

学術出版はまだ商業主義に浸食されていない時代ですから、本で学べた。しかし、大学院生になってイリイチの研究所へ行った時は、ぶったまげました。世界の学問的生産の仕方の高度さに驚いた。教育批判の書群が何百冊とある。そのどれも日本に届いていなかった。自分が何をしたのかが、そこでやっと理解できた。日本の研究の仕方はお子ちゃまです。知的市場は、日本ではどんどん腐っています。フーコーなどの文化主義的流布はひどかったですね。出版で私はメキシコ帰国後、アカデミズムが取り上げていない現在世界に届く高度なものを刊行企画していきます。現実性の喪失と誤った普遍化が、大学アカデミズムがなしていることだからです。

——現代思想の文化主義的な理解に対して、「教育の政治」「身体の政治」「言語の政治」など繰り返されて論じています。それが「国家論」となった。そこの関係を、もう少し説明していただけますか？

山本　イリイチ、フーコー、ブルデューらが、私自身の闘争に答えを出してくれていた。マルクス主義が何も答えてくれていなかったことです。イリイチの研究所の図書館でそれらを知って読んだとき、他にも膨大にあるのですが、この三つの言説が卓越して明証でした。ライマーやフレイレの理論性は凡庸です。教育の政治性が、鮮明に把捉されました。学校化、規範化・権力関係、象徴暴力、そこと自分が闘っていたのだとわかった。学校化とは産業的生産様式の再生産です、それはアルチュセールのイデオロギー的国家装置では論じきれていない累進的な隠れたカリキュラムの作用であり、日々の権力儀礼の遂行です。そして、一望監視の下での日々の権力関係による規範化への主体的従属です。さらに、強制的規範を普遍的なもの、普遍的に適用可能なものと再認させる象徴暴力の権力です。ただ、授業・講義に座って教師が教える内容に黙って聴いている、そのこと自体に私は叛乱したわけですが、それはこうした教育の政治作用への政治的対抗であったのです。現実界と象徴界との繋がりに無知であることへの抵抗です。

帰国後、私は何よりも最後の最後に別れた琴寄政人に、答えが出たぞと報告した。彼は学校教師になっていましたが、何のことかという顔をしていたものの、彼には伝えねばならないと思っていた。彼は今も実戦教育だと、自身の活動をなし本も書いていますが、朝まで議論し、決裂し、寂しく早朝に帰っていったその後ろ姿がずっと辛さとして残ってましたから、どうしても彼につげたかった。そこにしか意味がないと言ってもいいぐらいのことです。私たちの闘争に他大学なのに最初に共鳴した彼であるからです。自主講座に呼んだヴェーバー研究者の折原浩さんが伝えたようです。

しかし、ブルデューやフーコーたちの教育批判理論には国家論がありません。つまり、国家論があるアルチュセールの方が生産諸関係の再生産を、ブルデューの言う「生産者の再生産」として配置できています。フーコーは国家理性を統治技術に関係して論じますが国家を究極的形態でしか示していないし、ブルデューは安楽椅子に座ったままのマルクス主義者や学者たちの国家概念は、形而上学的で境界づけがはっきりした単一の現実でしかも外的な勢力として見ているだけで、行政界や官僚界の諸勢力が争いをしている諸界の集合体を見ていない、客観的諸関係の空間に対する省略表記でしかない、と批判するのですが、社会的再生産と文化的再生産の社会空間は見えても、国家空間が経験的現実のネットワーク的空間でしか把捉されていない。

フーコーの統治性の講義やブルデュー講義録の「国家について」などがなされていたのを後で知るわけですが、それさえも配置換えしないとレーニン的国家論、グラムシ的ヘゲモニー論から脱せないということです。つまり抵抗論と経験実証論にしかならない。イリイチは、個人自由論ですから国家論は対象にならない。これらの穴に、教育・身体・言語の再生産が編制されていると見えてきたのです。つまり、国家資本、国家の社会統治技術、の穴に、欲望の個人化が共想幻されていることで共次元と個次元とが合体する編制がなされている。つまり、身体行動、心的構造、言語の再認が実際行為していることから、その国家的包摂の総体が壁となって、物事の可能条件を食い止めてしまっていることを明らかにしました。講義室の小さな空間に国家配置がなされている、つまり教室での闘争は、国家との闘争をなしていたということです。逆に言えば、子どもたちは教室で国家化されているということです。そのとき、吉本共同幻想論を配置換えしないとならない。というのは、闘争で吉本思想はつかえないんですよ。その限界は種々あるのですが、古事記神話空間と日本書紀神話空間の識別がなされていないことが決定的な不備になっていることが、東北大震災後にやっと見えてきたのです。国家的想幻と場所的想幻は、位相が全然違う。

国家資本をめぐって権力間の争いがあることをブルデューは示しはしましたが、国家資本の主軸は主語的言語資本です、そして二つの異なる神話的共存を構成する神話資本が決め手になって、欲望構造の誤認を再認する装置になりえているのです。メキシコ人類学者の友人のアウスティンの神話論が助けになりましたが、神の体系が異なるナウア神話とアステカ神話がある、それは坪井洋文さんが示していたクニブリとオホミタカラの民俗構造であり、折口信夫が考えられずとも語っていたことに見えています。神話の中の死者は「生きている者」なんです。

折口の視座と柳田國男の視座は、対照的です。常民を柳田はナショナル日本空間からしか見ていない。折口は場所の民の視座から民俗を見ています。表立って示されていませんが、よく見ていけばはっきりします。国家／社会の原理と場所の原理は、根源的に違うんですよ。社会空間を暗黙に実定化する学問研究と場所存在を探究する学問研究とが、論争せずに、暗黙に対立しているのです。和辻哲学と西田哲学の違いなどその典型になります。

国家権力の一元支配か国家の相対的自律性か、という問題ではないということですね。

教育、身体、言語、さらに医療も絵画も文学も、速度も、全てが国家へ包摂される民族国家が、統治技術を個々人の生活へ浸透させているのです。これは、支配の押し付けではない、配置／配備です。個々人が受容していることで成り立っています。これが政治的な作用です。

ヴェバー的に言えば、依存し従って受容していた方がそうしない方よりも利益があるからです。しかしこれは、もう現在では、目的に反する逆生産になっていますから、本性の露出が自覚されていくと思いますし、ボルタンスキーが言うように利害関係だけで人は動いていませんから、感知はなされていく。しかし、国家論で言述したことは、すでに私が当たり前としていたことで、そこがはっきり理解されていないからだと感じ、後戻りして論じたことです。ですから、二年もかからずに五部作を一挙に仕上げています。

——それは、反国家ではないのですね？ 国家権力への反権力でもない。自分と国家との関係どりのことですね？

山本　ええ、国家をなくせといっても無くなりません。国家権力を奪取したところで同じことが繰り返されていくどころか、もっと悪化します。つまり反権力闘争は意味がない。自分の闘争で実感したことです。しかも社会主義や共産主義の理念はペテンです。実際になすことが、理念と反対になるからです。ソ連、ロシアを見ればわかることです。社会主義は自由主義と同じことを競いあってきただけです。それは、学校化や医療化や加速化を進める産業的生産様式です。ただ、ソ連崩壊後のプーチンの登場や中国の習近平などの統治は専制主義であって社会主義ではないのですが、社会主義の延長上に不可避に出現する専制主義です。感情資本主義と感情専制主義として鏡像関係にある同質のものです。「知的資本論」で論じましたが、言説が円環しているのです。それは、国家を構成する言説ではなく、国家を支える「社会言説の空間」です。ここを国家が社会を支えているなどという転倒を平然と語る大学知性が左翼面して横行しています。

私は、未考察だらけでしたが卒論は「世界革命論」でした。修士論文はキューバ社会主義研究です。そして博士論文はメキシコ革命研究です。自分なりに大学の中で、反アカデミズムとして資格取りのやむなさにおける抵抗でもありましたが、自分へ社会主義とは一体なんであるのか、その可能性よりも限界を知ることになり、またそれでは社会主義ではない「革命とはなんであるのか」でメキシコ革命を考証しました。どうしても自分へはっきりさせておかねばならないからでした。ロシア革命はたくさんの研究がありますからそれを学びはしましたが、キューバを対象にしてラテンアメリカ研究の一つとして実証的な考察をなしておかねばならないと、理論的なものは抜いて、ひたすらその教育の社会主義的変容を歴史実証考察しました。結論は、社会主義は何も解決できていないということです。子どもたちが中心になっての識字化運動は二年間ぐらいですが、これは学校も全て閉鎖し子どもたちのブリガーダが農村へいって大人たちに読み書きを教える、ダイナミックです。しかし、すぐ社会主義を教え込む教育へと後退します。共産党が新たに作られるのはずっとのちですが、そこでもう何らの新しさはない。

メキシコ革命も、ビジャとサパタは国家首都まで制圧しますが、大統領の椅子に腰掛けて記念写真を撮っていますが、こんな居心地の悪いところにはいたくないと郷土へ戻ってしまい、そこで共に暗殺されてしまいます。その後のメキシコ革命での教育も実質的な変更を作り出すことにいかないでPRIの一党独裁的体制になるだけで、農村部はオルガルキーによって支配されたままです。革命も何ら変革がなされるようでなされない。評価しようとすればできますが、本質的な転換は社会革命においてなされない。社会なるものの原理に代わるものがないからです。

私は実証的考証の限界までにそれなりにやり切ったと思いますが、同時にメキシコでの実際の現実自体を見ていて、実証考察の限界を痛感します。いい意味で言えば、実証考察は果てしないですね。そして、実践そのものが何ら転換をもたらすことにならないこととして、社会主義と言おうが革命と言おうが、自分がなした小さな実践と変わらないことを知ることになる。つまり、目的意識的な実践は、政治変容をもたらさないのです。闘争をしたこともない人たちが実践を語っているだけです。政治闘争なる争いは政治的対立として武装闘争まで含めて起きるし、また構成しえます。軍事専制的な支配に対しては不可避になる。しかし、ゲバラ以降、ゲリラ闘争はありますが国家転換には至らない。ニカラグア革命や、チリで非武力のアジェンデ社会主義政権がなされたがピノチェットの軍事クーデタで潰された。武力革命によって政治が変容するかというとしない。結局、資本主義＝社会主義なるものと変わらない。

そんなとき、ブルデューが引用していたマルクスのフォイエルバッハ・テーゼの仏訳にすごい違和感を感じた。理論と実践の一致などと書いていないのです。その頃です、メキシコへ客員教授でこられていた山口昌男さんからマーシャル・サーリンズのゲラをもらって、読んで驚愕した。そこに引用されていたレヴィ＝ストロースの『野生の思考』のくだりです。サルトルへの批判でした。私は、レヴィ＝ストロースの仏文の原書をたぐり、またマルクスの西訳ですがフォイエルバッハ・テーゼを読み直し、「プラチック」は「プラクシス＝実践」ではないことに気づいたのです。アルチュセールの「理論実践」なる訳語を違和感をもって読んでいた、それが「理論プラチック」であることに気付いた。ブルデューはプラチック論でありフーコーもそうだと知っていく。

この発見は決定的でした。闘争の時からこびりついていた《実践》の脅迫的な概念が一挙に溶けていき、ある拘束性から自分が開放される経験がそこから徹底して始まります。ブルデューにインタビューしたとき、そこを問うたなら自覚がなかった、当然のこととしていたんですね。*

これが、私における政治的なものをめぐる根元的な転換となったところです。理論と実践が一致しないことなど、学生闘争の中でいやというほど経験していましたから、その既成概念が転移できて、すべて納得へいくことができたのです。つまり、理論は実際的なものを掴まねばならないという、それだけのことです。理論へ実践を当てはめることでも、実践へ理論を適用することでもない。マルクスさえそんなことは言っていないと知った驚きは、真に自覚への覚醒でした。廣松渉のフォイエルバッハ・テーゼの翻訳は完全に誤訳ですよ。

これはもう何度も何度も繰り返し指摘していますが、いまだに邦訳は旧態のままですね。その限り、現代思想の理解は何もなされていないと断言していいです。理論界は反転さえします。無意識の政治を相変わらずやっている。まさに、無知ははびこる。昔とかわりない。

反権力への妄想が溶けた。私は『学ぶ様式』1986の書でもう「非権力へ」と副題をつけていますが、権力関係における非権力のプラチックをなす政治へと踏み込んでいます。

――ブルデューやフーコーは無論ですが、マルクス主義のアルチュセールも、そしてラカンもプラチックなのですか?

山本　そうです、すべて。つまり構造論とされた現代思想はプラチックを対象にした考察へ地盤転

* 註：アルチュセールは『再生産について』で新たな用語としてpratiqueが出てきたと言い、ボルタンスキーは『批判について』で、自分たちがpratiqueと呼ぶものはとイタリックで言っている。「実際行為」「実際的」であって「実践」ではない。

換した言説です。それによって、マルクス主義的政治=実践主義から離脱できたのです。『ラカンと政治的なもの』と称する論書もありますが、欧米の言説は「subject 主体」概念から離脱できませんから、ラカンの$8の意味を主体から炸裂されると読みます。逆です。プラチックに主体などないのです。しかし、言語構文で主語がありますから、この壁を破れない。実際行為という対象の働きがあるのであって、主体の実践があるのではない。米国のラカン論はほとんどラカンではないですね、主体論になってます。日本のラカン論の方が遥かに優れているのも、無意識で主語なき日本語の述語思考が働いているからですが、当事者に自覚がないだけです。ラカンは、実に政治的でありかつ経済的である論述です。アルチュセールやフーコーより、マルクスを読み取っています。

主人言説はある意味、政治支配の言説です。威張っている大学教師が日々していることです。それを変容転換して資本主義言説をラカンは示しましたが、この主奴の人格ペア関係を消す仕方は他の言説にもなして然るべきです。すると分析言説が専制主義の政治言説となって浮き出します。プーチンの言説です。一歩間違えると大変なことになる。これも闘争で実感していたことです。

翻訳を正くやれと言っているんではなく、理論理解は自由であっていいし、あえて異なる解釈をしたっていい、間違ったっていい。でも原書への正しい了解がいちばん力と意味を発揮しますね。

——すみません、理論的なことは書に論じられているので、ここでは、書かれていない、山本さんの政治的な行動についてもっと知りたいです。つまり、フランス現代思想へのアプローチが、他の人たちとどう見ても違う。そこに何が作用しているのか、何に確信を持たれて己を妥協なく貫き続けていられるのか、ただ知的な次元だけのことでない、行為的になされている、そこを知りたいのです。いわゆる街頭闘争もなさった訳でしょ、それと大学内での教育闘争との関係はどうなっておられたのですか？　それはどういう政治闘争だったと思われるのですか？　山本さんたちの闘争がI氏の指導で出版社から本になって出されましたが、その報告会を山本さんたちは粉砕にいかれましたよね。闘争を書籍にするなどけしからん、と。会場の人たちは何のことかわからなかったと思います。

山本　まず、会場でそこに共鳴していた人たちは、自分の闘争をされていますか？　していませんね。なのにどうして、その単位・試験粉砕の書に共鳴しているんでしょうか？　共鳴して、それでは自分たちでその闘争をし始めた人たちがいますか？　本にまとめた人たちは、共に闘争をしていた人たちですが、本にした時にはもう闘争を放棄していました。何のための本ですか？　自分たちのアリバイ的な自己満足以外の何がありますか？　書物への仕方が間違ってるんですよ。

私は実践者、闘争していた。本書き者ではない。私たちは、ビラや立て看をまったく違うものに表現していきました。「帝国主義粉砕！」などの政治ビラ、アジビラなど、学生たちは読みもしていない。ノルマ的に前の晩に手刷りで印刷して、朝登校してくる学生たちに手渡している。私たちは、ジョージ秋山の『アシュラ』のマンガに「叛」と描いたヘルメットをかぶせ、「ウぎゃーー！」というビラを書いたり、秋竜山のお爺さんがむっくり起き上がって、「婆さん、経哲草稿を持ってきておくれ」とやったり、自分たちも面白がってビラを作りました。それは「教育過程闘争」と名付けてしたものです。「教育共闘」と運動名をつけて、他大学も巻き込んで関東教育共闘にまで構成しましたが、大学日常の制度権力を転換させる闘争です。愉快犯的に最初は始めた。試験用紙が配られたなら、関係者は一番後ろに座って、ヨーイ・ドンと誰が一番早く白紙答案を教壇へ出せるか競い合ったり、またコソコソやる自分利益のためのカンニングではなく、はっきり誰にも見える集団カンニングでガヤガヤ騒いだりとか、でもこれは自分たちが試験に不合格になって損するのです。それはおかしいと、力関係を反転させます。逆に教官を座らせ、私が質問をして教官に答えさせるとか、いろんな反転を実行した。数学試験でしたが、解答を黒板に全部書き出してしまう。そして、全員優で合格と無化してしまうところまで行った。教官もそうなると答案用紙を見る意味もなくなる。双方に、グッドなんですよ。(笑)

学生大会でスト決議して封鎖など手続き論ですから、そうではなく全学はスケール的に無理なので、一棟を突如バリケード封鎖占拠します。そこから初めていく。そこで、大学ノルマは機能停止させて、こちらの内容で自主講座する。教官批判は先に申し上げたようなことです。細かいところは多々あるんですが、後輩は、児童文学者の佐野美津男さんを非常勤講師によんだ、氏は学歴がない。後輩たちは、彼と一緒に三里塚闘争へ行ったりしてました。そして佐野さんはその後、この経歴を機にして大学教師になっています。

でも実際に闘争に関わっているのは十数人です。あと何百人は正常化へ従属しています。その量的な反転はできないゆえ、ゲリラ的に徹底してやりぬく。党派は相変わらず街頭デモへの学生動員です。そこをネグレクトすると旧左翼のように見なされるので、それはやり抜きました。党派を差し置いてデモ隊の先頭をとったこともあります。政治的力学に関わりますから。ですが、機動隊の催涙弾がだんだんきつくなって、目も開けられなくなり、さらに水平撃ちになってきます。うづくまってじっと耐えている街頭デモの意味がない、馬鹿馬鹿しくなってくると同時に参加者も激減してくる。神奈川の教師たちとの共闘を組んだりもしましたが、ジグザグ・デモする私たちに「真面目にやれ!」には呆れました。対立的闘争をしていない。最終的に、私は彼ら教師たちから振り回し路線だと糾弾される。学生に、いっぱしの反戦教師たち大人が振り回される?! 何じゃこれは、のことが闘争の側からもどんどん起きてきます。批判が障害に遭遇し、真理への異議は疎外されていく。

大学ではかつての学園闘争で、名称変更の時に学生との協約で、教員免許を取らずとも卒業できるという条項を私は発見し、一切教職科目をとっていません。(といっても最低限の講義なども出席していない。) しかしそれは規範から外れますから卒業できないかもしれない、わからない。この闘いを仕切ったのは私一人です。みな自分利益を守るんですね。教員実習でみな学内にいなくなる。私一人残って、占拠した場所を守っている。でも、誰も撤去にはこない。私は講義に出て試験を受けて単位を取ったんではない、拒否し粉砕して単位を出させています。出さない教官は学問的に吊し上げ無能さを暴露させる。徹底してやりました。侵犯行為の美化ではない、ただひたすらの闘争です。

つまり、制度化された諸関係の転換に必然的になっていく、権力諸関係の監視や規範化への抵抗の闘争です。しかし、規則が転換されるわけではない、抵抗行為が可能だということです。そして新たな学問への形成ですが、当時、ウル・マルクス研究が動いていたその自主講座を遂行したりしました。ゴダールの映画会をやってその場を学生大会へ切り替えるとか。あの手この手で毎日の闘争です。政治的なもの、その隠れた世界を浮上させる闘争です。私は、教官たちから邪魔されたことがないです。邪魔されたなら、物理力で粉砕します。すると衝突にならないで、相手が引いていきます。向こうはわかってますね。限界を否応なく感じさせられていくし、最後は一人になってしまいましたが、一人がいちばん強いという状況は作れます。現実は不完全性にあるんですが強固です。

これが、私が産業社会の既存パワーをいやというほど知った根拠になります。じゃあ、正常化へ戻って再び服属していった仲間たちが納得しているかというとしていない。ですから彼らからのシンパシーはあるのですが、闘おうとはしない。彼らは制度保証の先を見ているんでしょうね。

――将来の利害関係や不可能のパワー関係を見ているということですか？　従属することの方が賢いのは、従属の中で自分の世界を保てるからでしょうか？　ただの無自覚ではないということですね？

山本　いえ、諸個人がどうするかのことではなく、象徴支配の効果です。その「時間」の作用が力関係にどう働くかが、経験的というか習慣的に彼らには見えているからです。現実界の不可能の作用を感知している。それは、ブルデューが明証に言語化していますが、理論的にはラカンの方がはっきりつかんでいます。私の闘いは、いま、ここで、を見ているだけです。つまり、闘争とは、いま、ここで、においてなされているんであって、明日どうなるかではない。試験などない方が愉しいではないですか。そんな無意味なものにどうして従っていくんでしょう。試験がないと勉強しないからですか？　でも一夜漬けで勉強などもっとしなくなる。

服従は、世界の禁止命令への直接参加であり、既存の通念への服従なのですが、規範性感覚は、欲望の定式化に合致します。規則命令を与えられた人の心的構造とその規則命令自体に組み込まれた規則構造とを一致させて、それが当たり前のこと、他にどうしようもないことだとする、そうしておけば象徴財の市場から、真面目な従順さの徳の利益や、ある枠内ですが自在な自由や優雅さの利益など、あらゆる利益を得られるからです。従順に講義・試験の与えられた一つのなすべきことをなし、またしてはならぬことをしないことで、周囲からの共通の称賛を互いにしあえる。

つまり、大学教師は支配しているとは少しも思ってもいない（中には学科を支配していると威張った教官もいたりしましたが、大学闘争で全く学生の誰からも相手にされなくなってます）、ただ真摯に規則・規範とその慣習を代行為遂行している教官たちが、自分たちのその制度アクトを生み出し遂行している同じ認知構造を、支配されているとは感じていない学生たちが支配者の制度アクトに、しかも自己存在的に適合させています。象徴的アクトは、贈る側と贈られる側とが、同じ認識と再認のアクトをなし、ともに同一の知覚と評価測定のカテゴリーを共有しているのです。

これを、私たちは誤認による象徴的な支配であり、象徴的暴力であると批判し、その模倣をもってカリカチュア化し（教官を学生の場に座らせ、私が教官へ問いかける）、象徴暴力の作用を転じた訳です。抑圧を反転させただけではない、全体化不可能にしか制度現実はないことを示し、批判の存在がありうることを現実に突き合わせた。象徴暴力をブルデューは「社会的に押し付けられた信念という「集団的期待 attentes collectives」に基づいているものだとは知覚されることのない服従を騙しによって作り出す暴力」だと言っていますが、それが時間的に恒常化されているだけでなく、将来的にも持続していくとされている。この時間化されている象徴支配に対して、私は、いま、ここでの出来事としてその偶発性を暴き出します。それはそこにいる学生たちに、その時のこととしてはっきり見えます。このときしか見ていない、この瞬間に暴き出される、闘争はそうなります。象徴支配とはなりませんので、またそうはしませんから、時間的な永続化はしないのです。

ここは認識ではない、知覚的なものが再認を揺さぶる瞬間です。教官が評価する力関係が反転された瞬間に露出します。財所有されている認識再認によって維持されているだけですから、そこは学生たちに感知される。でも、彼らが領有し切っている象徴資本を崩しきれないのは、闘争が規則化できないからです。その象徴資本は、「代行者たちによって所有されている諸財と適切な知覚カテゴリーを持っている代行者たちとの間の社会的諸関係」に現れているものですから、学生たちの思考様式において社会的＝制度的に構築された代行者＝学生たちの存在となって、自分たちに提示されたものを認識し再認して、信念を一致させ、従属、服従を一致させるのです。しかも、象徴暴力は、支配・服従関係を情動的諸関係へと変容させています。その質化操作の外延を揺さぶった。

イリイチの政治的自律性や後のフーコーの自己技術を知った時は、これだと納得いきましたし、ブルデューの批判考察でどうなっているのかがわかりましたが、闘争自体は実に論理的であったことも自分へわかりました。つまり、私は自分がなしたこと、自分が実際に直面したものごとに対する論理や言説を現代思想に見出せたのです。このインタビューでの質問への答え、自分の振り返りにブルデューたちの論理言説を多分に使っていますね。自分の実感からですが、ブルデューは真に象徴闘争していますね、イリイチは外的な実際闘争をした、フーコーは知識人として街頭でアジテートはしたでしょうが、実際的な実践的闘争はしていないと感じます。実際的な闘争は理論言説に現れるものだと思います。邦訳からでは見えなかったというより、闘争の論理性の精緻さが、闘争未経験な大学教官たちにはわからないゆえ、理論理解になっていないと私は言い続けています。他人事の知識としてしか、大学人たちはそれらを読んでいません。教官たちを批判した学生時代の闘争は、近代学問体系そのもの、そして大学言説、それの限界への挑戦だったのです。闘争に即しながら、私はマルクスやヴェーバーを読んでましたので、そこを感知し得ていたと思いますが、ブルデューやフーコーを原書で読めるようになって、とてもすっきり了解できるようになった。既成の概念定義の完全性を脅かし、確証された関係の普遍性を疑い、現実の輪郭を変えてしまう理論言説です。

――レーニンをかなり使ったと聞いていますが、マルクス主義へ批判態度を持たれたのはどうしてですか？

山本　レーニンは実際に使えますが、それは権力奪取だとか階級闘争だとかという大括りなものとしてでなく、小さな自分のことの具体実践としてです。驚くほどマルクス主義者たちはレーニンを読んでいません。「権力奪取だ」と、大学教師の思考形式と同じ次元でしているだけです。「国家論ノート」の数ページの訳次元の知識了解で、反国家闘争をやっているような知性で、国家権力奪取などできるはずがないですね。しかも実際の革命状況は複雑怪奇、一九一七年の十月革命から一九二二年のソヴィエト連邦確定まで混沌に続く混沌です。ソ連が設立されたところで、スターリンの粛清政治が続きます。私は、自分ではキューバ革命、そしてメキシコ革命を実証研究しましたが、実に複雑です。革命の可能性より、現実の不可能さが見えてきます。

また構革派はグラムシを使っていましたが、ヘゲモニー闘争は私がなしたような小さな物事において可能になることです。彼らは「党」形成に至れてないですね。また、谷川雁の工作者宣言は関係の取り方として使えました。のちに、雁さんと直接お会いしたとき、私の論述は唐草模様みたいだ、先へいくと別れて、どこかへいってしまうと評された。そう、目的意識性の闘争実践を拒否していたからです。私がなしたのは実際行為の闘争でした。いま、ここでの闘争は、のちにホスピタリティとしてポジティブに見出せていきます。他者を潰したりするような仕方は、ただの自己正当化の傲慢無知でしかない。正しいからといって一元化できない、私は関係を転じただけです、対立が政治的に設定される。マルクス主義は、未来の救済を設定し、そこへの投企を飼育的に強要し、その過程では闘争の正義のために何をしても構わないと、支配機能と同じ仕方をします。党派の運動方針に従わないと、反革命だネグレクトだと、自分たちだけが正しいと攻撃してくる。レーニンは違いますよ、いまここで、一歩前進二歩後退です。闘争って前へ行かないんですよ。ここで、この瞬間に、対抗的に打ち勝つだけです。賢い尺度を広げますと、結果敗北です。でも、今の瞬間は勝つように闘うのです。愚者の闘いです。なのにレーニンは国家権力奪取仕切ったのは一種の冷酷な政治的状況であって、トロツキーたちがいたからですがスターリニズムへ閉塞してしまう。

この戦略理念的に設定された呪縛から理論的に脱せたのは、ほんとにメキシコでです。ですからパウロ・フレイレには馴染めない、彼は飼育の教育を拒否しますが真面目に期待を希望のように繋げますし、理論は稚拙です。ですがイリイチは本格的に実際闘った人ですから、敗北を知っている、闘争を語り合ったとき自分と同じだと彼は言いましたが、スケールが違うと私。でも闘争の本質は同じなのです。そこに期待ではない希望を設定します。救済するフレイレですがイリイチは救済しない。プーランザスやドゥルーズも自死していますが、どうしてだと思います？　聡明な彼らからして未来の勝利が見えないからです。ここマルクス主義を脱しないと打ちのめされます。マルクス主義学者たちは中途半端でとどめている、つまり机上マルクス主義やってるから生き延びているだけです。どんな小さな闘争でもやり切ったならわかりますよ。現実は不可能だから希望があるんです。

そして、最善は最悪になるということの自覚です。主体なんぞほんとにいない。主知主義、知識主義で現代思想をやっている大学人にはほんと反吐が出ます。しかも政治音痴です。実践の意味など、実感的にわかっていないから平然とプラチックを「実践」だ、アクト actes を「行為」などとして済ましていられる。シュッツを読んでもいない。再認を「承認」だとか、知覚を「認識」だとか、概念差異がめちゃくちゃです。身を守っている「主体」などに実践などできない。「学ぶこと」は終わりのない命がけの闘いなんですがね。さらにブルデューもフーコーも驚異的に緻密ですが、微妙に違うところが闘争した者として見分けられます。そこを私はただ彼らに従ってはいない、自分なりにずらしています。

吉本さんは現代思想理解が深くないのも、邦訳書しか読んでいないからです。シビアな象徴闘争が邦訳では理論的に削がれていますから。構造主義をマルクス主義の最高形態だと理解したのも邦訳者たちが大学言説であるマルクス主義コード形式へ戻してしまっているからです。私の語るフーコーにはとても驚き納得されていましたが、領有が難しいとこぼされてはいた。偏差値優等生で邦訳されているにすぎない現代思想群です。若い人たちは少しづつ違和感で感覚的に気づき始めているんではないですか。闘争しなきゃ分からないんか、と言われそうですが、大学人に対しては「そうだ」としか私は言いようがないですね。本気でやってみろよ、って。

——学生の時の大学闘争は、プロの政治ではないですね。つまり政治家の政治ではない。しかも山本さんは、無党派の闘争をなしていた。この違いは何ですか？

山本　私にとって政治とは、あくまで自分の自分に対する政治行為です。制度化されている政治ではなく、日常での自律の行為です。他律依存の拒否です。自分から決めてなしていくことです。自分をなくす投企ではないし、選挙で認められる代表制の職業政治ではありません。民主主義の多数決決定ではなく、少数者の自律の闘いです。産業社会で他律拒否だけでは生活は成り立たなくなりますが、多くの物事において他律拒否は可能です。現実を内部からしか見ていないから何もできない。

学生闘争の時に対立設定したのは、自分への敵ですが、党派の街頭への引き回し運動と吉本主義者たちの物事が解ったぶりの闘争放棄へ対してです。闘争は日常闘争です。無党派として大学諸関係で、権力関係を転換していく。そのためには対象をしっかりおさえていかねばならないし、理論的な考察を深めていかねばならない。政治行為が可能になるには知的資本を高め、情動資本を解放することでした。他律依存の拒否です。他者への正しさの押し付けではない。

闘争したなら最後までやり抜くことなんですが、闘争のための闘争をする意味はない。敗北は認めて次を考えていけばいい。組織を守るなどもう実践的な闘争ではない、別ごとというかスターリニズムにしかならない。闘争を倫理裁定するのは、やってない人たちがやらなかったことを自己正当化するだけの、いちばん馬鹿げたことだと思います。現実は脆弱ですから強固になっている。

私は病院へいきません、大学の健康診断も受けません。友人の歯医者にはいきますが、それは彼が歯科治療の限界を知っている医者であるからです。コロナ禍でももちろん予防接種など受けていない。すると、大怪我をしても医者に行かないのかと一般論から非難されますが、それは必要なことです。多くの医療化が必要ないと言っているだけです。出版社への依存も拒否し、自分で出版社を作り、また自分で研究所も作り自分で研究生産する環境を作っています。なせることです。自律的にすることは可能なのです。穴ボコだらけですよ。支持する政治家などいませんが、知己になった方の政治を助けることはします。特に場所政治です、国家政治ではありませんが、国家政治を超える場所政治をサポートします。一貫して無党派です、集団党派を嫌いますので。あるアクションで関係者を構成はしますがいつでも解体できるようにです。私にとって政治とは自分統治です。フーコー的に自己統治アートです。醜い政治の拒否です。騙しと仮象の経済の拒否は徹底しています。真正さを探します。こういうことは、大学闘争で学んだ。どこで物事が衝突するかもわかっています。それを回避するかぶつかるべきかも判断つきます。決定的なのは、自分利益を守ったならアウトです。それは結果もたらされること、不思議ときちんと真正性をやり抜けば共効果がもたらされます。敗北は損害にはなりません。中途半端に配慮などするから問題が起きる。私は人に恵まれています。いい加減な人とは関係は切れていきます。相手はやばいと去っていきます。これが、私の自律的政治です、自分技術です。名誉や権威権力の拒否です。社会を改革することではない、社会をなくすことです。それには物事状態と象徴支配と関係を転換することです。

——そうした自分判断はどうしたなら可能になるのですか？

山本　対象それ自体を総体としてかつ自分のこととして観る、これが基本中の基本です。専門対象で切り取るなど、もうそこで過ちます。政治的不能化とは、自分の対象との関わりをなくしてしまうことです。それは、自分を対象へと落下させているんですよ。そして、大学言説を捨てることです。大学言説は、もう実際世界に対して害悪です。さらに賃労働者から離脱することです。賃労働は資本を分節化しているだけでなく資本を分離し、自分から剥奪させています。労働側からそうしている。資本者として自分の経済活動をなすことです。資本概念を転移していることはもうご存知ですね。そこに政治的自律性が、自分のことを自分で決め行為することとして働きます。物事は客観的に動いているのではなく、述語的に動いています。そこに主体は無用ですが、物事の判断は自分がなすことです。ここが他律決定になっているから、政治的不能化が起きています。自分がいちばん大きいのです。国家よりも社会よりも。それは自分が経済を自分でなすことです。他律依存の経済をしているから、物事は仮象の積み重ねになっていきます。社会エージェントとしてしか生存できない、他律政治の餌食になってしまうのです。国家権力とか資本家権力とか、そんなものはない。独裁者など、周囲がそうさせているだけです。崩壊する時に露呈していることではないですか。その言説のからくりはもう知的資本論で明らかにしましたが、社会言説と大学言説が作り出しているものです。ここは認識や実践では解消できない。そこに気づかない限り、規範化支配は存続します。制度化された政治界に不能化する政治資本が働いてますが、政治的なものの界に真の政治資本は働いている。反振る舞いは、他律のパワー関係に対する非権力の自律抵抗です。自分のこともできないで、物事を動かすことなどできない。この他律不能状態にある典型が大学教師たちです。マネジメントもできない、出版も編集もできない、研究費を自分で持ってくることもできない、不能だらけで綺麗ごとを言っている。自分の給与を守って、自分の業績研究を維持しているだけです。不能税務処理もできない、していない。不能化だらけのその状態を学生たちは感知して、世の中そんなもんだと身体化している。プーチンや習近平など、大学が生み出した存在です。大学知性しか持っていない。今、世界は大衆化した大学知性によって政治支配されています。最悪ですね。

——大学批判していて、大学教師になっておられた、それは矛盾ではないんですか?

山本　久々に聞く批判ですね。批判したならそこに居るな、というのはファシストですよ。いかにも、言ったことと行動との一致の正統化論理のように言われますが、批判排除の支配側の自己正当化の押し付け論理でしかない。制度は批判余地があるからもっている。既存の物事さえできずに、そこを脱することはできないですよ。私はいつでも大学教師やめてやるとしていましたから研究機関を自分で作った。やめる必要がなかったからいただけでもうこりゃダメだと思った時にさっさとやめてます。大学教師の専門性など、ある一つのことを学生が二年徹底してやったらなせる知的レベルでしかない。

私は、大学教師に就任した頃、最初の教え子たちに、学生なのにフーコーやブルデューやフロイトに関する書の翻訳をさせて出版させてますが、大学教師もできなかったことをさせてます。彼らの名で刊行してます。これもアカデミズムや出版界に対する文化的な政治闘争なんです。私の闘いは少数者の実際実行です。民主主義は制度化されてただ多数化している形骸化にある。そこでの正当化は規範化されたものでしかない。そこへの闘争は少数者ですが、学術的にも文化的にも質が高度であることで、制度水準からは逸脱します。大学教師になったのは、食っていく上で、自分にはそれしかないと無力だったからなっただけです。大学教師程度のものにもなれないで、真の研究生産ができる新たな研究所など作れない。無一文状態で私はイリイチの研究所へ飛び込んだ。好意的に受け入れられました。自分で研究所も出版社も作った。自分のことは自分でせよです。大学のそのさきのことなんであって、既存のものをだし抜かねばならない、できないからそこを放棄すればできるだろうなんて転倒です。若い人たちは日本の大学嫌なら、フランスの高等研究院へ行ってくればいい。あるいは大学闘争してこいよ、です。自分がすることなんですよ、敗北を恐れてしない不能化では何やってもダメでしょう。しかし、海外で学んだ若い優秀な人たちが、日本では大学権力関係によって萎縮させられている、研究環境はほんとに劣悪です。ものすごい能力損失になっている。でも私ひとりでしか、非大学的な高等研究所にならなかった、皆大学にしがみついている、それは私の問題ではないですね。現実自体に直面対峙していない。

ボルタンスキーが言っている「存在の試練」に身をおいて、資本経済と場所統治の生の流れある世界を実際に構築しようと、最後の動きをしています。でもやっぱ闘争って語りえないですね。

◉反権力闘争の限界：支配の政治体制における社会政治を脱することへ

反権力闘争は、政治資本として、専制主義や独裁体制に対して意味をもつが、「統治しない統治」を巧妙に働かせている支配政治に対しては効力を持たない。だが、レーニンが最後の闘争としてスターリンへ対抗しようとしていたように、スターリニズムは微分化され、組織構造において常態化されていく。階級独裁・党独裁の支配体制は形を変え不可避に生み出されていく*。そして、社会主義は共産主義を含め、もはや真正原理を有していない。独裁・専制への正当化に使われるにすぎなくなっている。そんな情況に対して、国際官僚統治が大学言説によってなされる隙間を作り出しているが、戦争遂行を止めることもできない無能な官僚外交でしかない。ヨーロッパの均衡なる国際統治は瓦解しつつある。異なる存在を認めない右傾化が進む。反振る舞いは、新たなパワー形態を転移創生しない限り、ただの自己満足で終わってしまう。

つまり、これらは「社会」を前提にした政治をなしているだけで、政治支配体制の変容に対応できていない。社会政治としての政治資本が枯渇しているのは、社会統治が、場所を喪失させるための統治であるゆえ、社会の均質性・均一世界における規範統治が規則化における二重対応を出現させているからだ。個々の具体存在を抽象化させ、具体政治が具体経済とともに機能不全へと追いこまれる。ボルタンスキーは「マネジメント的支配様式」と概念化している。

国家の企業化から企業の国家化へという逆転における支配手段の分節化＝節合化である。

* 農民大衆の側に立っていた毛沢東も、1950年代末から独裁的な政治を推進し始め政敵の粛清をはじめる。復活後も文化大革命なる暴政がなされる。反権力闘争のままの国家統治が遂行されるからだ。中国の年齢のいった留学生から文革時の生々しい話を聞いたが、実におぞましい。

資源管理から利益を産出する前者から、社会的目標を掲げる巨大統合企業への構成において、領土的制約から開放され生産拠点をアウトソーシングし、労働者の流出入の流れを自由コントロールする、グローバル化(グローバル・シティ化)において、企業存続を自在に決定するようになる(海外工場の設立や廃止)。ここに人口を対象にした国家による統制と制裁の水準が高度化され、さらに疫病対策の国家医療化統制が経済・政治条件を統制していく。統計分析は客観知であることをやめ、現実の輪郭を変え諸個人の行動を変えることを目的とした諸措置の有効性を高める分配調整の戦略的活用へと転じられる。制度が記述する対象に変化をもたらすことを目的とする記述技法が、専門知として操作道具になっていく。これは制度の意味論的機能を、統治プラチックの語用論的調整によって変じ、絶えざる変化において既存の非対称性と搾取形態の維持に有利にすべく、批判を取り込んだモデルとして構成し、それを行為の手段として現実に触れると世界の網状構造に大きな変化をもたらす全体統括的なものにする。

支配という観念が追放され、抑圧を可能な限り控え、進行する社会生活に批判を組み込むマネジメント装置が配置される。もはや支配は変化をさせないのではなく、変化を介して行使される複合的な支配体制だが、不当な仕方や行き過ぎは告発されつつも、与えられた機会をつかもうとしなかった個人の責任へと個人化されながら。しかしそれがイデオロギーや幻想のせいではないこと、個人の中に具現されてはいるが非人称的な作用として、逃れられないが同時に自分へ望ましいものとして絶えず変化しながら組み込まれている。

ドラッカーさえも指摘したように、税統治がうまくいったためしはない。税統治は場所統治へと転じられねばならない。国家官僚は、できる限り少なくし、場所統治の住民直接参画の政治資本へシフトしていくことである。

これは、大学言説の低次元な知性ではなせない。対象自体から問題を見出してシニフィアン生産する高等研究機関の高度な分析言説知性を働かせるのを要する。社会よりも、個々の生活に即した政治資本の作用を生み出していくことだ。エリートではない、高度な知的資本である。

首長たちが、ハラスメントを起こしたり、失言を多発したりしていながら、どう見てもその害行為を自覚・認識できているように見えないのは、社会統治の縮小版を地方行政がなしている構造になっているため、対象自体、個々自体、自分自身を見ることをしない大学言説が機能しているだけであるからだ。スキャンダルが政治マターになるのは社会政治であるからだ。

社会統治は、下剋上を起こさない巧妙な統治技術である。事態が規範抽象化されているためだ。画一的な凡庸な知的資本作用がなされればすむ水準のことしかしていない*。

場所統治は、下剋上が常に起きうる。であるゆえ、高度な政治資本が要される。この場所が社会の代行機関、代表象になると腐敗する、それはもう現に起きている。下剋上は反権力闘争ではない、統治技術の入れ替えである。優れた統治技術は権力支配を無効にする。社会政治は、

* スターリンの理論書も、毛沢東の哲学書も毛沢東語録も稚拙なマルクス主義言述でしかない。社会統治の究極は社会主義統治である。日本は、イデオロギーなしの<社会>イズムとして社会主義化している。それは最低限における良状態を擬制する。官僚はマルクス主義的な知的資本での統治をなしている。社会主義革命は政治革命をなすも、社会革命を実行しえないまま、社会統治に終息した。社会主義批判の知的資本が領有されていないと大きな誤認のままである。

不可能の統治不備が権力支配関係をその補充に組み入れることになっている政治でしかない。県統治は社会統治でしかないが、市町村統治は生活者に直結する場所統治である。

明治政府以降の近代民族国家統治＝社会統治技術がもう機能する歴史段階ではないのだ。

政治資本の最大にして本質的な課題が、そこに社会と場所との関係で対抗的に浮上するし、もうあちこちの場面で浮上している。先進諸国で、反権力闘争の意味が効力をなくしているのは、その現れである。「革命的唯物論なくしては、政治は、その固有の理論的表現を見いだしえなかったであろう」などという空言が力などもつわけがない。また野党が嫌味しか言えなくなっているのも社会政治の効力のなさの現れである。場所が社会政治の代行をしていると、場所は衰退していってしまう。若者たちが場所から離反していったのも、同じことをしているなら都会の方が卓越しているからだ。場所の固有の良さを作り出す場所統治が要されている。

既成党権威の権力と資金にしがみついている国家の社会政治瓦解が今起きている。誰が見てもそこに真っ当な反省が起きているとは見えない。政治はもう右・対・左の対抗次元にはないゆえ、それはただ反動的な全体主義的傾向へとなだれ込む。改革をなすのは保守右翼になっている。ポピュリズムなる不定型の政治が横行し始める。

規則化・規範化と政治資本

政治は政治界において作用することよりも、社会の規範化において作用しているため、大文字他者の政治がなされるだけで個的な政治資本が機能しなくなっている。従って政策づくり、法案づくりは、ほとんど規則化の制作でしかない。政権は、何本の法案を国会で通したかを自らの業績と主張する。

権力と反権力の対立に政治はもはやほとんど機能していない。むしろ、規則化とそこへの違反ないし抵抗が政治作用となっている。つまり、規則に隠れている規範化の社会をめぐって政治が張り巡らされている。その規範化が規範性となって、個々人へ内化されている。

規範化を社会浸透させるために、規則を規正化する。例えば、裏金工作しないように、政治資金を規正法修正して規正化する、つまり正統化legitimationできるように正当化するjustificationと反対になっている。規則と実際行為が一致していないレギュレーション領域を曖昧だとして埋めていくのだが、規則を無視する関係が規則化を進め、規則からこぼれるものを拾っていくかのような「正しい」擬制が機能できる。擬制は「正しさ」を構成しないと機能できない。その正しさは他律化されている。いろんな法律を政権が業績として生産するのは、規範化を均一均質に機能させ、ナショナル国家と社会空間とを一つに維持=再生産させ、個々人は多様化しても崩れないパワー関係を作用させるためだ。つまり、価値が多様化しているという

「均一性」を構成する、一見巧妙な統治技術になっている。

政治資本は、「真の政治界」で作用すべきことなのに、社会の規範化と経済化において機能していることと誤認されている。であるから、国民から「裏金維持法」だと単純に見抜かれるのだが、見抜かれても機能できるのは規範化を定着させ得ている「正しさ」を配置しているからだ。

規範化は本来は制度資本による負の派生なのだが、政治関係へととり込まれていることで、実は日常において、市場を開かない、創造を抑制する、文化を破壊する、などを派生させている。

規則の力は、政治作用になっている。対立は、相手への攻撃ではなく、外-規範性なる外部性の機能化である。他律依存を構造化する政治作用が、いまや逆生産を生み出し、機能させている。

市場とは経済マターではない。市場とは政治の場所であることが見落とされている。

新たなことをしようとすると、ことごとくハレーションを起こしていくのは規範化政治が機能しているからだ。だが対立を生み出す政治資本を放棄すると、根源を誤魔化す状態になる。隠れているのは「欲望の政治」、私的利益を社会利益として配置する政治である。規則の制約的な真正づくりより、商品化された経済利益の獲得欲望を切り離せていない規範化がなされる。

規則・規制をめぐる概念 （『ミシェル・フーコーの統治性と国家論』からの再録）

règle/régler/réglage、règlement/réglementation/réglementaire、régulation/régulateur
この規則・規定・規制・規整などをめぐる用語は、フーコーでは明確に識別されているのに、訳書は意味がまったく分かっていないとしかいいようがない渾融状態にあります。「規則 régle」として固定されたもの――規則へつくりあげていく「規則化する régler」――の次元。その規則にまでいたっていない「規定 réglement」の次元がある――「規定」として指令や服装の決まり価格・生産量制限など定まったものへ構成していく「規定化 réglementation」（「規制化」ともいえます）がある。それが、「規整化 régulation」という定まらない作用・働きの場を出現させ整えてコード化されていく――ここも「規整化する régulateur」働きがある、あるいは「規定」や「規則」が目にはみえないところで規整する作用を働かせている。すると、réglementer という規制・統制する作用が再び派生する。少なくともこの三つの異なるレベル／場があり、それぞれ働き・作用をもっています。この働きは、「行為」ではありません、人間意志の働きでもありません、規則・規定それ自体が働いていることです、物事 choses の動きです。フーコーは、これらの概念と概念差を対象化していませんが、ブルデューはこれらに関する理論を作っています。それは場／対象がちがいますが、理論関係水準はほぼ対応していると考えていいでしょう。

これらが辞書訳されて、「調整 ajustement」「調整する ajuster」と渾融・混同されているのが、邦訳上の大きな問題です。規整化・規定化・規則化は、「調整」などしません、つねに可能化へむけての闘いがあるのです。「他生成的 hétérogénetique」に規制していくことです。つまり異質なものが生成的に、他律的に働きかけていくことです。homogène とは対称的ではないのです。この他律的生成をただ意味された「異質」とか「不均質」と処理していると、作用・働きを見失なって実体化して、フーコー論理を喪失します。その証拠に、これら規制・規則をめぐる訳語言表がぐちゃぐちゃになって、統治や配備の概念空間において把捉されていないからです。言説、プラチック、諸制度などの間で作用している仕方です。たとえば、学校で、授業中は隣の子と喋るなと命文するのは「規則」です――規則が習慣化されるとあえて規則にせずに暗黙の規整化が働く――、そのために授業時間・休み時間が区分され、机は隣と離すというようなことは「規定(化)」です。すると、教師が話している間は教師の方に「顔を向ける」という「規整化」が作用します。よそ見もしえます。規定・規則の存在が消えて規整化されているのは、朝起きたなら「学校へいく」というようなことです。規整化が作用していますと、「規範化 normalisation」が機能し、学校・教師に従属・服属していくことがなされます(それが集団秩序になりかつ自分の利になる効果がなされる)。規整化においては、規則・規定に反することもなされえます。また規則・規範があれば規整化に放任しておけばいい。これらが、行為概念にも関係します。英語圏論者たちも擾擾になっています。仏語原書の index des notions にもこれらは載っていない、自覚さえされていないのですが、フーコーははっきり識別して使用しています。自分の理論概念として磨き上げていませんが、使い方は厳密です。とくに「規整化」の水準は重要です。

反権力ではなく「非権力」行為の隙間

反権力の認識は、客観化の仕方で、シニフィエされたものを支配や抑圧などの否定状態へ集約して、その変革・転換を意図的「実践」によってなそうとする。大学言説のままのものでしかないため、権力諸関係の権力作用のシニフィアンを見出せていない。ゆえ、それを主体的自覚や意識・認識や言動へと押しこめる。政治資本は、党や党派や集団組織、政治的活動グループなどの、それぞれの方針の中へ規範凝固されている。

重要な政治資本は、権力諸関係を配置換えすることである。反権力(権力所有概念)に対して「非権力」(権力関係概念)をいかに配置していくかである。非権力は、否定の包含になる。答えないという答え、試験ではないという試験、つまり「Xではないという X」の、「非」関係の配置の仕方になる。既存の権力作用を否定して、その力作用を無化するのだが、そこに配置換えがなされること、象徴暴力の作用関係が転じられること、いかにそれが既存の権力作用を無化するかの力関係と意味連関との創出である。例えば、試験でない試験とは、解答を全部受験者に暴いてしまい全員がパスするという可能条件を作り出す、そこにある種の物理力は要される。なぜなら、黙って隣の受験者とは分離されているという力作用がはたらいていることへの、その分離の力関係を解き放つという物理力は、監視している試験官に何もさせないという力作用になる。この力関係の配置換えが、意味連関の作用を転じていくことだ、つまり、試験は無意味だと。代わって、学問を学ぶということがどうあるべきでいかになされるかを、新たに作り出していく。自分の自分に対する自分技術が、そのとき他者のそれと共有・共鳴し合うことが要される。

私の非権力行為は、大学での改革ではない。「高等研究」システムを新たに作り出すことだ。ずっと試みているが、大学権力関係に皆おさまったまま動こうとしない日本。私は、スイスに国際学術財団を立ち上げて日本での関与は極力避けていく。これも個人の非権力行為である。大学解体なるスローガンが学生時代に掲げられていたが、私はその空無のものであることを感知して「教育過程闘争」なる非権力のムーブメントをなした、その延長である。学術生産も、出版商業主義の分配＝生産の権力関係に対して、自分で出版体制を立ち上げる、これも非権力行為の一つである。企業との協働関係の研究プロジェクトの立ち上げも非権力行為である。企業の言うがママにはならないで（ゆえ、優れた大学教師たちの協力を得られた）、新たな文化資本経済の可能条件をともに開いていった。旧態の左翼運動をなしていた人たちは、自分は企業賃労働者のままなのに、私を企業と馴れ合う堕落と非難していたが、恨めしそうであった。

否定作用は、誤認・再認への否認であって、否定をポジティブ転移させるパワー作用である。敵を設定して攻撃否定することではない。そうみなされている者と自分との間に作用している権力諸関係を転移する／配置換えすることである。ここに派生する「不安」は情緒資本論❷にて。

権力関係はどこにでも潜んで作用しているから、逆ベクトル、否定作用を対峙させると、すぐ浮上してくる。規範化と規範性との間に想幻化権力作用があるからだ。しかし、すぐまた再生産関係へと沈潜させられるのも制度化権力が防衛しているからだ。こうした権力関係のシニフィアンを的確に掴まないと、とり逃す。対象、技術、方法、テーマ、などを戦略的に動かす「非権力」の政治資本が形成作用されることだ。社会関係資本は、ここを誤魔化して空洞化させて力関係をなだめているものとしか、私には見えない。文化資本不在ゆえなせている社会関係性だ。文化資本の象徴的闘いは、孤立化を余儀なくされるが、現実界の不可能に対して闘っている。

V 場所統治への政治資本

ここは、社会(関係)資本論⑦と場所資本論⑬との間に配備される問題界である。社会から場所への政治的な統治技術移動がいかなる問題の場所に置かれているのかを示すにとどめる。社会の天球が設定されたままでは、実際の問題が見えなくされるだけでなく、社会天球内でのいじくり回しが、実際的なものごとを見えなくさせ、ただ逆生産を生み出していく情況に現在すでに陥っている。社会天球を場所地球へと転じる政治資本の働きを、問題導入的に見ておく。

国家の強力さと脆弱さ

国家は国家自体を国家として維持することにその存続がかかっているため、それが維持されうる政治資本を働かせねばならない。それは国民の日常に細かく関わってなどいられない政治作用となっており、プロ政治家たちを含んだ官僚統治の装置が「行政」の名において配備される。国家秩序のためとは、理念的に国民のためにであるのに、しかし実際は国民に直接に関わることを排除するため（国民という抽象は、場所住民という具体から分離されている）、国家的な政治資本は抑圧機能を行使する強力な国家権力であるかのように思い込まれているが、それは脆弱であるゆえの強制的物理力の行使にでたにすぎない。この弱さと強さの矛盾を調整するために、「社会」空間の場が設定され、社会制度装置が民間で多様に機能して国民を社会代行者として実際に扱うことになり、官僚装置はその監視・監督を業務とすることに編制される。国家統治は社会統治を不可避にする。その政治資本は、民族国家の「画一・均質」統治である。そこに抵抗する振る舞いは異質・逸脱とされて、警察さらには軍隊による物理的な制圧の行使として出現するのも、規則統治における完全な統治が不可能でそれを必ずはみ出すためである。

だが例えば、トランプ支持派たちによる国会占拠の物理暴力的な行使に警察権力を発動することと、コロンビア大学で学生たちがテントを張りイスラエルの虐殺的戦争に抗議するある意味平和的な行使に対して警察権力を発動して学生を暴力的に排除・拘束することが、同じように考えられてしまう政治作用は、もう全体主義的な政治へと踏み込んでいるのを示す。規範・ノルマが抽象化され一般化されているのだ。後者は、学生たちはイスラエルの武力戦争行使に批判を向けただけではなく、大学運営の企業協力において武器提供している企業からの献金を受けている、そのマネーで自分たちの学びがなされることへの大学批判が、自分のこととして倫理的に自律政治的になされている抗議である。政治資本が健全に働いている。妄動的な

（しかし自己疎外されてきたことへの憤りの転化）前者とは明らかに異なる知的な政治資本だ。学歴の差異ではなく、対立の違いにおける政治資本の知的な差異の問題である。実際の問題に対面せず、大学秩序を乱しているとする規範規準一般から、他律的に警官導入をなしている大学学長たち当局の政治資本の劣化が不可避に招いている、学生たちの反振る舞いの政治行動である。大学教師たちは、自分たちの身分・給与を守ることしか頭にないゆえ、学生たちの反振る舞いの行動に、ほんの一部を除いて、管理抑圧対応に同調する状態は、先進諸国世界では共通している（自分からはしないで、警察に代行使してもらう）、対立回避のための対立である。

だが、ともに、制度の再生産秩序が機能停止させられる侵犯行為であると同質同様にみなす見解は、国家が国家として脆弱さを露出している現れに他ならない。対象それ自体、問題それ自体を見切れなくなっていることから派生している政治劣化の物理的暴力行使である。感情資本主義の中に鏡像的に専制主義が介在していると私が言っていることの実例だ。警察と学生との間に直接性がどこにもない。つまり、政治関係が分離されている。顔が見えていない関係での政治行使であり、それは被支配の側を匿名状態にして弾圧し、逮捕・拘束によって犯罪的逸脱として記名化していく。ロシアのように反政府行動は同じ国民であるのに、どうして犯罪として、警察暴力で殴り逮捕、抑圧できるのか。ロシアを壊しているのは、むしろプーチンとその取り巻きの国家政府自体の方であるのに……。つまり、国家的正当性を自ら有していないものが国家を守るとして、自分の企てが成功したか失敗したかでしか自分を評価しない支配責任者たちが、リスクを負っていない決断していない「卑小な」国民を弾圧する。

この国家による国家権力行使が、細かい物事にまで関与してきたとき、それは国家権力が暴力的に強力であるという現れではなく、国家機能が脆弱になっているがゆえの物理力行使であるということを見落としてはならない。詳しくは「国家資本論」⑩において論述するが、国家が巨大な怪物で、横暴な国家権力行使をなすと前提にした国家観や国家批判は一面的な理解でしかない。統治機能と行為者のあり方から、考えていかねばならない。

国家は社会統治する。場所を社会統治の機能する空間へと転じている。場所は、この社会統治に服属するか、それとも固有の統治技術を実行していくかに分かれる。それは、場所が国家をどのように見ているかの違いである。

国家の「社会統治」と「場所の統治」との対比

国家の規整化理念に代わる場所統治の規制的統治の実際は、顔なきまま理解しているとされる国民に代わって、直接性の顔が見える関係における政治となるのを意味する。

国家は日常生活への統治を「社会」秩序統治へ委託転移する政治として、均一的「国民」への関与をなす政治になるが、場所統治は場所住民参画による直接統治の政治である。

そこから、地方＝場所の行政統治は、国家＝社会を代行する官僚たちによる「地方統治」か、それとも場所住民による直接の「場所統治」か、へと政治対抗的に分岐する。この対抗関係は、規整化理念の転移を、象徴政治と物状態との関係において配置換えすることが機軸になる。

「共」世界は、民族国家において国家＝社会の共同的なものとして、あらゆる次元へと浸透してしまっている。地方行政も企業的組織体も、学校や病院も、集団的な構成をなしているものはことごとく「社会なるもの」の縮小版として機能させられている。共世界の社会一般化は、想幻化権力作用の効果だ。場所の政治資本とは、この画一・均質化された共同的な社会規範空間に対して、場所次元での異なる「共」世界の次元・水準を作り出すことにかかっている。

規整化理念のコアとなっているものは、「平和な状態」であるが、実際は「平穏」であることであって、それを理念マターにするのが国家であるが、場所では平穏はメタ理念ではなく実際的なことである。規整化は、領土と土地、法・裁判と慣習法・裁定、個人的地位として「社会エージェント」か「場所人」か、そしてこれらの物の質の配置として「商品生産物」か「資本／もの」か、という対比的対立として現れ方が違ってくる。「社会サービス」統治か「ホスピタリティ」関係技術かの違いがそこで問われる。批判考察が、そこには問われる。規整化の原理として、分離介入か非分離関係かの決定的な関係技術の差異が現れるのだ。

これは分類・分割して一つの完全性へ統合するという統治技術の理念となる国家の社会統治

に対して、非分離の非連続に不可能さを抱え込んで物事に直面する統治アートの多元的な場所統治となる。不可能さを住民たちが共有し合うことだ。前者は不可能さを切り捨て、統治可能なもののみが共有されるだけで、他は不良設定状態であると切り捨てられる。場所環境の具体が捨象される。具体実際の総体は不確実さ・不安定を抱えるとみなすからである。だが、測定不可能な不良設定的状態にあるのが、実際の環境世界である。場所統治においては、「不可能さ」は場所の可能性へと探究される挑戦となっていく。測定不可能な環境状態へ真正面からとりくんでいくことだ。自然災害などは、想定はできても実際にはどうなるかわからない。この不可能さへ、しかし、場所統治は取り組んでいかねばならない。社会統治は、物理的獲得へ向けて最大利益を追求するため諸矛盾を派生させるゆえ規範化で一元的に統治するが、後者は、物的獲得ではなく場所の豊かさの環境利益の追求をなすゆえ、規範化は従属するものではなく拘束条件的に使うものとして最小限に限定づけられる。最低限の商品・サービスのより多くの普及を図る社会統治に対して、場所統治は個々人の種差的な至高のものの最小限提供を規正化する。災害は社会政治にとってメタ問題だが、場所には実際問題である。

このように規整化理念が対抗的に異なるゆえ——批判を介して見える——、そこに働く政治資本は本源的に異なるものとなっている。ゆえ「共」世界を、対立的に再構成せねばならない。国家的＝社会的な「共世界」と場所的＝環境的な「共世界」とを対立させる政治資本が要される。

この対立とは、他なる側の排除ではない、「相反的共存」を構成する高度な政治資本である。国家の社会統治技術は、日本では歴史的に百数十年のものでしかないが、場所統治アートは千年以上の歴史資本を領有している。社会統治は社会資本を主に働かせるが、場所統治は文化資本が主に環境資本・自然資本との関係において非分離機能させられる。分離を調整する社会資本に働く政治資本と、文化資本に働く政治資本との違いが出現する。この違いは、象徴資本が異なることから派生しているものである。江戸幕藩統治は、この中間にあった。

社会的なものの統治

近代の統治技術は、競争関係における増強の競合空間において、力関係を操作・維持・配分・再構築する。国家秩序を維持しつつ国力を増せる諸手段の総体たる「ポリス」を内政化する。国家に関する知が、内政的統治技術としてその対象と技術とを規範化していくことで「社会」が編制されていく。司法、軍、財政に加えて「ポリス」が内政構成される。このとき、富と労働への道徳的配慮がなされ、諸個人の職業化(賃労働)へ向けた教育が配置され、人間への制御・決定・拘束がなされる。継承的な立場・地位の人間ではなく、新たに「何かをするもの」としての人間、「何かをできるもの」としての人間、一生「何かをしようとするもの」としての人間の活動、職業が、国力の構成要素として有用性として組み込まれた。その内政の対象は、①人間・

市民の数＝人口の数量的発展と領土、②食料・衣服・住居・暖房など生活必需品の商品化が監視され、売りに出される品質が監視される、③日常の健康を保つべく、空気、換気、風通しなどの循環への配慮、④人間の活動を見張って国の利益になるよう職への統制がなされる、⑤人間の活動から生じる生産物・商品の流通として海・河川・橋・道・公的広場・大通りなど流通空間の統制・制約・制限ないし促進、社会資本の建造である。

人間たちが、共に生き、再生産し、食料や空気を必要とし、労働し、流通空間にいる、この「社会性」、つまり内政が引き受ける「社会」が、国力と諸個人の至福として、快適・便宜・幸福を規律として組み立てることになっていく。諸個人の安楽を国力にする、この安楽の安全生産が「ポリス」の内政目標となった。ここに、統制化と規律が、社会を自然性化して配置される。

この社会的なものは、市場都市に対する通商と商品生産の経済プラチック（利益追求）、人口管理統制、自由に関する法権利と尊重、抑止機能を持つ警察、の配置になる。

社会において、共住し、交換し労働し生産して、共通言語交換していることが自然であるとする「社会の自然性」が、いつの時代にもあったとされ、市場的市民社会の管理として配備された。そこに、人を生かし、物事が自然調整される統制がなされ、安全が確保され、自由が尊重され行使されていること。つまり、社会、経済、人口、安全、自由が統治性の要素となった。

かくして「社会なるもの」とは統制と自由との相反が調整される規律の規範化された世界と

なっていく。しかも一つの国家の中の、どこの場所でも同じ空間、画一で均質な社会統治技術の空間として、標準語の国家語、同じ法体系、同じ商品の国民市場、同じ教育の学校、同じ医療的治療、同じ速度の社会となった。場所の違いよりもそれは優位に配置されて、場所はその固有さが社会なるものへの障害とされて、瓦解されて次第に疲弊していく。

場所の象徴資本と政治――場所の共想幻たる政治資本

先にも述べたように、日本には神話的構造として二つの異なる想幻の象徴秩序が歴史的に作用している。古事記統治と日本書紀統治である。これは、原初的な統治アートである。

古事記は、国つ神の存在を尊重している、それを無視できないでいる多元的な場所統治の神話構造であり、出雲神話、日向神話、倭神話はそれぞれ異なる場所の神話である。

日本書紀は、「葦原中國」の均一空間の中に、出雲・日向・倭を地方的に配置した一元的神話空間構造であり、〈国つ神〉神話に関わるものは「一書曰く」として補助配置した。無視しきれていないことに注意。

この二つの想幻の亀裂・裂け目は、いくつも記・紀の中に登場してくるのだが、その主要なものが三つある。

第一は、イザナキが、国つ神に戻ってしまった黄泉国のイザナミと接したことでの汚れを「水」

の中で浄めて生まれた神、底筒男命／中筒男命／表筒男命の墨江三神で、住吉大社系に祀られる。最後に顔を洗って、天照、月読、スサノヲの三貴士を産む。前者が国つ神系譜。後者が天つ神系譜へと配置換えされる。前者は身体外のもの、後者は身体からだ。

第二は、天つ神天照と、天つ神になりきれなかった国つ神スサノヲとの「うけひ」から生まれた宗像三女神がある。これは宗像神社系に祀られる。

そして第三は、天孫降臨において、天つ神一行を導き、国つ神との間に調整的に位置した猿田彦大神である。天つ神の一部が皇孫系として地上に降りた。つまり、神話生成的に、皇孫系は天つ神を高天原に疎外表象配置した。遡及的な配備である。

この三つの裂け目は、国つ神の存在の大きさを示していることと、天つ神(国家的な統一性)と国つ神(場所の多元性)との相反共存がなされてあることを示している。

天孫系がうまく天つ神を天に配置して、地上の様々な国つ神を統治したことが象徴政治の原初であって、天皇制が象徴秩序であるのではない。天つ神と天皇《すめらみこと》とは違う。この政治資本の見誤りが、社会統治の限界への認識を拒んでいる根拠であるのだが、場所の国つ神の統治は、一つの天つ神への統合にあるのではなく、場所ごとの国つ神に応じた多様な天つ神の多元的な配置にあることが、日本の象徴的政治の本質であるということだ。本居宣長の「古事記伝」は国つ神を記述しながらしかし記紀を共約させ、高天原、中國、黄泉国と垂直制度空間化させてしまう。

近現代の天皇制批判の認識は、天つ神と皇孫を一体化したままの粗野にして全くの誤認であるゆえ、政治資本としては機能しない。天つ神は、その初源からして自然神の体系であり、天孫系とは異なる神々である。天照大神を国家神とするのも左翼に劣らず右翼的なイデオロギーの無知の配置である。折口信夫が戒めていることだ。

象徴政治にはこの天つ神と国つ神との裂け目があることへの象徴統治が要されるのを意味する。皇孫系＝天皇系は「天孫系」として神々を系譜化することによって、この象徴政治を最も効果的に統治アートしたのだ。天つ神の本質は、場所の国つ神の想幻から疎外表象されているものであって、その場所疎外を、天孫系配置へと配置換えした皇孫系の象徴政治の巧みさである。天照は元は「海照らす」神なる国つ神であり、皇孫系の天皇を強く守る伊勢神宮は、「伊勢」というな「神宮と言え」と権威ぶるのも、「伊勢の神」は国つ神であるからだ。

だが、皇孫系がかくも長きにおいて統治可能な状態を保ててきたのは、国つ神を蔑ろにしていないからだ。一時的に天皇は神だと不遜な状態が構成されても、国つ神＝住民を直接に大事にするという姿勢を、天皇系は政治統治者以上に保っている。その祭祀の儀礼・儀式を保持している。記・紀において雄略天皇の猪への関わりが転じられるのは、書紀が意味するもの《シニフィアン》のシニフィエを転じて、国つ神を従属させる想幻化作用をなしている。この結果の象徴転移が象徴政治の原初的な構造化である。書紀のシニフィアン装置は全てがこの配置換えになっている。初代神武の后、つまり初代皇后は、古事記では大物主娘であるが、日本書紀では言代主の娘へと転じられる。国つ神の大きな最大の力である大物主を書紀では排他的に配置するが、古事記ではそれはできなかった。ただし便所へと配置したが。だが、大物主が天照を倭から追い出す記述は記紀ともに詳細に記述されている。これを古事記・日本書紀研究者たちは、表に出さない。三島由紀夫など、大物主の存在意味を何ら理解できていないが、大神神社には三島の石碑が建てられている。神話研究者たちは、国つ神のシニフィアンを神話において把握していない。社会統治空間を神話構造の中に無意識に組み込んでいるため、神話の本質を見切れていない。

天皇統治は日本の記・紀神話が構成した象徴政治であるが、天皇一元支配を正当化していない。天つ神と国つ神との共存を配置した象徴政治である。これをもってしないと天皇の象徴政治も保持できない。なのに多くの神社が、明治政権の合祀なる政治管理によって政治資本を喪失した象徴政治を、天皇へ従属的に媚びるエコノミーとしてなしている。これは天皇系にとってもプラスにならない。平成天皇はここをよく理解していたゆえ、被災地の国民＝国つ神たちに膝をついた目線で対等に尊重し励ました。この力は双方に非常に大切であり、「天つ神／皇孫系／国つ神」の象徴政治は、近代国家一元統治の限界を超えていく指標になる、文化的な政治資本である。場所は、合祀の貧困な社会政治資本を脱して、自らの場所の神々を自分たちの存在表出として取り戻すことが、自分と場所との環境統治の象徴政治になる。国つ神をはっきりさせていくことは、自分たち自身の取り戻しなのだ。場所神を喪失しながら、しかし祭りによって強固にそれを存続させているのは、その現れである。早くその場所神＝国つ神を自覚的に明らかにして、自分たち場所の文化資本／歴史資本を象徴政治の指針として、天つ神との共存を再構成していくことである。そのとき記・紀の二つの統治の共存をはかることが要になる。

場所のパブリックな政治資本

場所の国つ神に立脚して天つ神との共存を構成することが、象徴政治の政治資本のコアになることを示した。神々の詳細な配置は、拙書『古事記と国つ神論』に詳述してある。

その上で、場所のインフラを「水系」を規準にして環境構成していくことが要される。近代都市設計は、水系を排除ないし閉じ込めてきた。銀座の数寄屋橋や、日本橋の上の高速道路配備などもその典型である。地方都市でも、水運の交通体系を封じて、自動車交通網の道路体系へと配置換えされてきた。新幹線によって、地下水系が壊され、海と川との生態系が崩され、例えばうなぎが取れなくなるといったことも起きている。社会設計は場所を壊す。

場所の政治資本は、まずは水系の自然資本・環境資本をどう活かすかである。パリやロンドンなる近代都市は、しかし都市の真ん中の川をそのまま残しているゆえ場所性が喪失されていない。

近代的な都市設計は、他律エネルギーを支配装置にした環境破壊的な設計という、極めて未熟にして幼稚な分離の物質的科学技術である。洪水を防ぐ、交通を便利にする、エネルギー供給を安定させる、など消費的生活の利便性を正統化に掲げて、環境をその犠牲にして破壊する設計でしかない。ゾーニングなど、場所の環境条件を全く無視した抽象空間設計でしかない。近代都市設計は、環境を蔑ろにした政治資本でしかない。それが地方都市にも応用されて、どこも同じような社会設計がなされてきた。政治家の利権が絡んだ設計である。

近代社会が都市設計の産業化からなされた規制を受けて、場所シティの設計を場所資本として「パブリック」構成する政治資本が要される。世界的にも場所論が重視されてきている。

この空間・制度権力を含んだ他律設計(汚染と瓦解と不能化を生み出す)に対して、場所と自律行為からの、インフラの生態環境を含んだ政治資本による設計が求められる。

政治資本を「社会」に配置するのではなく、「場所」とその環境に「パブリック」配備することである。その基準となるのが、上下水道のインフラを、水系の生態環境(静態構造と動態構造)と景観環境の共存調整として組み立てることだ。そこには、自然資本を環境資本へ構成する場所の歴史資本が眠っている。そこに民俗慣習の文化資本世界と場所想幻化の生成が構造化されて必ずある。それを見直し発見することを、非分離の生命科学技術へと協働構成することである。さらに防災設計が関与してくる。例えば、江戸期の河川堤防の設計は、他律と自律との相反共存が景観破壊をなさずになされた高度な環境技術であるが、津波防災として十数メートルのコンクリート壁を作るなどは、景観破壊のただゼネコン経済利益を促すだけの環境破壊の未熟極まりない設計である。ダム設計も、それなりになんとかうまくいっているところと破壊の方が優位になってしまったところとあるが、コンクリート破損がこれから大問題になってくる未熟さは設計当初からそのままにある。ダムの論理と溜池の論理は、まったく相反する。

水際と生活圏との環境及び景観の共存設計が、防災規準からいかになされるかに、場所の統治の政治資本が決定的に問われる。被災者の仮設住宅建設に何ヶ月もかかっているのは、場所の政治資本のなさの典型的な表れであり、住宅企業と結びついた利権作業でしかない。災害が起きてから仮設住宅の土地探しをしている行政など、完全に場所喪失した姿の現れである。

場所の環境資本

場所環境の静態構造と動態構造において、双方の非分離の場所にあるのが、水／水系である。河川、海、湖・沼・池、において水の流れを生活世界においていかに活用してきたかに、場所の環境資本が景観資本として現れる。私たちの調査によって明らかになったのは、水利用のかつての場所が放置されている地方は衰退している。それが生かされている場所は活性化しているということだ。治水はその源流たる山の治山に規制されるが、場所の環境資本は場所の治山治水がいかになされてきたかを見直すことによって再発見されていく。つまり自然資本をいか

場所環境の世界

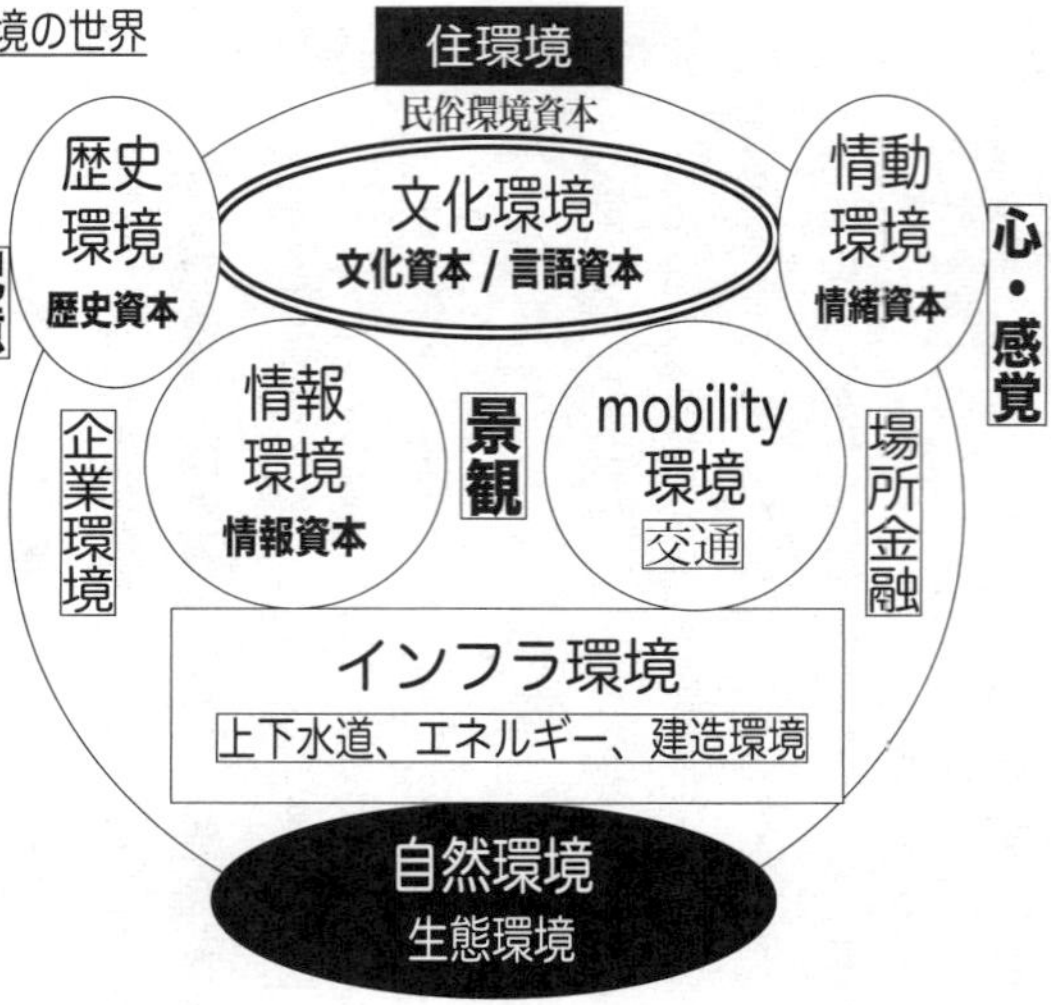

に環境資本へと構成してきたかの場所統治である。そこには場所住民たちの知恵や技術が歴史資本形成され作用している。歩いて移動して一日以内で帰ってこれる範囲での生活住環境である。そこには民俗慣習資本が生活技術として構成されている。隣村とは異なる固有の環境世界だ。山一つ谷一つ違えば異なる民俗環境資本の世界である。だが環境は物的環境だけではない。心・感覚の情動環境、記憶の歴史環境が環境構成されている。先端的なモビリティ環境(交通)と情報環境が景観を規定している(物流/情報流)。さらに企業環境や場所金融を含めて、こうした環境総体を統治する政治資本が要される。インフラ環境が公衆衛生に関わる上下水道だけでなく、エネルギーにも関わる。

場所環境の足元=地盤は地球である。その認知も喪失さえされている。

場所の文化資本と文化技術

場所のファンダメンタルな文化資本は、三つある。場所神である国つ神と場所言語＝方言と場所の伝統的な道具の文化技術である。第一は神社の合祀によって見えなくされてしまった場所の神々であり、第二は学校教育の標準語＝国家語教育によって追いやられ、第三は商品物の浸透によって衰退させられている。社会作りの政治資本が、場所を「地域」として社会統治することによって文化資本衰退を招いてしまっている。代わって場所を特徴づけるものは、ゆるキャラと土産物の商品世界へ還元されている。この三つの領域が社会一般化していくと、場所の魅力や存在は薄れ、邪魔扱いにさえされて消されていく。地域の疲弊ないし衰亡と言われるものは、その現れだ。この三つの地盤的な復回が未来設計的な将来の可能条件として配置されない限り、地域の活性化とか地域を守るとか地域創生などのスローガンは実現されない。

場所の文化資本とは、その場所の生存条件として何百年、何千年に渡って蓄積されてきた場所文化の歴史資本でもある。それは自然・環境と非分離関係的に形成されてきたものだ。その大きな力は、産業主義的な近代化にとって障害でしかないため、場所の文化よりも快適で便利な物・事によって、人のあり方を住み方から変えてしまうことで排斥されてきた。産業的なハウジングと車速度社会の交通道路、そして着物から洋服へ、食の消費商品化である。場所の文化資本が衣食住の生活生存において衰退・排斥されてきたゆえ、場所は地域・地方とされて中央社会の模倣をなすことから衰退するほかない。衣食住の場所資本を再発見することである。

場所経済と場所企業に対する政治資本

地域への企業誘致が産業社会統治としてなされてきたが、場所の住民はそこへ賃労働者として雇用される。経済資本論❽において論じるが、資本経済が活性化するには賃労働者の労働力能を「資本」として転移再配置することが、経済生産性と企業安定とをもたらすことになる。

商品経済は、資本と労働とを分節化して、雇用―被雇用の主従関係を構造化して、労働から労働力を分離し労働管理を主になして、経済生産性を高める。労働時間の規律化がそこで徹底される。主人言説を資本主義言説化している。生き残ることしかできなくなる。

住民が、その場所の企業へ働きに出ることとは、場所の資本力がその企業へ供されたのを意味する。つまり、場所住民は場所の資本である。場所の資本者であるのだ。

場所の人間のあり方を「社会の人間」の在り方に変えた経済基盤が、産業的企業である。そこでの企業活動は場所から分離されてしまって、ただ雇用された賃労働者として生活からも切り離されている。ある水準までこの仕方での生産性は上がるが、ある水準を超えて以降は生産性が落ちていく。働く人の資本が枯渇されてしまうからだ。

これからの企業は、場所に立脚している場所企業であることを自覚認識し自らを知り、資本

場所設計の諸要素と構成

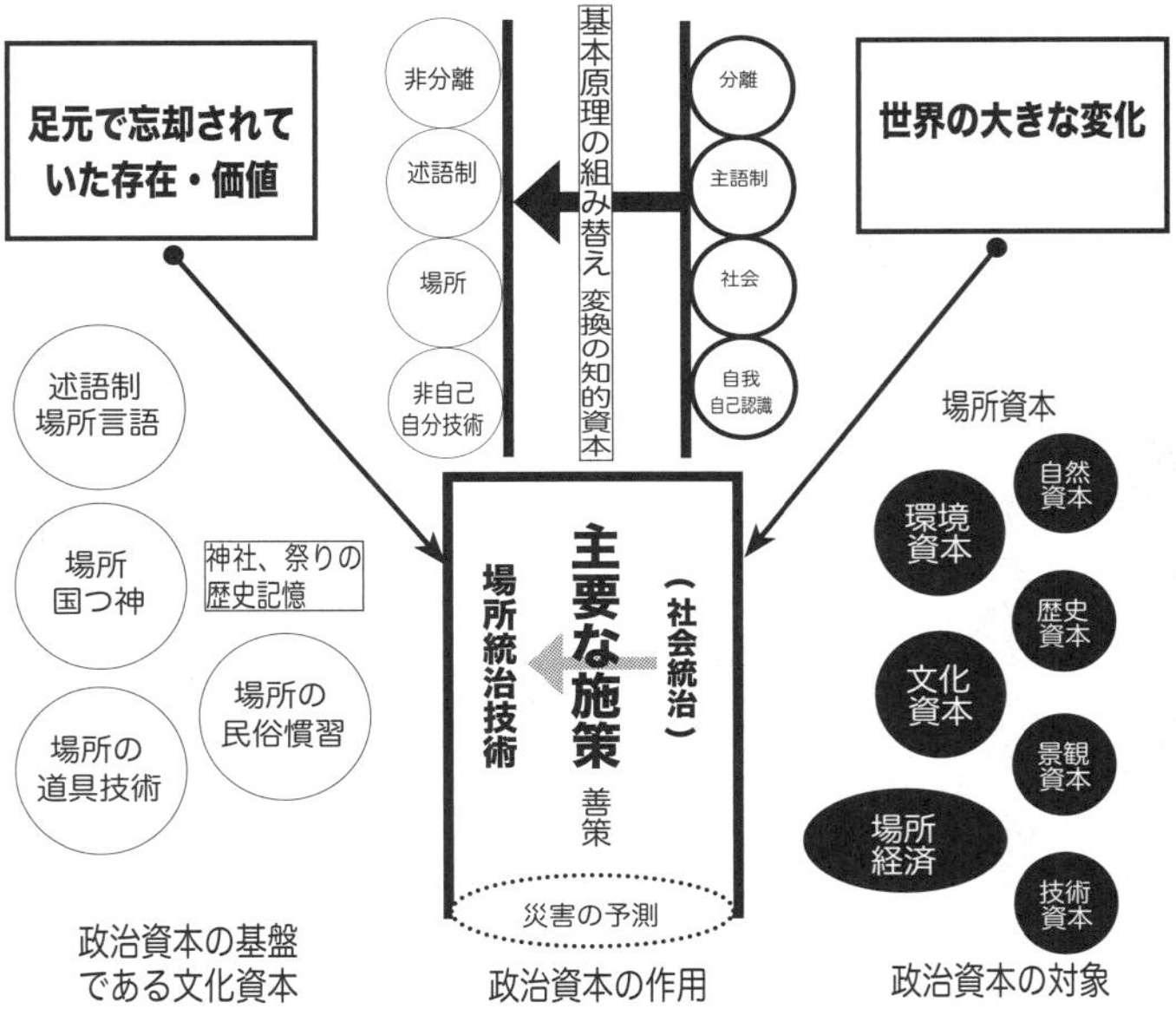

現在、地域は「社会空間」に配置されている。しかし、場所の歴史は場所の諸資本によって何千年にもわたって蓄積された環境にある。これら諸資本が、場所の政治資本の対象となりえ、そこの間・穴に対象 a が潜在している。現在も残滓している諸文化現象の存在・価値を手がかりにそれらを見出していくことだ。世界の大きな変化は、近代諸原理の限界に直面しており、新たな場所原理をもって政治資本の基礎である文化資本を軸にして、主要な場所統治の施策を社会統治から場所統治へと移動させていくこと（変換の知的資本）で、場所はその力を見出し、場所住民の新たな生活が形成されていく。社会設計にとどまっている場所は疲弊していくだけであろう。首長、場所行政人、場所住民が、自らの場所を愛し、誇りに思い、自らの場所文化資本・文化技術を再発見し、新たな絶対無の場所を見出していく自信をもって、取り組んでいく、そこに場所の政治資本が同時に形成されていく。それは、場所固有の政治資本である。変換の知的資本に関しては『知的資本論序説』❸を参照。

と労働の分節化を無くして、住民たちによる場所資本者の働く場所へと切り替えることで、新たな生産性のコンビビアルな機能が増強していこう。場所の経済、場所の経済資本は、企業経営の政治資本として、行政政治資本との協働でなされることだ。企業のそのプライベートな営みが、場所のパブリック環境を社会環境を超えて実現させていったときに、場所市場が場所生活を豊かにするものとして機能する。税金を落とすだけの社会企業ではないのだ。工場や企業が、住民空間から切り離されて閉じられている景観は、場所環境を殺伐にさせている。場所経済において場所住民は賃労働で生き残るだけでなく、生活人として場所へ関与していくことができる。

場所統治の政治資本は、世界の大転換を見据えて、場所の足元＝地球において忘却されていた存在・価値を見出すべく、基本原理の組み替えの知的資本をもって、場所の諸資本を活性化させることだ。場所の象徴資本は、住民たちの心性として残滓しているが、様々な文化技術へと具現化されてもいる。場所には、無限の宝が眠っている。河北秀也が坂田守正とともに福井でなした「宝探し」の手法は、この場所設計の指針となる*。久留米では、駄田井正たちが、筑後川流域の場所探索をなしている*。あちこちで、場所作りは地道になされている。

このとき既存の社会統治をクリティカルに見定めながら、場所統治技術の開発を、相反共存的になしていかねばならない。そして場所が存立し得ているその根本たる文化資本を基盤に踏まえることである。場所を愛する行政人たちが、その移動をなしていけるであろう。場所資本論⑬へ。

* 坂田守正「場所資本の文化技術デザインと文化資本経済：記憶の場所、国際デザイン大学院大学構想調査、ふくい宝さがし運動」、駄田井正「文化の時代の経済と筑後川流域の文化資本」。（ともに、『文化資本研究１』EHESC 出版局、2018、に所収。）

結節　自律の政治資本　スコラ的大学言説を超えて

述語的自律性の政治資本による政治転換

大学言説／社会言説のスコラ的思考を脱する

政治理論、政治思考、政治行為は、フーコー／ブルデューの言説地盤から概念転移をなし、そしてラカン言説を活用して理論的に深めていく。その基礎・基盤からしか政治転換は開けない。それは、大学言説の思考を脱することである。マルクス主義は、ただの大学言説へ落下している。主客分離の哲学言説に代わって、主客非分離の述語制の哲学言説を切り開いていくこと。「社会なるもの」によって社会空間を空洞化している社会政治に対して、場所統治の政治資本を働かすことの意味を述べてきた。そこに問われるのは、ソーシャルな政治ではなく「パブリックな政治」における「政治的自律性の政治資本」、その自分技術の政治資本である。

だが個人の自律性による自由プラチックの自分技術によって、集団の歴史的連続の中に組み込まれている社会秩序をまるごと作り直すことなどはできない。そうではなく、歴史的に発明され自然性を獲得している「社会なるもの」を消すこと＝非実定化することである。大学言説によってこれらはなしえないのも、事物と身体において社会の自然化が構造化されているシニフィエを対象にした言説でしかないからだ。

政治とは対抗的関係を浮き出させることだ、と最初に述べたが、他律的政治資本と自律的政治資本との対峙を本書は明らかにしてきた。もはや、右と左、保守と革新、ハードとソフト、などの対立に政治の軸はないし、経験的な高低、上下などの二項対立ではない、他律様式と自律様式との対抗関係に、政治資本が働いている。この二つの様式は、制度化権力と規範化権力の相互関係において作用配置され、想幻化権力がそこにシニフィアン作用している。それが、生権力を作動可能にし、象徴権力として固定化させる。それらの権力諸関係の権力作用に対して、政治的自律性の政治資本を自分技術としていかに働かせるかが、根源的なものである。

支配者たちが自らに都合よく、労働者や住民を従わせて、税金を払わせ、この社会を搾取的に支配しているという考え方、批判的見方をよく聞く。だが、かかる意見をいう人たちは自らではほとんど何もしていない、つまり他律依存状態のまま意見を言うだけの様態へ押しこめられて排除もされずに許容されている。これも他律と自律との関係の現れであるが、その他律が主人となり自律は奴隷へと配置されているままの様態なのだ。自律の格闘をせずにすむ安楽状態である。労働疎外は、福祉国家の社会統治において「疎外王国の安楽さ」になっているため、なおのことただ相手を否定すれば自分は正しいかのような意見政治へと落としこめられている。

そこではさらに大学言説の効果が働き、物事を真面目に見ようとする人たちに浸透して、政権批判をなしたり政治を憂いでいる言述をなしているに止めている。自分のことは棚に上げて、他なるもの＝対象を批判すれば自分は正しいと、シニフィエ他律をもって客観化を擬制するスコラ的な仕方から出ていない。大学人たちは、研究費が劣悪で研究できる環境にないにも関わらず、また学生たちの学ぶ環境の劣化にも関わらず*、自分の賃労働安定に依存したまま、社会の「問題なるもの」を指摘して意味された《シニフィエ》ものだけを真理整理して、「無難な良いこと」を述べているだけの賃労働大学教師にとどまっている。大卒人たちが、その大学言説をメディアや出版で社会へ流通させている。他律状態のままの批判は、大学言説の知性によって他律をよりよく改革せよという、他律要求の他律依存のままである。どうしてそうなるのか？

大学知性は、一種のスコラ的視点からの見解である。それは、物事の了解における時間において、時間を物として客観物へ設定して、前もって与えられた現実、実際行為に先行し外在する現実とし、さらには歴史的過程の先験的な枠組みとみなして（MP,p247）、その時間は科学の時間だと分離的に大前提にしている。ブルデューが言うように、実際行為は時間の中にあるのではなく、時間を作ることである、それがスコラ的思考と縁を切れる事になる。

政治支配が人々を黙らせ操縦している環境では、所与の世界をシニフィエでしか理解しようとしないことが、目的ないし可能性を目指す意識的投企以外の関係を認めない主知主義＝実践主義

* 校舎だけが整備され、立派になっているが、研究費は少額、研究紀要であるとか資料とか、日本の知的な環境劣化は特に学術出版において起きている。学生が知的に学ぶ知の質環境の劣化である。コンピュータは、何かを思考するように知っていない、ただデータがあるだけだ。

となる。実際行為を実践界でしか見れない。ドクサ的な信念まかせの直接的な知覚による未来投企か、未来での救済へ向けた飼育となる実践であることへの省察はなされない。

政治的自律性、政治的行為とは、思考する意識でも認識でもなく、また投企的「実践」でもなく、諸々の先取りする能力capacité d'anticiperにおける配置換えdispositionsと実際行為pratiquesである。政治的シニフィアンを見出し、自分に対する自分の関係行為を活性化することである。真正の政治資本とは、自分技術による自由プラチックにあるのだ。

政治界で病的な麻痺状態になっている政治家たちは、政治資金で税逃れをしたりハラスメントで他者を傷つけたり、汚職・賄賂の姿は表立って消えているが、馴れ合いの贈賄的な受益慣習のまま、世間の常識をはずれる物事をしていながら、ほとんど自覚がない擬制権力を意味作用させている現れになっている。他律作用存在が「問題ある権力的擬制」となっているのだ。

一般に人々は、政治のことは他人に任せて自分たちの毎日の暮らしをそれなりに安楽に過ごせている。保護されたいという抑え難い期待から決定は他律に任せ、自律は消費行為の自由へと想幻構成されている。不安、不快感、漠然とした感情、隠されない苦悩が心的空間へ広がる*。

これらはともに、物事は他律性で決まっている、そこに規範化が正統性をもって形成され、その規正化に従う規整順応さが真面目な市民だとされる。社会における制度化の環境がそれを支える。投票行動に真摯に関わるが、多くは投票行動に無力さを感じ、意味を見出していないで棄権

* コルヴァン他『感情の歴史』Ⅲ（藤原書店）

する。それは国民の半数に達している。民主主義政治は、政治に関与しないことによって民主主義的に支えられている。自分たちでは何もできない、お金のある人や企業がまた役所が、生活環境や経済環境を作ってくれる、その仕方に満足したり不満を抱いたりして、生活は成り立っていくのだが、世界に関心をもたないことにおいて関心をもっているという逃避にある。秩序の再生産に、あるいは批判意識においてさえ、他律依存していくこと、そこへの対立政治を自分技術においてなすこともなく、そして何年かになされる選挙に行って／棄権して、政治家を選ぶ／選ばない投票をする。日常の政治的なものの編制には自覚も認識ももっていない。

他律優位の自律麻痺、外在快楽と内在不安・苦悩という関係が産業社会政治の本性である。だがさらに、行政を任され他律行動を指導的になしている人たちまで、おしなべて政治資本の不能化におちいっている。他律麻痺の逆生産にまで、それは至っているため、教師や医師の過重労働、交通麻痺、ゴミ・データ情報の過剰さ、官僚行使の不能化にまで、つまり他律行使者の他律性の麻痺にまで浸透している。自律性を麻痺させた他律性自体も麻痺している。現代世界の感情資本主義は、行為・思考・イメージにおいて、内面の果てしない変化の歴史的現在性においてこれまで経験したことのない感情支配の局面にある。恐怖、喜び、嫌悪、悲しみ、怒り、同情、驚き、恥辱、羨望、愛、などが群集心理／共想幻の心的空間として無関心と熱狂の幅での情動拡散の政治感情を含んだ政治資本へ関与している。

知的レベルでは例えば、エッチェンヌ・バリバールは、「政治の三つの概念」として、「参画、変容、開化 emacipation, transformation, civilité」をあげている。第一に「政治の自律 autonomie de la politique」として「参画の倫理的形姿 la figure éthique de l'emancipation」があり、第二に「政治の他律性 hétéronomie de la politique」として「変容」があり、第三に「他律性の他律性 hétéronomie de l'hétéronomie」として「開化」の倫理地平があるとしている。これは、政治プラクシスとしての政治行動をひとまわりまわった深みから見直そうとした論点といえ、党的政治行動をこえる政治行動が模索されているといえようが、他律性の他律性は、実際行為では不能になっているだけで、それを「開化」されていると考える転倒こそが問題である。三流マルクス主義者の不能論理だ。バリバールの「資本論を読む」は、ランシエールやマシュレに比して、ただの教条主義言述でしかなかった。

自分のことが自分では決められない訓練を子どもの頃から受けかつそこをかいくぐってきた「社会人」は、他者が決めていることに従順に従ってその服属において自分を適応すべく伸ばす、これが偏差値学力が生み出す能力である。大学言説の客観化がそれをいろんな専門分野から正統化している。試験そのものを制度転換しようともしない。その時、社会丸ごと、国家丸ごととして変わらないと物事は変わらない、社会へ浸透する拡大的な物事にしないと効力がない、とされた中での批判能力で、それが自分自身には関与的に無力になるゆえ、他人を批判する意見は言うが自分では何もできない、と何もしないことになっている。

支配―被支配、資本主義・対・社会主義(共産主義)の対立スキームのままで、資本主義世界への批判否定分析の仕方が競い合われながら、自由主義・対・専制主義の対立が新たに設定されている。〈自由主義―ファシズム―社会主義〉の円環が、〈民主主義―ポピュリズム―専制主義〉の円環へとシフトし、「社会の政治」として機能している現在である。それがコロナ禍に対する統治として世界的に露出した。そのあとは、再び戦争である。ミサイルを撃ち合って、正当化を主張し、人殺ししあっている。大学知性による愚鈍に対する愚鈍の累積が国際政治を動かしている。

そこでは〈国家―(市民)社会―経済構造〉の社会構成体における政治的立場の政治理論の種差化が民主主義を規準に前提にされたまま、その国家間の均衡が機能しなくなり、国政内の現実界の不可能さに対応しえていないゆえ、ポピュリズムという定義づけしえない曖昧にして確固とした一種の政治的なムーブメントが民衆の側から多様な表象形態でうごめく。

この国際世界を動かしている〈大学言説政治〉は、会議を国際的になすだけの「お話し合い」で、何らの実際的な解決を実行できないで、アリバイ作りしている社会官僚的な国際政治になっている。停戦交渉一つできない。ある規模の殺戮兵器は認めるが、大量殺戮兵器を認めなければ戦争続行していいるままでいい、右派ポピュリズムもNATO会議でウクライナ支援に賛同している心配ない、という呆れた不能政治で、死亡者を増やし続けている。

「政治的なもの」は、認識-実践の形式にあるのではない。言説の立場に規定される。主人言説と大学言説の合体から他律的政治資本が正統化されて使われ、科学主義の他律政治は科学言説から正当化され、分析言説は大学言説によって使われることで、対象自体を失い、意味されたものからの思考となって感情専制主義へと転倒されて(251頁)、民族一元社会統治の独裁支配影響下で、西欧自由主義の穴をゆらしているが、民主主義政治そのものが解決対応しえない大きな深い穴があるからだ。言説間の共作用を想幻化権力が支えている。その「社会言説」から脱しない限り何も開けない。

国家理性とは、国家が効果的に国家である状態に適うよう、国家の現実性を、理性的な必要性の水準に適うようにして、国家の現実性を国家の永久的本質に適合させること、その然るべき状態を維持する。そして、諸国家が自らを形成・維持・強化・増強できる諸手段に関しての完璧な認識、物事の平和・平穏・感情を可能にする諸規則、平和の獲得・保存・増幅をなす。そうした叡智性の形式である。一見、真っ当な様だが、つまり、国家が国家自体を永続化させるという政治資本を働かせるだけだ。それは、政治と呼ばれる思考・省察・介入の形式に関する規制化理念、その統治するアートの合理的形式としての官僚制度化政治である。

この政治資本化されている国家統治原理から離床せねばならない。「社会言説の政治」がそれを制度遂行している。その領土、法・規則・裁判、個人的地位、これらの物の質、その完全性を民族国家へ一元統治すること、からの離脱である。それはアナーキズムではない、より高度な政治資本の構築である。国家を必要としない、国家に依存しない、社会空間へ制度化抽象しない、場所の住民たちの直接参画の政治統治技術の新たな形成である。国家は移行的・過渡的にそれを支え、自己解体していく位置に立ちうるべく限定づけられねばならないが、常に、国家の誤認の再認を解消させていく、想幻化権力の配置換えが要される。国家の廃止ではない、国家の死滅とレーニンさえイメージしたことだ。だが、それは階級闘争によって実現はされない。規制化理念の転移をなす場所統治の政治資本にかかっている。統治的理性の目標対象が、国家ではなく場所へ転じられることを言う。

国家は強固ではない、絶えず考慮・維持されなければ一瞬たりとも存続し得ない、統治を具体的かつ反省的に省察することを保証しなければ、国家は何も維持されない(フーコー)、脆いものであるのだ。なぜ戦争し続けるかの根拠でもある。ロシアや中国は崩壊寸前にあるゆえ(諸エスニシティが多元独立することからの揺らぎ)、一瞬たりとも専制技術の手法をプーチンも習近平も緩めないで、戦争遂行するか戦争開始をちらつかせて、国家存続をはかる。

政治における象徴資本が転じられねばならない。ブルデューは、象徴資本を物的獲得に方向づけられた諸闘争から独立した、政治的―認知的な象徴的闘争のタームで説いてしまったとき、現実界を切り離してしまっている。想幻化権力が見えていないからだ。知覚のカテゴリーから諸資本を見ていくことで、象徴的に押しつけられているものを象徴資本とした。自己再認の確定とみなしたのだ。資本を知覚しにやってくる知覚の諸構造において再生産されていく傾向へ集中化された資本を生産する諸構造である、と再認・誤認の認知諸構造へと還元してしまった。意識的・主体的に強要される再認ではないとしたことはいいが、フェティシズムの構造的共犯、構造的調和であると見ているにすぎない。権力が然るべきものとして認知されなくしている構造的な象徴疎外であるとみなすにとどまる。

象徴資本は、認知・誤認のネガティブな想像的関係の次元にはない。象徴界は、現実界の不可能の地盤から疎外されている。ドクサ次元の知覚の次元にはない。宗教的な、社会的なものの界を超えた神話的次元に原初的に配備されている根深いものだ。そこに想幻化権力の本質が作用している。現実界と象徴界との関係で処理されきれないものへ想像界を起点として想幻化権力作用がなされる。英雄譚の次元ではない、創世神話的構造の次元で配備されたものだ。ブルデューの象徴資本は「社会」空間へ配置された限りのものでしかない。

象徴界と象徴資本の関係が明証にされねばならない。政治資本の文化的根源であるが、これは象徴資本論❺にて詳述する。ここではその緒口だけ示しておく。

述語的政治資本

構造論的哲学を述語論哲学へと転じないと、ここは開けない。

「ブルデューは、そう考えた。ブルデューが、そう考えた。ブルデューも、そう考えた。」

この「は、が、も」が述辞表出している言語ロジックが理論的に明証化されることである。これを宣長的に統合していくとき、述語制はかき消されていくが、そこに春庭を媒介にして隠されているものを、富士谷成章・御杖へ回帰して、見つけ出していかねばならない。鈴木朖から東条義門へと、それは動詞と形容詞へと分節化されていく中で、述辞の基本位置が消えていき、詞の方が主にされていく*。述辞は主語制言語界にはない。そこに「主語＝主体の象徴

* 山本哲士『述語制の日本語と日本思想』（EHESC出版局、）参照。

資本」がすでに「前もってある」ものとして「そう然るべくなる」と構造化されてしまっている。象徴資本は、ランガージュのラング化において、主語制言語へと構造化されているものであり**、かつ国家資本化されている。さらに国つ神なくして成り立たない天つ神が、天つ神へ服属する国つ神へと配置換えされたことで生成構造化されている象徴支配だ。この〈言語—想幻〉における「述語制」への再実定化／配置換えがなされねばならない。

述語制の政治資本であるが、それは主語制の政治資本とは共約不可能であるのだ。象徴資本の象徴支配化という政治編制は、想幻化権力の作用によって、相反的に構成される。

私は、大学闘争が始まる頃に、詩のない政治は政治ではないという論稿を大学新聞へ掲載した。大学一年のときである。それは、今、詩ではなく「歌謡」として配置されている。勅撰歌集が作られた政治統治アートがある。象徴資本の政治の問題はそこに潜んでいる。商品経済のフェティシズムの事項ではないし、天皇制のマターでもない、もっと根源的な文化の問題である。現代政治家が下手くそな辞世句を退任へ追い込まれた際に平然と述べるように堕落してしまっているが、本来の歌謡の文化的な政治資本である。

「身はたとひ　武蔵の野辺に　朽ちぬとも　留めおかまし　大和魂」と吉田松陰の辞世に示されている政治資本は、個人化された「身」とそこから疎外されてある「大和魂」とに分離転倒してしまった、そういう歌謡の文化資本を、かろうじて鍵留めされている象徴資本として古事記や源

** 主語言語の言語弘文を超えて主語〈制〉として構造化されているものは象徴資本となって象徴暴力を言語表現による言語意識・認識、行動に主体化＝従体化させている。

氏物語に見定めていく通道である。吉本隆明は蕪村詩に明治維新を超えるイデオロギー理念をみたが、そうではない、俳諧へ転移されたことで見失われた象徴資本を明証にせねばならない。だが『初期歌謡論』に潜在している思想論述がある（『西行』や『源実朝』にも）。ここは識別せねばならない。現在言説では、藤井貞和の歌謡論*を折口信夫の歌謡論とともに活かす回路である。

述語的言語は、歌謡に哲学文法的に凝縮されている。物語は、それを裏づける。この情緒資本へ規整化する知的資本は、相当に高度な言語技術である。万葉、古今、新古今の異なる歌謡文化資本は、対象と自分技術との政治資本とさえなっているのだ。なぜ、勅撰とされたのか、そしていまだに天皇へ歌謡が奉納されるのか。東歌がいかに権力作用していたか。かく言う私自身、『日本歌学史体系』10巻（別巻5巻）を前にして佇んだままなのだが、死ぬ前にこなさねばならぬと決断している。

歌謡の述語的言語は、その定数律へ言葉を納めねばならないとき、余分な過剰を切り捨てるのではなく、言外の沈黙へと吸収させる。剰余享楽の言語外化という述語表出の文化技術である。このときに働いているシニフィアンがまさに統治アートの自分技術として基本である。自分で表出し詠んで見るとわかってくる。そこには、力関係を意味関連へと象徴暴力させるものとの闘いが、言語の効果と言説の効果とのズレの穴において問題配置されているのだ。

私は、本章「政治資本論」において、政治資本を客観的な普遍的な作用として配置することを

* 藤井貞和『物語文学成立史』1987から『〈うた〉起源考』2020へ。

かなり意図的に回避して、政治という対象自体ではなく、政治する、「自分」が「主要なシニフィアン」になるように述論している。政治的なものの一般性の見せかけが作用するのを避けたいからだ。正しい政治などはない。諸関係の対立と調整との間で、しかるべき力作用が動いて、「いま、ここで」何事かが決定されていくが、その決定も暫時的なものでしかない、正しい解決さえ不可能さへと回収されていく。ゆえ、理念やビジョンを固定させて、その「正しい」目標に従わせていく仕方は、飼育訓練にしかならないゆえ、そうした設定を政治において私はとらない。

他律優位で自分へ覆い被さってくるものに、「to be left alone!」と自律性からの政治資本を実際行為作用させながら、対抗的なものを相反共存の協働作用となるように動かしていくことだ。行為は概念的であるのだ。

他律政治は国家維持＝再生産の政治資本となって、社会言説体系に支えられたその擬似的完全性を常にソーシャル関係として維持し続ける。

自律政治は、場所統治の新たな環境政治、文化資本統治の規整的な政治であるが、場所の述語制の政治資本である。

この対抗的関係において、政治資本もボルタンスキーが示した三つの試練の場所に置かれる。

①既存の物事のその内部で、欠落しているあるいは不十分な真理を働かせる試練。

②既存のものに含まれていない他の可能性があることを対抗的に配置しながら、その調整を

なしていく現実の試練。

③既存のものとはまったく異なるものを存在的に新たに作り出していく存在の試練。

この三つの試練は、相互に関与しながら動いていくが、人はいずれかの立場に立って、他なるものとの規整化を作り上げていく*。この試練が指標になる。だが、どの試練においても、他律依存から実定化されていくものは、一時的な成功を見せようがそれは仮象であって、けっこう瞬く間に瓦解していく現在にあると言えよう。

試練は、自律の側から限界づけられる他律との相互協働を、自律性が活発になるようにしていくことが要される自分技術だ、とだけ断定しておく。

自分が批判・非難する「他なるもの」は、他者が作っているだけではない、自分がそれを作って不同意で容認しているのだということの自覚である。愚かな政治家や独裁者を選んで代行させているのは国民である。であるゆえ、他なるものは自分の鏡像的反映である、自分における他者である。他者の姿をとっている自分である。この認知が政治的な認知である。この自覚がその再認から離脱する契機となる。鏡像への <disgust> だ。対抗するものは、この鏡像関係から離脱せねばならないが、言語体系を根源から転移し想幻化を反転させない限りありえない。

つまり、もっと理論的にいうならば、自分が使っている日本語に主語がないことを、自分で知っていることから述語的言語であると認知領有しない限り、他なるものは自分のこととはな

* 村瀬永育『ホスピタリティ・オペレーション』はラカンの四つの言説を現場において簡明に示し、三つの試練の作用をわかりやすく実際行為として論じている。私の言述を難解だと言って放置する時代の段階ではもうなくなっている。

らない。そこに「私は考えない、ゆえ私はいない」が組み込まれている。主語制言語に対して本来の述語制言語として領有転移することは、国家資本を組み替える事になる。ここが軸である。自分が使っている言語に対して、正しい言語言説を領有していくこと。これが地盤だ。

すると主語的言説から構成されている政治資本の世界がはっきりと自分へ批判的に見えてくる。そして自分の自分への関係の仕方が転じられていく。これは認識によってはなされない、実践によっても変革されない。言説の転移であり、概念空間の転換である。他人のことではない、自分のことである。

政治とは他律の正しい構成ではない、不可能と不一致への対立的自律の自分技術である。

政治倫理の政治資本

正当性や道徳性、そして科学性は、政治支配に活用されてしまう。人々のためのものが、人殺しの手段に転じられてしまう。真正性がドクサ論者や戦争遂行者に回収されてしまうのだ。国家要請に直接応じる「行政機構の研究者」と「科学的行政官」「テクノクラート」が、科学界において他律的政治の遂行者として行動する機関が発達している。ウクライナ戦争に関して、日本では防衛省の研究所職員が分析・コメントしつづけているのがその典型であるが、経済に関わる民間企業の研究者たちも経済ドクサを再生産発言し続けているだけで、真の学問水準に達していない。大学人自体が、アカデミズムの形式主義や研究の規範的標準化をなしているだけであるため、やわなヒューマニズム善意で対象自体への直面を回避している。真の学術研究が安価な研究費配分とともになされ得なくなっている環境は、愚行を派生させるのではなく、それ自体が愚行の温床となっている。大学が、ファシズムや軍事独裁などの中で生き延びえてきているのはその現れだ。自立自治の場ではない、完全な包摂的従属である。米国では多様性を主張するような自由主義の大学教師に対立する保守主義の学生活動が興隆してきている。今や変革は左翼ではなく、右翼・保守主義が反動的に先導している。大学知性の効果である。

一方、政治—科学化によって、逆に脱政治化の政治作用が進んでいく。

こうした事態に対する政治倫理は、いかに働かせていくことであるのか？

大学資格証書を所有する国家官僚と、政治の専門家と称される訓練を受けた世論調査をなす者たちと、既成の政治的枠組みの外で抗議をする人々との間に、社会的悲惨は拡大していくだけになり、権力界の再生産を託されているエリート校の制度を守る学力はただの偏差値学力として機能しているだけで、知的生産の逆生産状態に落下しているため、「普遍的なもの、先の闘争から生まれ、時々の闘争の中で象徴的に効果的な武器になった理性、無私無欲、公的精神」は権力界で不能化されてしまっている。この規範化と制度化を支える想幻化権力は、大文字他者の「一者性」転移において、情動的な想幻を構造化している。

政治的道徳は天から降ってくるものではないし、人間本性に書き込まれているものではない、と言うブルデューは、公職役人の公務的真理 vérité officielle と公的サービス service public の崇拝 cult と共有財への忠誠 dévouement は、収賄・買収・改竄 corruption、出世主義 arrivisme、贔屓主義 clientélisme、あるいは私的利益が公的財へ奉仕すること、が暴露される疑惑の批判に、抵抗はできないと指摘する。正当化を超えて、想幻化権力が作用しているからだ。

だが、「理性と道徳の現実政治」のみが、界の論理自体の中に実際的に制定された永続的な普遍化可能性のテストに、代行者たちとそのアクトを従わせる世界を作り出せる、としてしまう。つまり、倫理的批判に政治力を与えることで、最も普遍的に、論理的・倫理的な諸配置換えを与えられた代行者たちを優遇しうる政治界の到来に貢献できる、それが現実主義的な政治行為だ、としてしまう。(RP, pp.239-240) この普遍化の利益を知識人がなすのだという結論的な配置には、言説領有の根源的な問題が配置されていない。つまり、大学言説再生産の知的環境において、そんな研究者も知識人も現れはしないどころか、逆生産をなすだけの構造的配置になってしまっているのだ。非大学として設定された高等研究所も今や大学化へと回収されている。

ブルデューの「道徳の逆説的土台」なる論稿は、集団の規則 règle のあり方の本質へ近づいた考察であるが、注意深く読まないと微妙な誤認のずれを政治思考においてもたらす。道徳的逆説とは、規則を破っていようが、敬虔的なうそ・欺瞞をなそうが、規則の再認がなされて規則が尊重されて順応されているのを意味する、という指摘である。代行者たちが集団の公務的信念 croyance officielle に畏敬 révérence を示威する。集団が要求するものを集団に与える普遍化諸戦略は、集団に対する畏敬や集団が与えたいもの、集団自体に与えられるものの表象のための畏敬の公的宣言である、と言うのだ (同、p.236)。

つまり、ブルデューは、集団の規則という支配的なものがあり、それは侵犯されようとも普遍的なものだと設定している。その普遍への一致が、政治的倫理だという。そこには、想幻化権力が作用していることが見抜かれていない。なぜ、普遍的だと設定されているのかの根拠が明らかにされていない。

政治的倫理とは、自らの行為が諸規則と一致しないことへ、そのずれの不可能へ向き合うことである。不一致を誤魔化さない、不可能への直面として自分技術することである。つまり、普遍化し得ないことに、自分技術の権力作用が働かされることだ。批判行為が解釈学的矛盾を引き起こしていることをボルタンスキーは克明に示している、それを踏まえねばならない。行為の位相間の対応関係、人間行為と他の周囲環境の存在配置との対応関係、この相互の関係配置に、想幻化権力が機能している。それは、一致と不一致との相互変容として機能している可能/不可能の作用だ。意味論的連鎖とプラグマティックな連鎖とのずれである。政治が丸ごと現実の中にありながら、現実より根源的で永続的な、構築された現実の相対的脆弱性ではない「何か」に倫理的に働いているものだ。曖昧性、不確定性、過剰、逆説性の象徴化においてずれて表象されているものの根元にある穴である。制度暴力がそこにつけ込んでくる。国会答弁で、暴露された不道徳な、公務的真理に背くことを明らかに成した者たちが、「記憶にございません」としらを切り続けるそれは、出来事に一致していないことへの不誠実の政治的行使である。不一致を、露呈しているのに認めない、そこに普遍化の原理は堂々と踏みにじられているだけではない、語ったことだけが真実だという粗野な普遍一般化がなされてしまっている。ここに、正統性が倫理を持たないという現れがあり、しかもそれが事幻化されてしまう。

道徳への省察は、第二審級の諸戦略の存在、メタ言説、メタ・プラチックだとブルデューはのべていたが、まさに不正を「記憶にない」と言う官僚や議員の言動こそが道徳的行為であるという逆説であることに、当人が気づいていかない閾に、倫理は働いていくのだ。

規則に一致する言動に、政治倫理はない。ブルデューは、普遍化をシニフィエ配置して対象を定めているにすぎない、ゆえ、彼の晩年の政治的行動は、普遍知識人、有名知識人を集めて社会及び政府や官僚に影響を与えようというものにしかならなかった。商業的に売れ、個別の活動に使われたりしたが、容認実行を目指した統治側からは無視されたゆえ、反振る舞いとして正当化される。

はるかに小さなことであるが、私が試験粉砕し、全員を優にしてパスさせる政治的闘争をなしたとき、評価する規則を集団の規則として普遍化している再認を断ち切って、学問なる行為と試験・評価の行為とは関係ないと、集団規則との不一致をもって、無化したことに、受講者たちが同意したとき規則原理は別なものへとシフトされている。私たちの政治闘争の終焉とともに、それは制定された規則世界へと戻っていく。それは、試験をしない、評価をしない、ということが普遍原理とならなかったからではない。共想幻が、社会の場にあるかぎり、「偉大なる学問正統」と大文字性化されているものによって「空砲を撃つ一匹狼の異端」と決めつける体制が戻ってきたのを意味するが、私自身は対立的にそこをひっくり返し、教官たちもそれを容認した関係作用はそのとき機能している。たとえ厄介者はさっさと追い出せであったかもしれないが、彼らは私を処分はできなかった。唯一言えることは、彼ら大学教官たちより、私は真摯に学問のシニフィアンへ向かい領有していたからである。知識人ではない、ただの学生だ。これは普遍設定ではない。制度化権力と規範化権力に対して、想幻化権力がファンタジー(幻影)機能を象徴暴力として働かせ得ない穴があるのだ。一時的であろうと、不一致において真正の場は享楽行使として作られうる。

以後、日常のいくつかの場所で、既存の規則の象徴暴力的誤りに対峙したとき、私はそこで潰されたことがないのも、このときの本質を貫く。それを相手には押しつけない、つまり普遍化はしない、差異の容認へと対立を穴へ転じるからである。これは倫理的かつ理論的に、「相反性の共存」戦略として私は配置している。相手を否定するのではなく、相手からの他律侵入の拒否による、最悪は切り離した上での、相手への容認の配置変えである。最悪はそっちでやれよ、の切断だ。ブルデュー世代は、象徴闘争はなしたが、ここを解らないようだが、わたしと同世代のボルタンスキーやラビノウたちはわかっているのも、実際闘争をなしたからである。その本質原理は、社会を実定化していないことにある。社会を機能させているのは規範化権力と制度化権力であるが、社会を実定化しているのは想幻化権力である。その象徴暴力作用の配置換えは、限界条件において可能である。大学言説にとどまっていない、その外部に出ることが、そこを突き抜ける。穴が通道を開く。こちらが正しいとしていても相手にそうはならない。ゆえ、政治的対立が不可避に要される*。

ブルデューの批判分析は徹底しているが、資本を既存構造内の構造化された作用としてしか見ていないため、既存の可能戦略、つまりはマルクス主義的政治行動へと後退する。だが、パリ五月の街頭デモ的政治行動をなした学生リーダーたちは、学問的にマルクス主義的次元を脱せず、ブルデューやフーコーを踏まえてその先へ批判的な研究生産を開いた研究者たちの方が新たな次元を開いている、そこと私は交通した。

メキシコのイリイチ研究所に学んでいた私は生活費稼ぎのために日本語学校での教師アルバイトをなすが、そこでも苛酷な労働条件をめぐる対立が起き、校長へ任命された私は阿波弓夫氏とともに、原則を貫く闘いへ直面させられた。その顛末を語ることはしないが、知る人ぞ知る。日本領事館が私たちを国際法において守るという形で終結したが、一歩も妥協せずになし切った結果とだけ言っておく。権力に守られたのではない、権力側も私たちに同調せざるをえなくなったのだ。

* 社会的に不当なことの告発や啓蒙活動する人たちが、逆に誹謗中傷されたりすることが起きたりするが、正しいからといって無防備であるのは「善の権力」行使を暗黙にしていることを忘却している。正しいことは、真正をめぐる政治闘争へと否応なく巻き込まれるゆえ、周到な闘いとして組まねばならない。意味の外部が現実界には配置されているからだ。伝達意味だけではすまないのだ。

倫理的実質を、フーコーは次のように指摘している。

> 実際的思考 pensée pratique が必要とするものは、法となるテクストのようなものでなく、ある「テクネー technē」または「実際行為 pratique」であって、一般諸原理を考慮に入れることで、ある瞬間における行為 action を、その文脈に沿って、その諸目的 fins において、導く《知る-為す savoir-faire》ことである。この道徳の形式では、個人が倫理的従体として構成されるという、自分の行為の規則を普遍化することによってではない。つまり、反対に、自分の行為 action を個別化し individualisent、変調し modulent、さらに、行為が帰する合理的で熟考された構造によって特異な輝きを与えることができる、態度及び探究によってである。(HS2, p.73) *

私自身がなしてきたことである。フーコーのそれは、ブルデュー概念でいうと象徴暴力の配置替えとなる。(邦訳の訳言表は誤認を招くだけゆえ、注意を。)

鍛錬、試練、自己統御の、享楽の活用をなす自分技術、その自由プラチックが政治資本である。

それは、想幻化権力の転移作用となる。政治資本は、本質的に三つの想幻次元で作用する。

第一に、「共」世界への対峙としてである。それは、国家、共同社会、社会規範、地方自治体などの「共なる」集団的世界とその想幻への対峙であり、また協調である。自分がそこへ同化するか、あるいは自分を捨てて対峙するかなどのの関係がなされる政治資本である。


第二は、政治的なものを持ち込まないという政治資本が、「対」世界に対してはなされる。「対」

* Foucault, *Histoire de la sexualité 2: L'usage des plaisirs* ,1984.

世界へ侵食させないように振る舞う政治資本である。友愛や愛に政治や経済を介入させてはならない。仕事で性愛を獲得するなど、最低の道徳行動である。対想幻の次元だ。

第三に、自分の自分に対する「個」世界での政治資本の作用である。孤立を恐れてはならない。個想幻である。

これらの異なる三つの次元に対して、共同的な集団を組むか、対的関係として拒否的な対峙をなすか、自分の技術として孤立的に関係するかの、これも三つの作用としてなされる。だが、共次元は国家・社会と場所とでは異なり、対次元では家族と親密性が、個次元では内閉性と外開性とが異なる。したがって、政治資本を画一的に設定することはできない。あくまで、異なる次元での異なる作用として政治資本は関係構成される。補完的に言うと、「歌謡」の政治資本は、これら三つを相互変容関係する。

それが、現在社会において卑近な日常でいかに働いていくかを例示してみよう。

(1) 学校化されたままの状態：答えが一つだけ真理としてすでにある、としている。知ることは段階的に難しくなっていく、故「わかる」とはやさしく説明されれば可能だと思っている。具体例示すればわかると思い込まれている。自分で考えようとしない。

(2) 物事は他者がなしてくれる他律依存の状態：答えを出してくれ、規則を決めてくれ、自分はそれに真面目に従うか、反発するか無関心の姿勢をとる。

(3) 大学言説の状態：意味されたもののみが真実。問題を抽出することが創造だと思っている。いる。（問題構成は、最初になされることなのに、結果へ配置される）。

これらの円環は真理の試練においてなされるのだが、その象徴暴力は、新たな概念世界の創出を拒否する。シニフィアン享楽を遮断するものが、大学言説によってなされる。シニフィエにまだ書き込まれていないため、恣意的だとか正当性根拠がないとか、と。

大学知性が生み出しているこうした知的状況は、経済企業や政治官僚、マスコミ＊など全てに浸透している。とくにシニフィエ伝達しているだけの企業的セミナーやテレビ解説者に顕著である。

結果、何が起きているかというと、界の不在化をなしているのだが、単純に言うと、

＊対象自体、現実自体が見れていない（現実界の不在）

＊自分自身が何をしているかわからなくなっている（想像界の不在）

＊自分も他者も見えていない（象徴界の不在）

＊手持ちのものの無効性を感じてはいるが、どういうことか理解できない（言説の不在）。

これが、負の想幻化権力プラチックの状態である。見えない、わからない、という状態は、規範化効果でも制度化効果でもない、個人の批判能力が発動されているのだ。しかも日常状態化される。普遍でも一致のことでもない。（ボルタンスキーの言説は界の理論から精緻化していくこと。）するとこれらから総体的にいろんなことが起きてくるのだが、心理的に無知を満足させる権威

＊ テレビで「言っちゃいけないこと」の規制が、意味連鎖を力関係へと逆戻しさせて自己規制として芸能人にまで浸透する。知の上澄が累積され、知のシニフィアンは規定されたシニフィエの内部に従属され、真実は真実であることさえ事実から消されていく。世界の出来事の情報さえ真実として届かない。それを当事者たちは知っているが言わない。「企業としての自己」に管理され、情報の偏差は、目的の手続きまで回避し、責任はあるが罪はない、と実際的な自己欺瞞を助長させる。企業・官僚界でも起きている。

主義的パーソナリティのレトリックがプロパガンダ作用し、安楽の全体主義が知的環境から生活環境にまで浸透していく雰囲気が作られる。トランプは、そこを巧妙にパロールしている。「俺なら、人質を解放し、ガザへ攻撃などさせなかった」、「ウクライナ戦争をすぐ止めてやる」と嘯く。

こうした兆候に、私は一切妥協しないことを、述語的にどう配置していくかを考え、日々実際行為し続けるのだが、分析言説によって何をしているかを自分へ了解して、(身体的かつ言語的)行為を決めていくことになる。シンプルなことだが、知的資本の高度さが求められる*。

「わかる」とは、自分が自分へ向けてなすことである。他者へ分からすのは、「注入」(教え込み)でしかない。分からないから「考える」。考え続ける、学び続ける。このシンプルさが放棄されている政治資本状況である。「おかしいことは「おかしい」と言っていいんだ」「ただの学生でも声を上げられるんだ」と気が付いてくれるきっかけになったのなら嬉しいです、というようなことが立派であるかのようにテレビ報道される。そんなこともわからなくなっている主語不能化された政治状況である。「おかしい」実際内容を理解することは回避されている。つまり、「理解」とはアーレントが言っているように、自分への(象徴的)暴力である。それは、文化界における自分の位置と社会空間における自分の位置との相同性に対して、自分の文化資本を対立的に移転させることを意味する。既存の知の――それは多分に大学知の大学人言説のスコラ的想幻の――自己欺瞞を打ち砕くことであるが、現実界の不可能を見定めていくことが肝要である。可能にはならないことへ「不安」

* この知的資本は、言語と享楽との異質性を知っていることを意味する。シニフィアンが知の要素となり、知の行使においてそれ自体が享楽され、喪失がそこにない、享楽の身体にアフェクトして、「私が身体とともに話す」という実際行為における「意味の外部」の共約不可能な知を現実界に知っていこうとし続けている知的資本である。机上の知識、幻想と結びついた知、シニフィアンの欠如が信じることを支えていること、とは無縁である。

を感じることを不能化しないためだ。不安情動の克服も政治資本の力である。

産業社会を機能させている「社会の政治資本」が主語制の知的資本として大学言説に支えられて権力作用している。生権力の下での制度化権力と規範化権力が象徴権力の後ろ盾で働かされている。社会の実定性を心的構造へと常態化させる想幻化権力作用がなされている。

それに対して、場所の「パブリック政治資本」を実際の生活環境において、述語制の知的資本として分析言説によって稼働させる、政治的自律性の自分技術の政治資本が可能であること。

この対立において、概念転換の「変換の知的資本」が機能させられる。それは想幻化権力作用を配置換えすることだ。

想幻化権力の相反作用

制度化は、共想幻化されて、学校信仰や医療信仰などへと日常化され個人行為されている。規範化は、この共想幻を規則化し規律化し個人化させる。自己規律へと身体化する。

制度化と規範化によって、社会が実定化され、実際行為が社会化され、社会人間がそこで生存可能とされる。そこに働く想幻化とは、生存可能が社会実定化されることだ。次元が異なるもの、界が異なるものを関係づける。さらに「人々を生かす」生権力がそこで稼働可能となる。

社会統治技術とは、これらの諸権力関係を社会有機的に構造機能させることである。*

* 社会はトポロジー的に社会トーラスとして構成される。真ん中に穴が空いている。膨らみは変形されるが浮き輪状態は構造化されている。消去不可能な円として、諸規範と諸制度があり、表面に消去可能な社会的実際行為が多様になされている。社会諸機能は流動的である。(次頁図)

これら総体に働いているのが、「ソーシャルな政治資本」である。社会の実定性を自然化している想幻化権力の働きである。そこでは、言語資本が主語制言語様式として国家資本化されている。その下で、〈科学—政治〉が、物質科学化として分離技術機能させせられる。経済は商品経済として想幻化され、労働と資本の分節化によって機能させられる。力関係は、想幻化権力の象徴暴力によって、これらの意味連関として転移配置されるが、その根源は欲望を構造化している「欲望の政治資本」である。欲動シニフィアンが、享楽を欲望主体化＝従体化させているように働く。対想幻への性権力が、異性愛主義を家庭化し、かつ性化言説をプラチックさせている（「性的資本論」❶）。政治的対立は性的なものなのだ。

この社会空間、そのソーシャルな政治資本に対して、〈述語制の文化資本〉をもって、象徴暴力の配置換えと言説転移をなして、場所統治の資本経済へと移行させる政治資本が大きな意味を持つ。自分技術の政治資本は、「享楽の政治資本」と「倫理の政治資本」を支えにした政治的自律性を、これらの権力諸関係に対抗させてかろうじてせめぎ合っているが、想幻化権力関係を転移／配置換えする穴においてである。相反共存を可能にする想幻化権力を、国家想幻に対して場所の国つ神想幻へと前配置換えへ転移することだ。その実行力となる文化資本は、日本文化に普遍的に多彩多様に実働している。文化資本は想幻化を転移的に配置換えしうる。

想幻化権力は、「社会の実定化」と「場所の実定化」として相反シニフィアン作用している。

【註】想幻化は幻想と実際行為との非分離関係に疎外表出される。想幻化権力は、関係の場が異なるものや、次元や界が異なるものに対して意味連鎖や力関係を作用させて、ある実定化へと編制するもの。想幻シニフィアンであって不可視でありシニフィエは固定的に名付けられない。変換の政治資本、変換の知的資本として機能している。。知的資本論序説❸にて詳述。

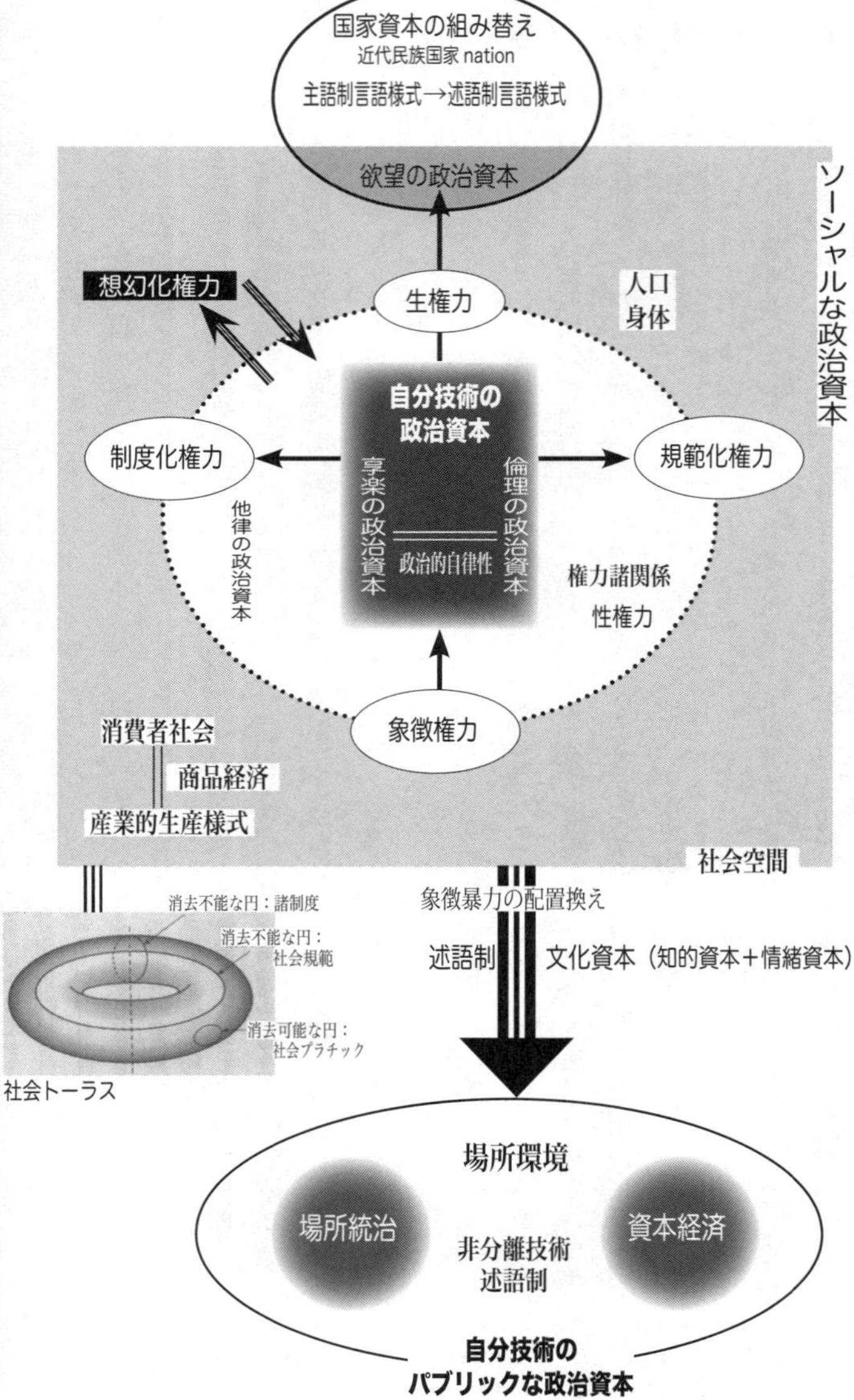

国家資本の組み替え
近代民族国家 nation
主語制言語様式→述語制言語様式
欲望の政治資本
ソーシャルな政治資本
想幻化権力
生権力
人口
身体
自分技術の
政治資本
享楽の政治資本
倫理の政治資本
政治的自律性
制度化権力
規範化権力
他律の政治資本
権力諸関係
性権力
象徴権力
消費者社会
商品経済
産業的生産様式
社会空間
消去不能な円：諸制度
消去不能な円：社会規範
消去可能な円：社会プラチック
社会トーラス
象徴暴力の配置換え
述語制
文化資本（知的資本＋情緒資本）
場所環境
場所統治
非分離技術
述語制
資本経済
自分技術の
パブリックな政治資本

「ソーシャルな政治資本」を支えている想幻と「パブリックな政治資本」を支える想幻との相反協働作用が「保持」と「変化」において働いている。シニフィアンの連鎖に想幻化は働く。真正の政治資本は、これを諸規制の絡み合いにおいて規整化へ政治転換する述語的アクションの力である。演繹／因果性／実体など近代知の政治物理学を超える高度な知的資本が要される*。

相反する政治資本は、相互作用するか両立不可能性に置かれるか、を規定していくのが想幻権力作用である。前者は、真理試練に配置されるが、後者は存在試練に配置される。

想幻化権力は、現実界と象徴界との穴に対して、想像界から対象aに働きかける作用である。従って可視化されない、あくまでシニフィアンの連鎖であり、シニフィエさえされないシニフィカシオンの動きである。変換の知的資本において自覚的に取り出される。

他律の主語制政治資本に働く想幻化権力。

自律の述語制政治資本に働く想幻化権力。

この批判的な識別によって、前者を後者へと変換する知的資本が言説化されねばならない。変換 transfert は言説化である。新たな概念への概念転換である。（「知的資本論序説」❸参照）

政治の全ては語られ得ない。資本論シリーズの資本関係論すべては、政治なるものをさらに種別的領域において明証にしていく自律政治的な理論生産作業＝自由プラチックにほかならない。

* 一般に知は獲得されると、個人に恩恵を享受させ、自分の利益のために利用できると信じられている。何事かを知ると謎から抜け出し、知の権威が確立され、疑いの余地がないとされ、万人に課されるという科学性と完全な伝達という理想に置かれる。だがそこには一者が存在して喪失やエントロピーが生じる。真正の政治資本の知には、喪失もエントロピーもない、ただシニフィアンの対立享楽がある。

山本　哲士（やまもと てつじ）

1948年生まれ。信州大学教授、東京芸術大学客員教授をへて、文化科学高等研究院ジェネラル・ディレクター。教育学博士。政治社会学、ホスピタリティ環境学など専門分割領域にとらわれない超領域的専門研究の研究生産と文化生産を切り開いてきた。大学を超える研究生産機関として文化科学高等研究院を1990年に設立、海外の研究者たちと交通し、国際セミナー／会議をなす。さらにその超領域的学問の実際活用をなす文化生産ビジネス機関としてJapan Hospitality Academyを設立（2005年創設、2013年に改組)、そして2016年にweb intelligence universityの動画配信知的システムを、2017年「文化資本学会」を創設し、2019年「一般財団法人・日本国際高等学術会議」を設立し、さらに「新資本経済学会」を設立。

著書、編集・監修、雑誌の書籍生産物は、200点を超える（『聖諦の月あかり』参照）。資本論シリーズ全18冊を執筆中。現在「日本文化資本機構」の設立に取り組む。

＊山本哲士の理論体系 https://tetsusanjin.wixsite.com/my-dogs
＊ web intelligence university　web-uni.com
＊日本国際高等学術会議・文化資本学会
https://www.japanculturalcapital-gakkai.com
＊文化科学高等研究院出版局　ehescjapan.com

知の新書 C12　　Act2: 発売 読書人

山本哲士
政治資本論
自分技術 / 権力関係 / 場所統治

発行日　2025年1月31日　初版一刷発行
発行所　㈱文化科学高等研究院出版局
東京都港区高輪4-10-31 品川PR-530号
郵便番号　108-0074
TEL 03-3580-7784　FAX 03-5730-6084
ホームページ　https://www.ehescjapan.com
https://www.ehescbook.store

発売　読書人
印刷・製本　中央精版印刷

ISBN 978-4-924671-87-4
C0230